# Información legal

© 2022
Autor y editor: M.Eng. Johannes Wild
A94689H39927F
E-Mail: 3dtech@gmx.de

Los datos completos del autor del libro se encuentran en las últimas páginas

# Índice

# Prólogo

**¡Muchas gracias por elegir este libro!**

¿Te interesa diseñar objetos tridimensionales utilizando el software CAD gratuito "FreeCAD"?

Entonces, ¡has venido al lugar adecuado! Soy ingeniero y me gustaría enseñarte el diseño de objetos 3D de una forma sencilla y fácil de entender. ¡Para ello, en este curso utilizamos el programa semiprofesional de CAD "FreeCAD", que puedes descargar GRATIS! En este curso aprenderás todo lo que necesitas saber para crear componentes tridimensionales, montarlos virtualmente y obtener dibujos técnicos a partir de ellos.

Aquí tienes el enlace para descargar el programa:

https://www.freecadweb.org

Dentro de un momento veremos en detalle cómo funciona el proceso de instalación.

Este curso completo y detallado está dirigido específicamente a principiantes y te enseña desde cero a manejar el software y a conseguir diseños CAD. No necesitas ningún conocimiento previo para este libro, ya que todo se te explica paso a paso y en detalle. Además de muchas explicaciones teóricas sobre cómo utilizar el software, ¡también aprenderás en este curso utilizando grandes proyectos de diseño!

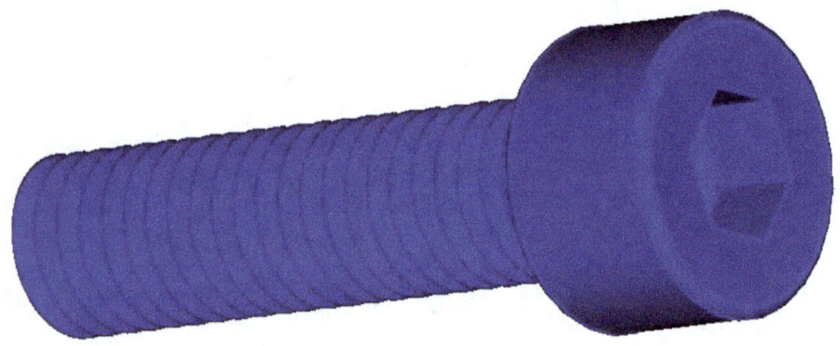

¡Así que en este curso aprenderás todo lo que necesitas saber como principiante sobre "FreeCAD"! Iníciate hoy mismo con este libro en el fascinante mundo del diseño CAD con "FreeCAD". ¡Vamos!

# 1 Introducción al CAD y "FreeCAD"

## 1.1 ¿Qué es CAD y qué es "FreeCAD"?

¡Hola y bienvenido al curso "FreeCAD" para principiantes!

¡Gracias por elegir este curso!

### ¿Qué es el CAD?

Como ya sabrás, las siglas CAD significan "Computer Aided Design". El software CAD se utiliza para crear o editar objetos tridimensionales. Empezando por piezas individuales sencillas, pasando por piezas complejas, hasta conjuntos completos que se pueden ensamblar virtualmente. En este curso, dirigido específicamente a principiantes, aprenderás cómo está estructurado el entorno de un programa de CAD y cómo aprovechar al máximo las funciones individuales para crear objetos tridimensionales. Podrás reconstruir cada proyecto de construcción paso a paso y uno a uno, para iniciarte fácilmente en la construcción y familiarizarte con las diversas funciones de un programa CAD con cada proyecto.

En resumen, en este curso podrás aprender en detalle lo siguiente:

- Ser capaz de manejar el entorno del programa "FreeCAD" con rapidez y seguridad,
- Dominar todas las funciones importantes con seguridad,
- Comprender los fundamentos del diseño CAD y las distintas formas de trabajar,
- El esbozo en 2D y la creación de objetos en 3D,
- para crear piezas individuales y conjuntos,
- Ensambla virtualmente piezas individuales en conjuntos,
- Crea dibujos técnicos en "FreeCAD".

Es mejor seguir el orden indicado en el curso, ya que las lecciones se basan unas en otras. Si no comprendes enseguida los distintos capítulos, funciones o comandos, o te pierdes la explicación de una función, permanece atento. El curso está estructurado de tal forma que todas las funciones importantes y básicas están suficientemente explicadas.

### ¿Qué es "FreeCAD"?

"FreeCAD" es un software CAD 3D de código abierto, especialmente pensado para la ingeniería mecánica y el diseño de productos, pero que también puede utilizarse en el campo de la arquitectura u otras áreas técnicas. Este programa ofrece una interfaz de usuario clara y sencilla, ¡y además es **gratuito**! La estructura de las funciones de diseño es muy similar a la de los programas CAD profesionales y muy caros que utilizan los ingenieros o técnicos en su trabajo diario. Sin embargo, las licencias de programas CAD profesionales como "SolidWorks", "Catia", "SolidEdge" o "AutoCAD" y "Inventor" cuestan de uno a varios miles de euros, por lo que normalmente sólo merecen la pena para usuarios profesionales y autónomos.

"FreeCAD" fue desarrollado para diseñar cosas reales y utiliza para ello el modelado paramétrico 3D. En el modelado paramétrico, construyes objetos con ayuda de parámetros. Esto significa que para construir un cuerpo 3D rectangular, por ejemplo, necesitas los tres parámetros longitud, anchura y altura y construir el cuerpo con ayuda de estas tres dimensiones. Los programas profesionales de CAD mencionados anteriormente (por ejemplo, "SolidWorks" o "Autodesk Inventor") también utilizan este tipo de modelado.

La ventaja de esto es que los parámetros individuales pueden variarse en cualquier momento, de modo que los ajustes o cambios en la geometría del cuerpo son fácilmente posibles incluso después de que el objeto 3D se haya completado.

Todos los programas habituales de CAD funcionan de una forma muy idéntica, que veremos brevemente a continuación.

## 1.2 Información básica sobre el diseño CAD

En el diseño CAD, se distingue entre un área bidimensional y un área tridimensional. En el área bidimensional se crean bocetos en 2D, que luego pueden transformarse en objetos 3D con ayuda de comandos.

Para crear un modelo 3D, primero hay que hacer un boceto 2D del objeto deseado. Esto se hace con elementos geométricos sencillos como: Línea, círculo, rectángulo y polígono. Puedes pensar en hacer un boceto 2D como dibujar en el programa "Microsoft Paint". Este boceto 2D se realiza en un plano del espacio tridimensional y luego se transforma en un objeto tridimensional con la ayuda de un comando (por ejemplo, el comando extrusión).

Imagina, por ejemplo, que estás mirando la parte superior de un simple objeto tridimensional. En el caso de un cilindro, por ejemplo, ¿qué ves cuando miras el cilindro desde arriba, formando un ángulo recto perfecto con la superficie superior del cuerpo? Correcto, un círculo bidimensional, nada más. Y es precisamente a partir de esta forma 2D como se crea también el cilindro 3D en el programa CAD. Es precisamente esta geometría circular la que tenemos que dibujar en el primer paso. La forma tridimensional se obtiene entonces mediante otros pasos de comando.

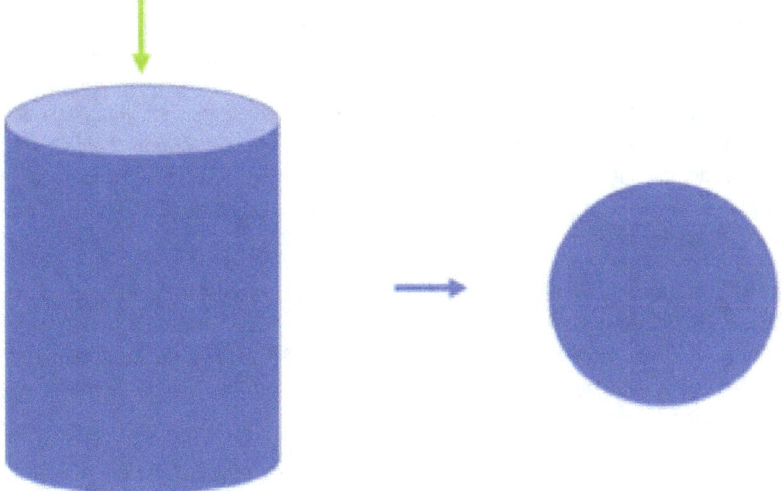

Y este procedimiento se aplica no sólo a un cilindro, sino también a muchos otros objetos tridimensionales. Por ejemplo, puedes crear un cuboide dibujando un rectángulo en un croquis en un plano 2D del espacio. Y con ayuda de las medidas puedes definir la forma del objeto. Para el rectángulo bidimensional necesitas una longitud "a" y una anchura "b" y para el objeto 3D final necesitas también una altura "h". Para el cilindro, en cambio, definirías un diámetro o un radio para la superficie circular y una altura para el cilindro. Para este cuerpo, bastarían dos dimensiones.

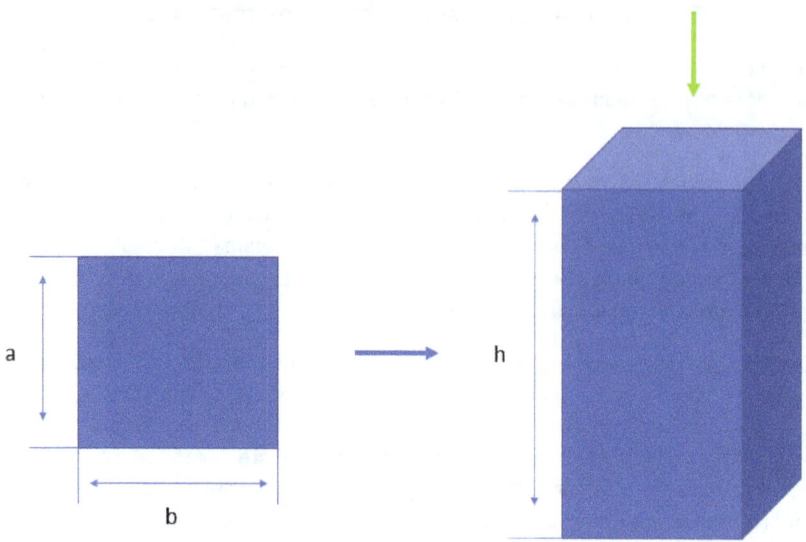

Cómo construir objetos 3D tan sencillos -y más tarde más complicados- con "FreeCAD", podrás aprenderlo en detalle y paso a paso en el curso posterior.

Por cierto, hay distintos métodos para abordar las construcciones individuales, que varían mucho según el diseñador y el objeto 3D, pero que todos pueden conducir al final a la meta. Por tanto, no hay una única forma y puedes pensar en otras maneras de construir los objetos individuales. A veces un enfoque diferente conduce más fácil o rápidamente al objetivo, y a veces ocurre lo contrario.

Otro consejo para utilizar el curso: La mejor forma y la más eficaz de aprender a utilizar el software de CAD es, en primer lugar, examinar detenidamente cada uno de los pasos de diseño, dejar el libro a un lado brevemente después de 3-4 pasos y, posteriormente, intentar copiar los pasos mostrados de forma independiente y sin más ayuda. Lo mejor es utilizar este enfoque a lo largo de todo el libro.

En las siguientes secciones aprenderás primero más sobre la instalación y la interfaz del programa "FreeCAD". Después de realizar algunos ajustes generales, trataremos en detalle la creación de un boceto 2D y la posterior transformación del boceto en un objeto 3D.

¡Empecemos con la instalación del programa!

# 1.3 Procedimiento de descarga

"FreeCAD" puede descargarse gratuitamente. El procedimiento es muy sencillo y se describe paso a paso a continuación:

**Paso 1**: Abre tu navegador de Internet y ve al sitio web oficial https://www.freecadweb.org o busca el término "FreeCAD" en un motor de búsqueda de tu elección.

**Paso 2:** Haz clic en la opción "Download now"

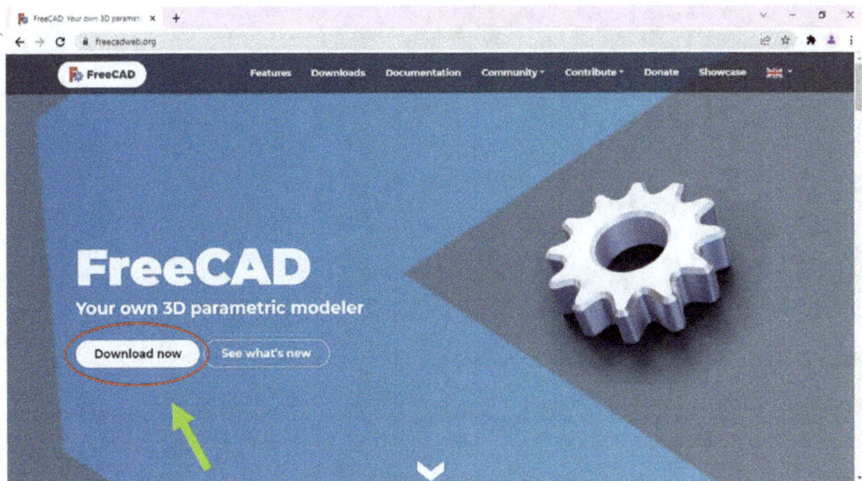


**Paso 3:** En la página siguiente, debes seleccionar la plataforma deseada, por ejemplo, Windows 64 bits. Tras pulsar el botón correspondiente, la descarga se iniciará automáticamente.

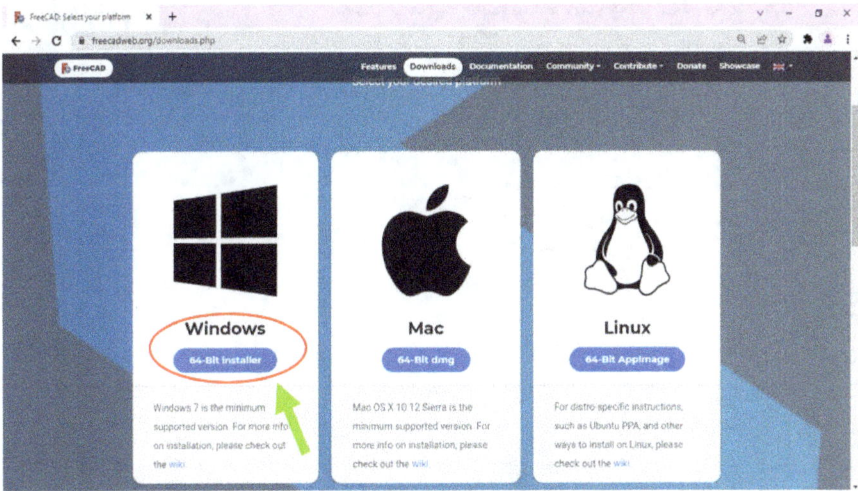

# 1.4 Procedimiento de instalación

A continuación se describe el proceso de instalación para un PC con Windows.

**Paso 1:** Haz clic con el botón derecho en el archivo de instalación descargado y ejecútalo como administrador "Run as administrator".

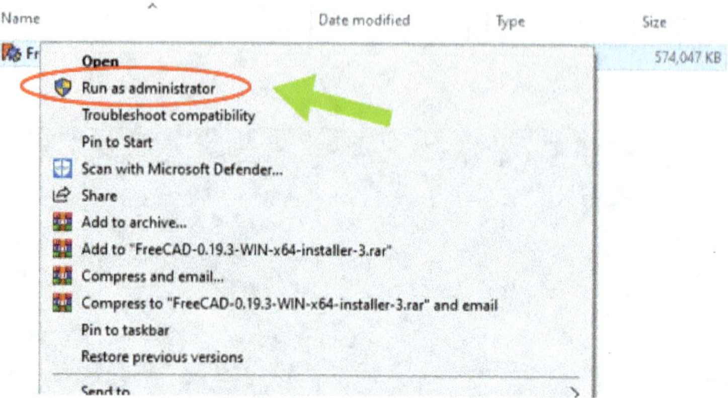

**Paso 2:** Sigue las instrucciones del software para la instalación.

**Paso 3:** Al seleccionar los usuarios, considera si sólo tú debes utilizar el programa o si también deben tener acceso a él otras cuentas de usuario de tu PC. Si no estás seguro de lo que esto significa, puedes simplemente seleccionar la opción "Install for anyone using this computer".

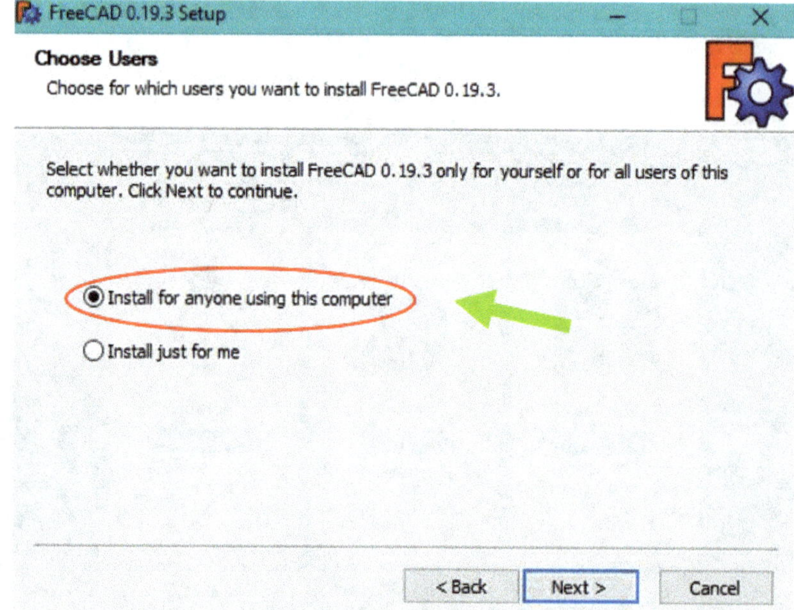

**Paso 4:** A continuación, sigue los demás pasos del proceso de instalación y marca todas las casillas al seleccionar los componentes que se van a instalar.

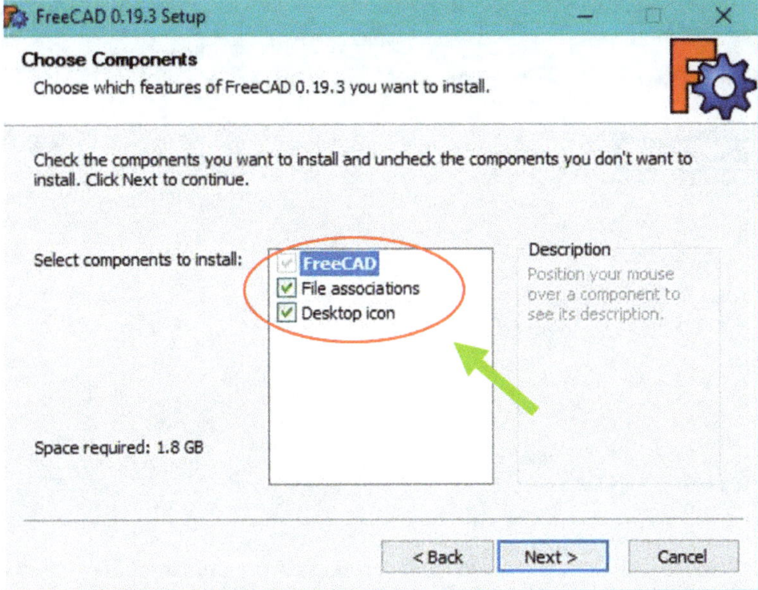

**Paso 5:** Cuando selecciones la carpeta del menú de inicio, puedes dejar la configuración por defecto y hacer clic en el botón "Install" para instalar el programa.

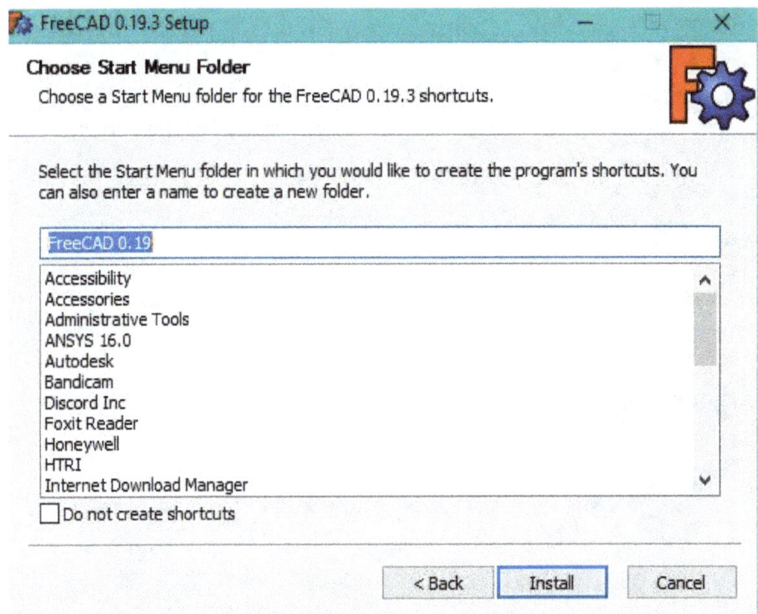

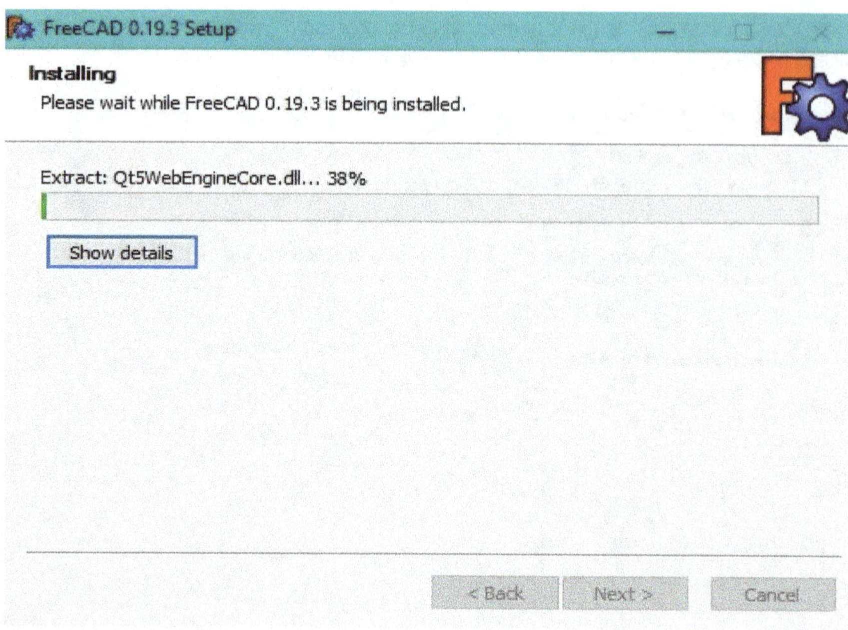


**Paso 6:** Tras unos minutos, el proceso habrá finalizado. A continuación, haz clic en el botón "Finish".

# 2 Primeros pasos con "FreeCAD"

Después de haber instalado el programa, podemos iniciarlo por primera vez. La página de inicio debería tener este aspecto:

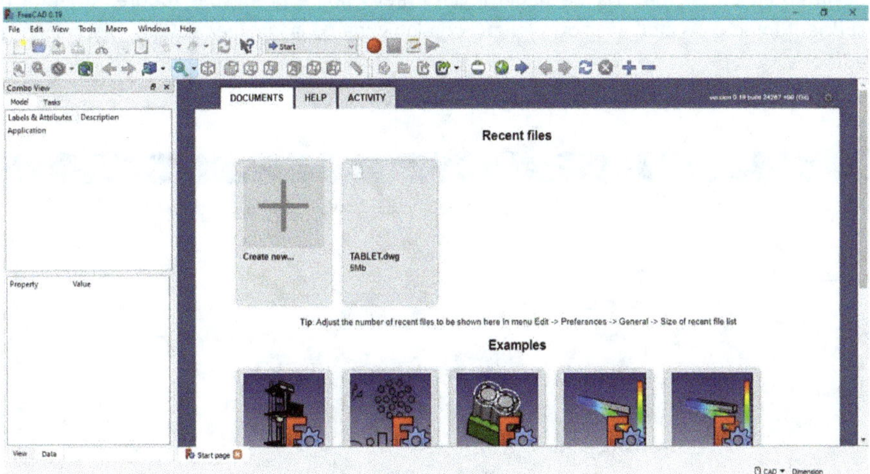

## 2.1 Configuración básica en "FreeCAD"

Antes de empezar con la construcción CAD, trataremos brevemente los ajustes del programa. Para ello, haz clic en el botón "Edit" y selecciona la opción "Preferences ...".

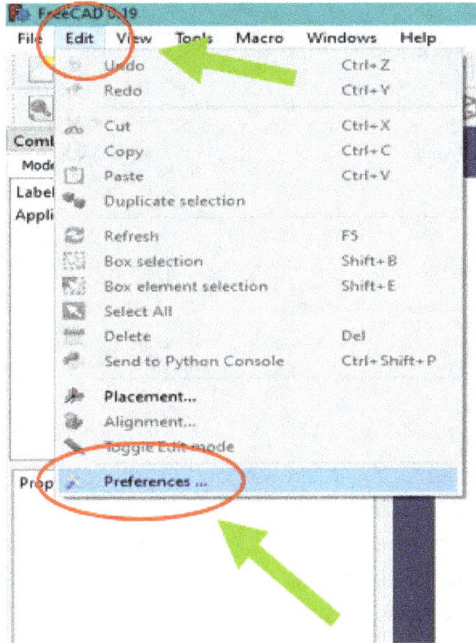

El programa "FreeCAD" selecciona automáticamente el idioma de tu sistema operativo cuando se inicia por primera vez. Sin embargo, también puedes cambiar esta configuración en la sección "General". Por razones organizativas, en este curso hemos fijado como lengua del programa el inglés. Esto te resultará ventajoso para orientarte en los foros o comunidad de Internet, en su mayoría de habla inglesa. Pero no te preocupes, podrás orientarte suficientemente en cualquier otra lengua con la ayuda de las imágenes y las explicaciones adicionales.

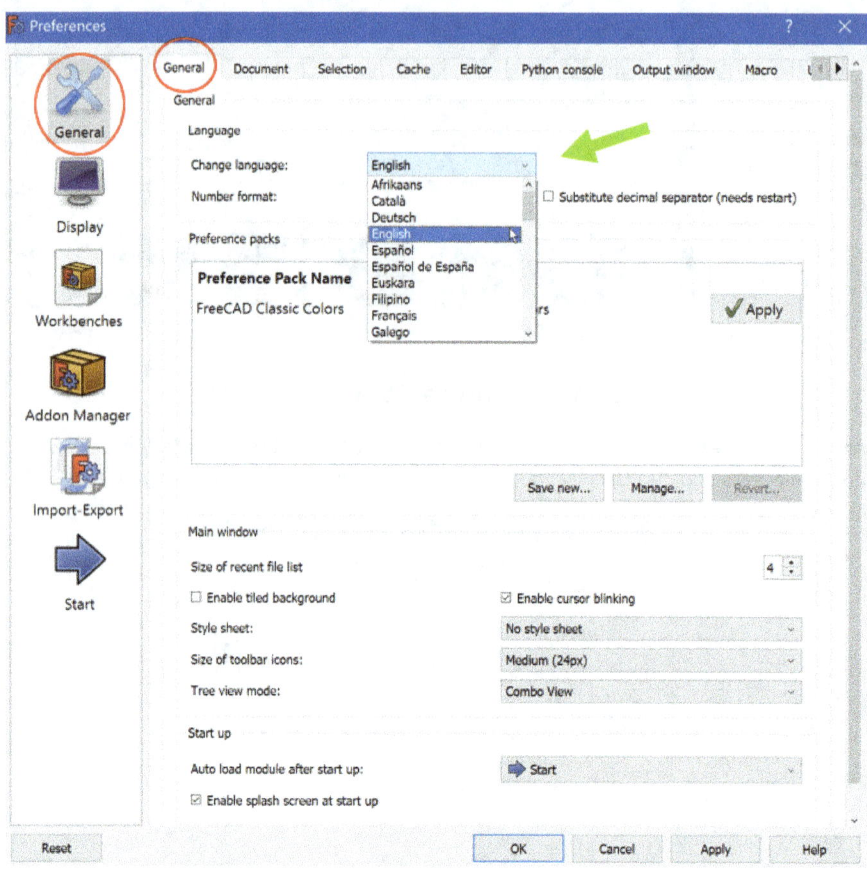


Un poco más abajo, en la sección "Main window", puedes cambiar el color de la pantalla. Sin embargo, si esto no es importante para ti, puedes simplemente dejar aquí la configuración por defecto "No style sheet". En esta sección también podemos cambiar el tamaño de los iconos de los comandos. Es mejor utilizar aquí la configuración "Medium (24px)" si no está ya seleccionada.

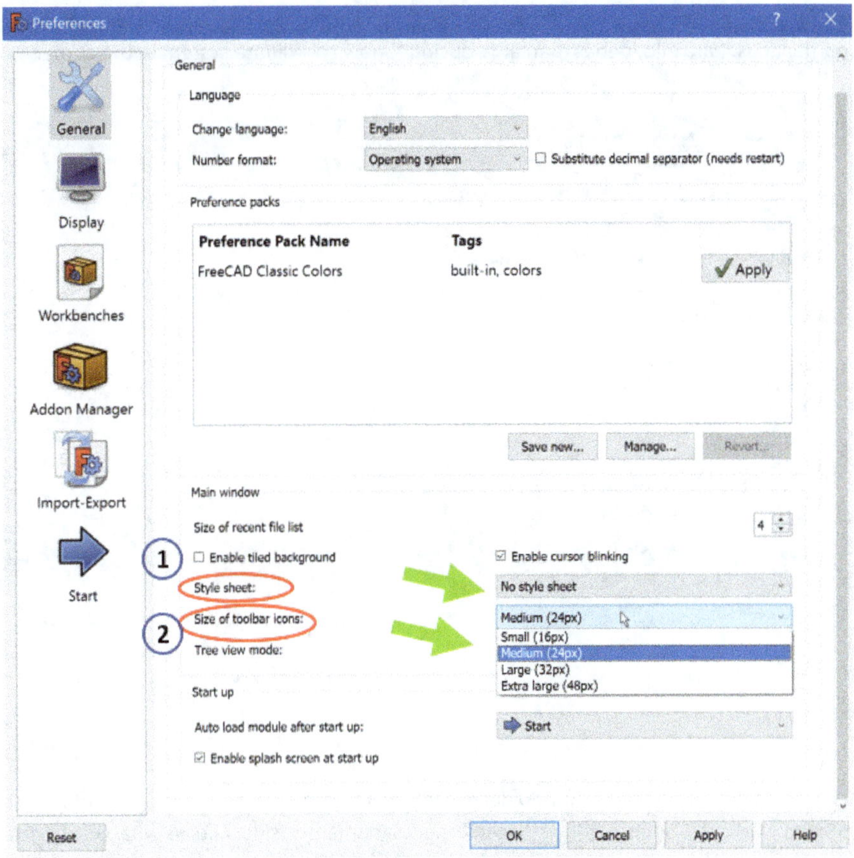

Otro ajuste importante de la sección "General" se encuentra en la pestaña "Units". Aquí podemos establecer nuestro sistema de unidades preferido. Utilizamos las unidades estándar "Standard (mm/kg/s/degree)".

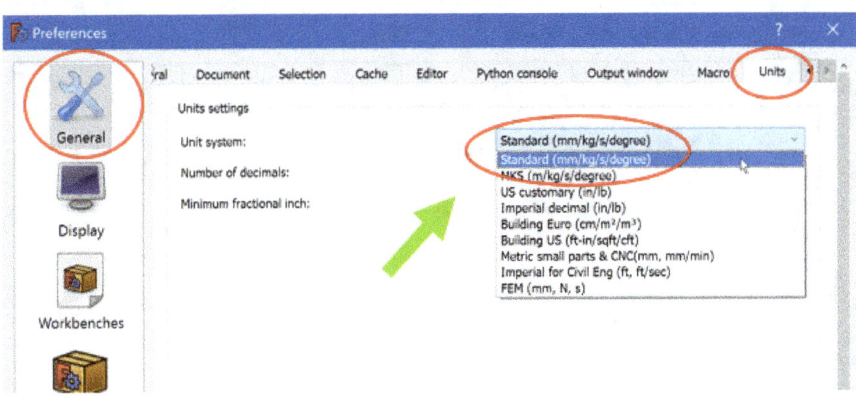

Por último, tenemos que comprobar en el área "Display" si se muestra el sistema de coordenadas. Para ello, debes marcar la opción "Show coordinate system in the corner".

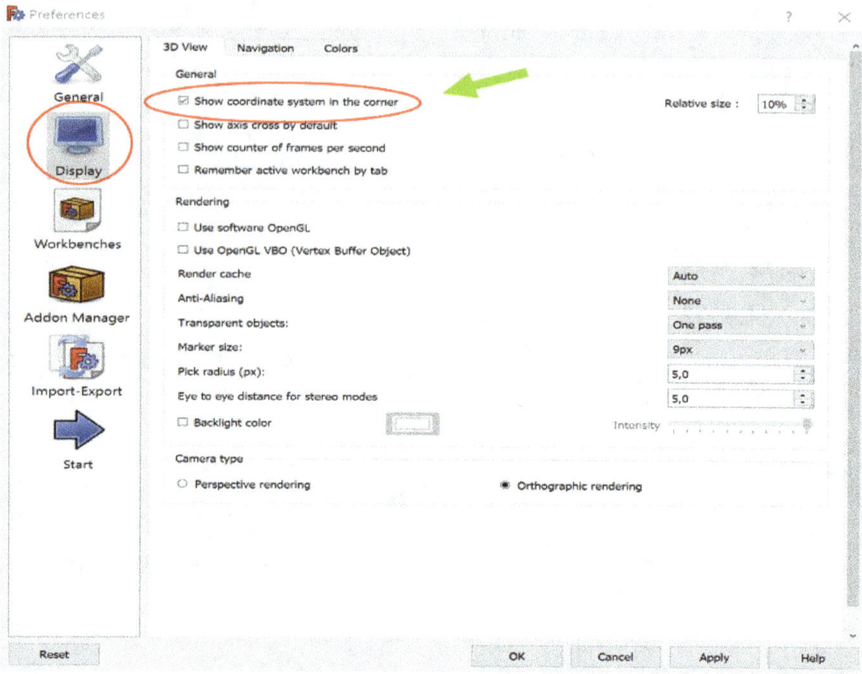

Además, podemos cambiar el fondo del espacio de trabajo aquí, en la pestaña "Colors". Sin embargo, esto no tiene por qué hacerse necesariamente, sino que es una cuestión de gustos. Por ejemplo, cambiamos el fondo al color blanco.

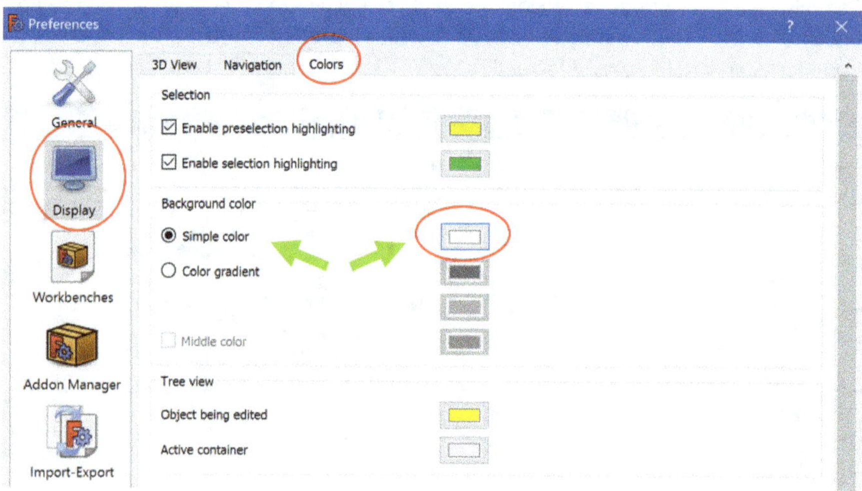

Si has cambiado los ajustes, haz clic en "Apply" en la parte inferior de la ventana y luego en el botón "OK" para aplicar los ajustes que has hecho y cerrar la ventana.

## 2.2 "FreeCAD" Entorno del programa

En esta sección echaremos un vistazo al entorno del programa "FreeCAD".

### 2.2.1 Página de inicio

Si iniciamos "FreeCAD", se muestra la página de inicio, que contiene tres pestañas diferentes ("Documents", "Help", "Activity").

**"Documents":** Esta pestaña contiene los archivos utilizados más recientemente. También contiene la opción "Create new ..." para crear un nuevo documento. Además, encontramos algunos archivos de muestra en la zona inferior.

 **"Help":** Esta pestaña contiene instrucciones para el programa y para resolver problemas. Por ejemplo, podemos buscar un comando que queramos utilizar en "FreeCAD" y obtener ayuda.

**"Activity":** Esta pestaña muestra las últimas actividades utilizadas en "FreeCAD". Muestra la modificación o adición de "FreeCAD" código fuente y no es relevante para los principiantes por el momento.

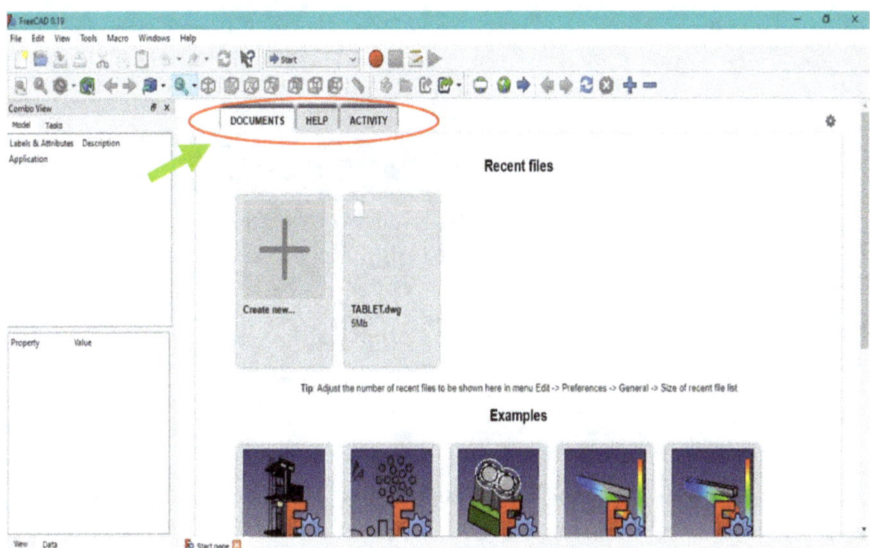

### 2.2.2 Espacio de trabajo

Ahora echaremos un vistazo al área de trabajo del programa. En esta zona vamos a empezar nuestros primeros ejercicios de dibujo. Primero abrimos un archivo de ejemplo de la parte inferior de la pestaña "Documents" en la sección "Examples".

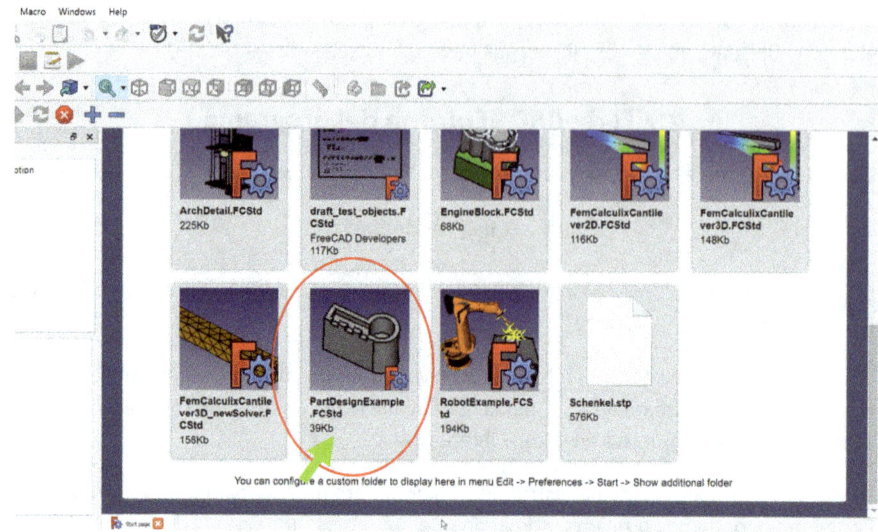



El espacio de trabajo o área de dibujo se utiliza para crear un nuevo objeto o dibujo. La interfaz básica incluye barras de herramientas, varios comandos y ventanas.

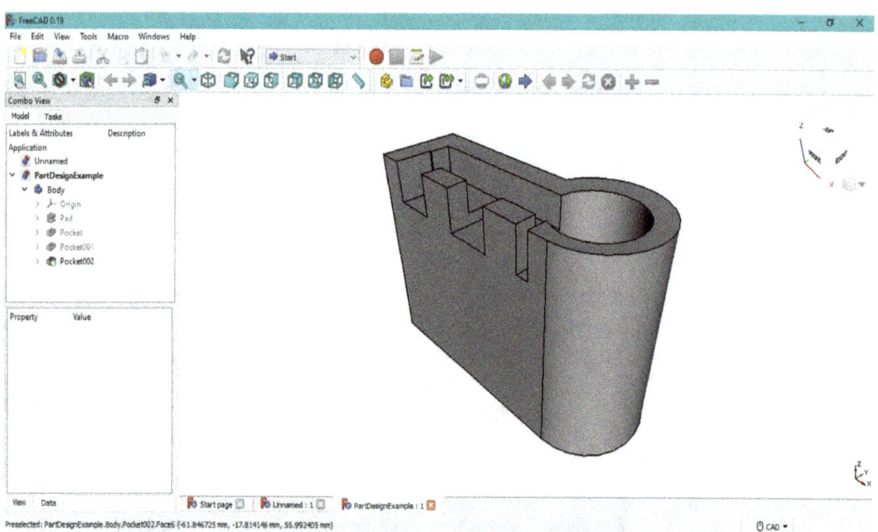



A la izquierda del espacio de trabajo está la Vista Combo ("Combo View"), que está dividida en dos pestañas.

La pestaña "Model" te muestra el contenido y la estructura de tu objeto en la zona superior y las propiedades (parámetros) del elemento respectivamente seleccionado en la zona inferior. En esta estructura árbol encontrarás los comandos que se utilizaron para crear el objeto 3D. En este caso, por ejemplo, varios bocetos y comandos como "Pad" y "Pocket".

Pero llegaremos a eso más adelante. Además, se muestran el origen y las capas del archivo. Para visualizarlas, tienes que hacer clic en el símbolo de la flecha de la extensión.

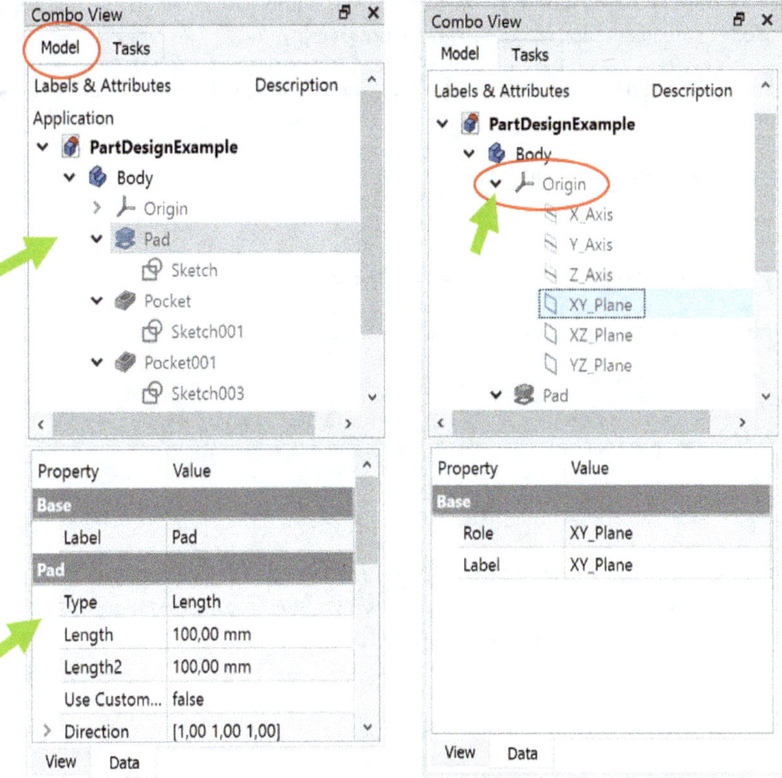

La pestaña "Tasks" te informa sobre las tareas que tienes que realizar para el diseño o sobre los parámetros específicos de la herramienta que estás utilizando en ese momento.

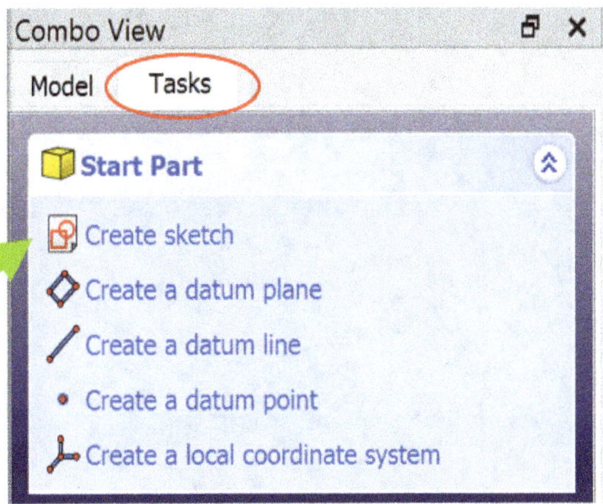

En "FreeCAD" también hay una vista de informe ("Report view") y una consola Python, que están ocultas por defecto. En la vista de informe obtienes información, advertencias o errores listados, lo que puede facilitar la resolución de problemas. La consola de Python te ofrece la posibilidad de observar en tiempo real cómo los comandos y funciones que selecciones son ejecutados por el código del programa.

Con los siguientes pasos, se puede activar la vista del informe ("Report view") y la consola Python.

Paso 1: Abre el menú "View".

Paso 2: Haz clic en "Panels"

Paso 3: Haz clic en "Report view" y "Python console".

Se abrirá una ventana en la parte inferior del espacio de trabajo.

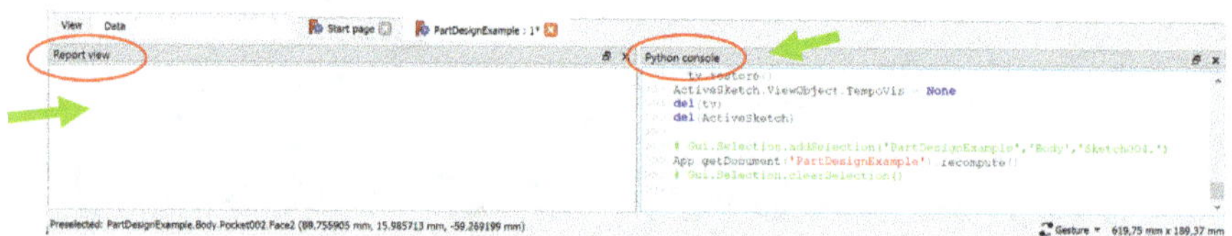

Sin embargo, como principiante casi nunca necesitarás estas dos ventanas o, como ya se ha dicho, sólo para solucionar problemas. Por tanto, podemos volver a cerrar estas dos ventanas para disponer de más espacio en el espacio de trabajo.

# 3 Los espacios de trabajo básicos en "FreeCAD"

## 3.1 Información general

En "FreeCAD" hay diferentes espacios de trabajo, cada uno de los cuales está diseñado para un área de tareas específica. Puedes encontrarlos en el menú desplegable situado a la izquierda del círculo rojo. El programa "FreeCAD" ofrece un gran número de espacios de trabajo. Esto puede confundir fácilmente a un principiante. Sin embargo, si quieres utilizar "FreeCAD" para crear construcciones y dibujos técnicos en 2D y 3D, los espacios de trabajo "Part Design", "Sketcher" y "TechDraw" son suficientes. En este curso para principiantes, veremos en detalle cómo utilizar estos tres espacios de trabajo. Además, veremos cómo ensamblar piezas individuales en un conjunto. Para ello tenemos que importar el espacio de trabajo "Assembly (A2plus)". Pero hablaremos de ello más adelante.

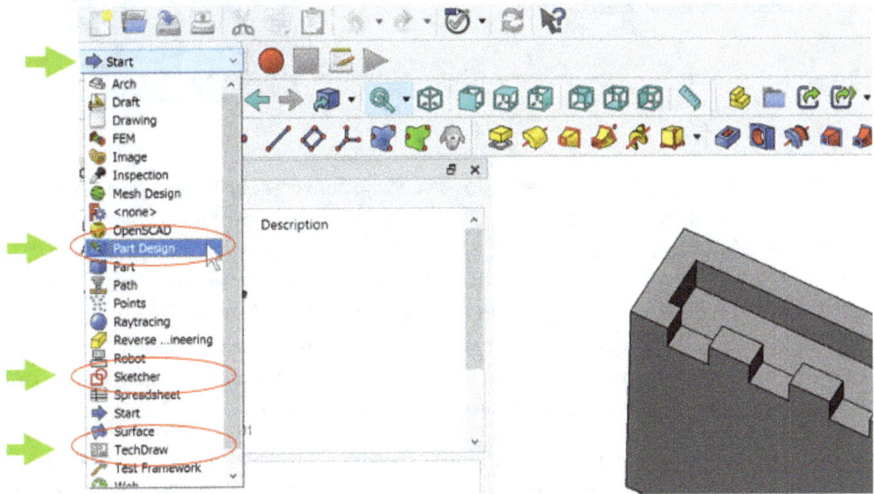


El espacio de trabajo "Draft" -que no veremos en detalle aquí- se utilizaría si quisieras crear objetos puramente bidimensionales. En el área "Sketcher" también puedes crear bocetos bidimensionales. Dado que más tarde puedes convertirlos en modelos 3D, nos fijaremos en el área más adecuada "Sketcher" en lugar del área "Draft". El espacio de trabajo "Part Design" es necesario para crear objetos tridimensionales. Esto también sería posible con el espacio de trabajo "Part", pero "Part Design" suele ser más adecuado. Por último, el área "TechDraw" es necesaria si quieres crear dibujos técnicos, es decir, documentos con los que se pueda fabricar la pieza diseñada.

Como espero que recuerdes de uno de los primeros capítulos, si queremos crear un objeto tridimensional, primero tenemos que crear un boceto 2D. A continuación, transformamos este boceto 2D en un objeto 3D utilizando varios comandos.

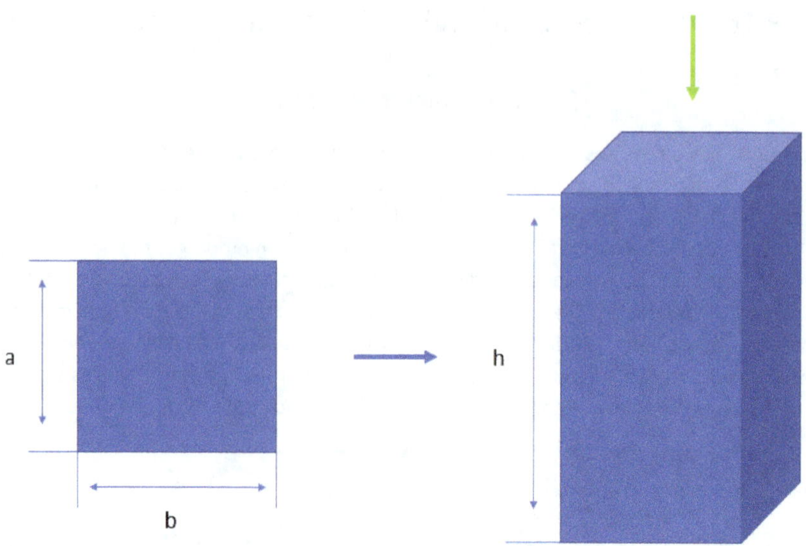

"FreeCAD" nos ofrece ahora varios espacios de trabajo para crear un boceto 2D de este tipo. Podemos dibujar un boceto bidimensional en el área "Draft" así como en el área "Sketcher". El área "Draft" es en realidad sólo para objetos 2D puros, lo que significa que seleccionarías este espacio de trabajo si quisieras dibujar un objeto puramente bidimensional. También podrías crear un objeto 3D a partir de un boceto del área "Draft", pero este procedimiento no es el ideal. Si ya sabes que quieres crear un objeto 3D a partir de un boceto 2D, entonces es mejor que elijas el espacio de trabajo "Sketcher". Este espacio de trabajo es ideal para dibujar bocetos en 2D que luego transformarás en un objeto 3D.

Así que podríamos hacer un boceto para nuestro primer objeto 3D en el área "Sketcher". Sin embargo, para aprender la construcción con "FreeCAD" lo más fácilmente posible, empezaremos enseguida en el espacio de trabajo superior "Part Design". En este espacio de trabajo se pueden crear objetos 3D. Además, también hay una función en este espacio de trabajo llamada "Create Sketch", que es un enlace al espacio de trabajo "Sketcher" y con la que podemos dibujar nuestro boceto 2D para nuestro objeto 3D.

Lamentablemente, el programa "FreeCAD" puede resultar un poco confuso en este caso, porque hay muchas áreas de trabajo diferentes. Sin embargo, sólo tienes que recordar que como principiante para un diseño 3D siempre podemos empezar en el área "Part Design". A continuación, te guiaré paso a paso con un procedimiento estructurado para crear un modelo 3D. Para ello, empezamos en el área de trabajo "Part Design", luego pasamos al área "Sketcher" para el boceto 2D y después volvemos al área "Part Design" para el modelo 3D. Las zonas están conectadas entre sí para que esto sea fácil de hacer. Pero hablaremos de ello más adelante.

## 3.2 El espacio de trabajo "Part Design" - Parte 1: Información general

Antes de crear nuestro primer objeto 3D, vamos a hacer un breve repaso de las funciones básicas del espacio de trabajo "Part Design".

Nota: Si no se muestran todas las barras de herramientas como aquí se muestra, tienes que activar las barras de herramientas que faltan en la barra de menús en la pestaña "View" en el subgrupo "Toolbars". También puedes desactivar aquí las barras de herramientas si es necesario.

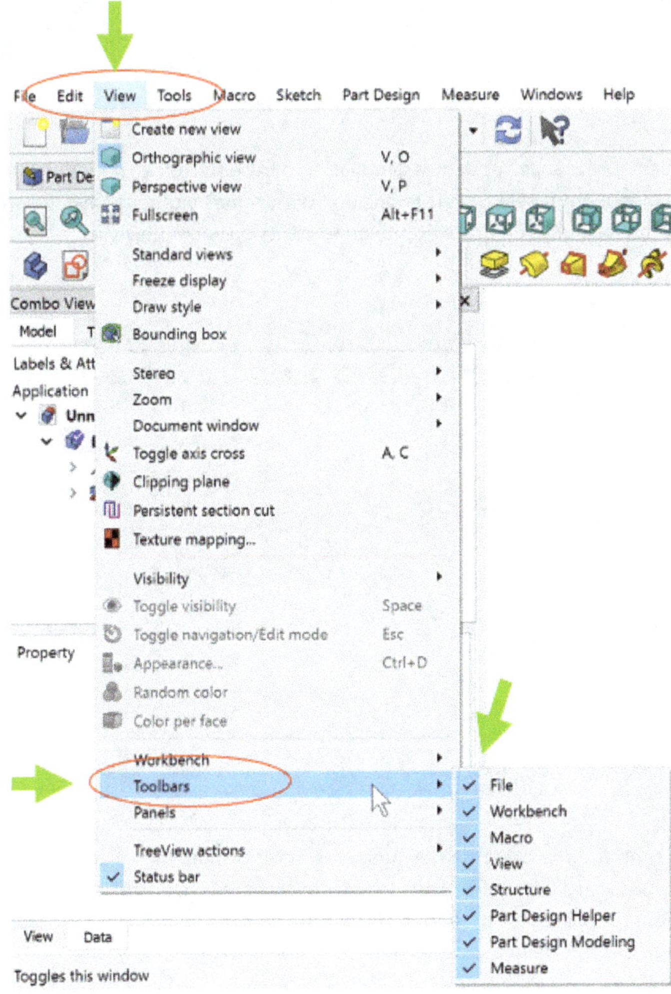

En la zona superior izquierda encontramos dos funciones importantes. En primer lugar, con la función "Fit all" podemos encajar en la vista todos los objetos que están en nuestro espacio 3D. Esta función es útil, por ejemplo, si uno o varios objetos están muy lejos. Luego se amplían a un tamaño que resulte ventajoso para la vista.

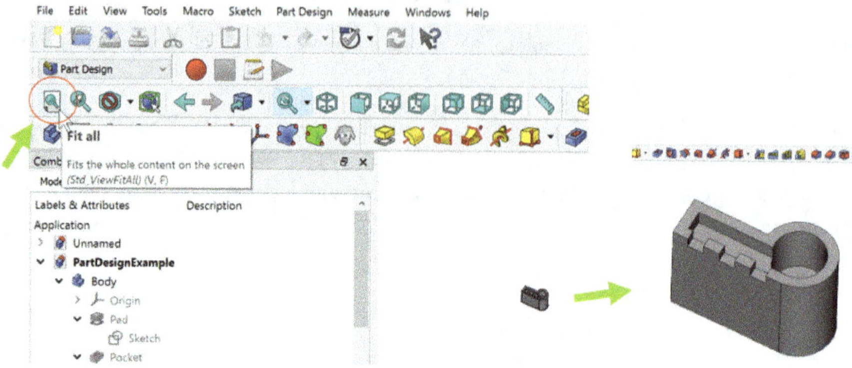

Con la función "Draw Style" podemos cambiar la representación en pantalla del objeto 3D. Por ejemplo, podríamos seleccionar la opción "Wireframe" y obtener así un wireframe de nuestro objeto. No dudes en probar también las otras opciones de visualización.

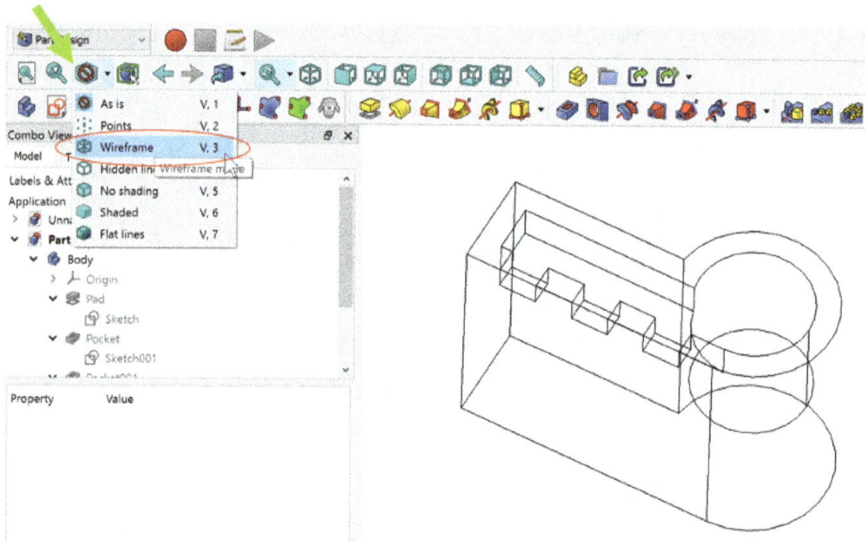

En la zona central de la barra de herramientas anterior podemos elegir entre diferentes vistas. Podemos visualizar aquí la vista isométrica y echar un vistazo a la superficie superior, inferior, frontal, posterior o lateral. Estas opciones son útiles si queremos mirar verticalmente el 100% de una cara del objeto.

Si no es tan preciso, por supuesto también podemos girar y mover nuestro objeto con el ratón del PC. Dentro de un momento veremos cómo funciona.

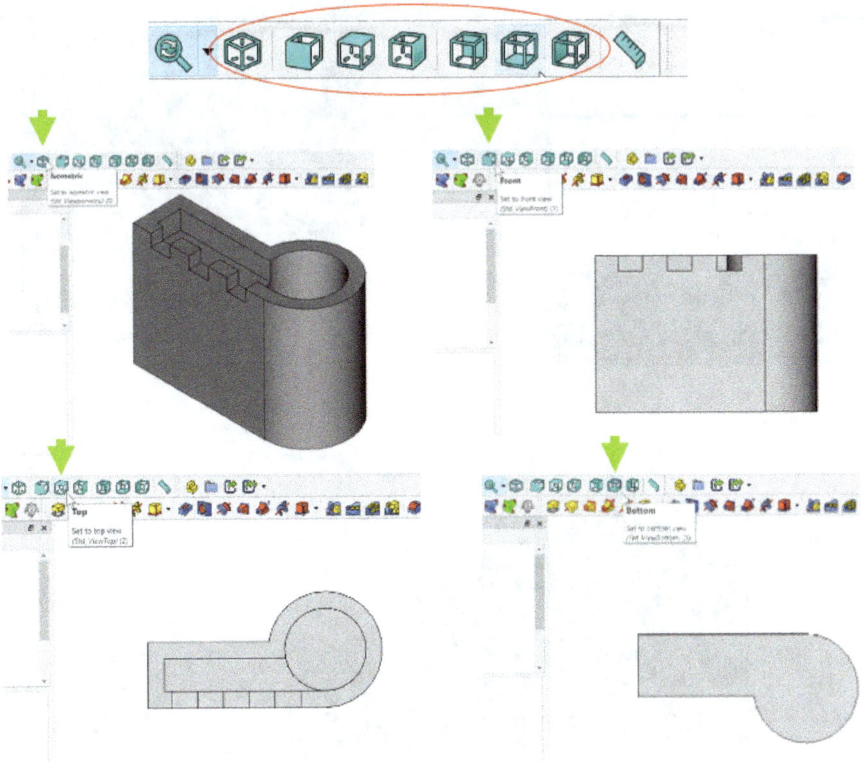

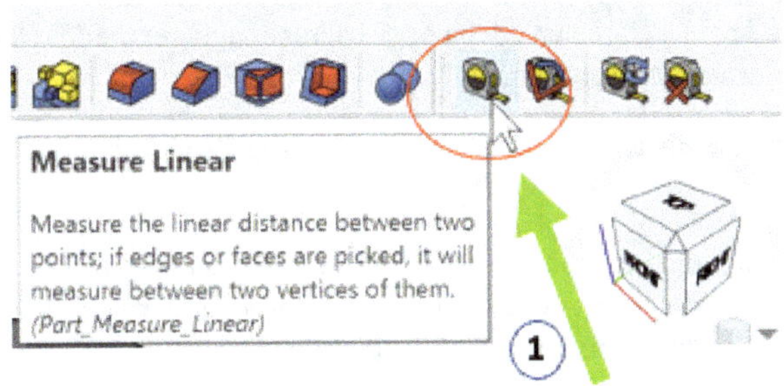

Trataremos en detalle casi todas las funciones de la barra de herramientas en la construcción 3D, por lo que las omitiremos aquí. Aquí sólo veremos las funciones de medición.

Con la función "Measure Linear" podemos visualizar la distancia entre dos superficies o también entre dos aristas. Para ello, simplemente seleccionamos el comando y, a continuación, hacemos clic en la primera geometría (por ejemplo, el borde trasero izquierdo del objeto) y, después, directamente en la segunda geometría (por ejemplo, el borde delantero del objeto). La dimensión se nos muestra entonces con ayuda de una flecha.

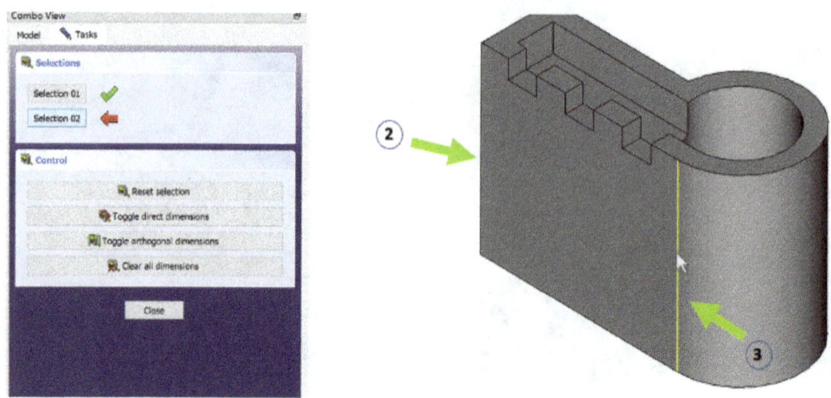

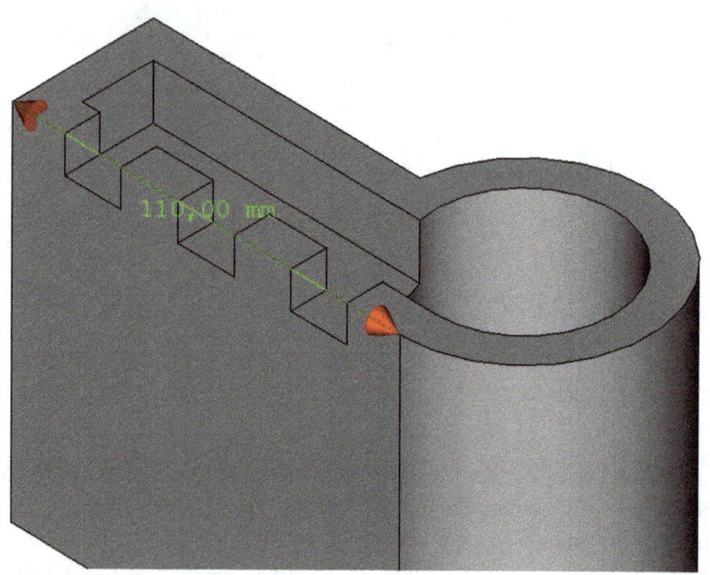

Con "Measure Angular" también podemos visualizar ángulos entre dos elementos. Funciona de forma idéntica a "Measure Linear".

Con "Refresh" podemos actualizar todas las cotas después de haber realizado un cambio en la geometría.

Y con "Clear all" podemos borrar de nuevo todas las dimensiones mostradas. Aquí no podemos cambiar los valores de las dimensiones, veremos cómo funciona en un momento. Ahora veremos en detalle cómo crear un objeto 3D.

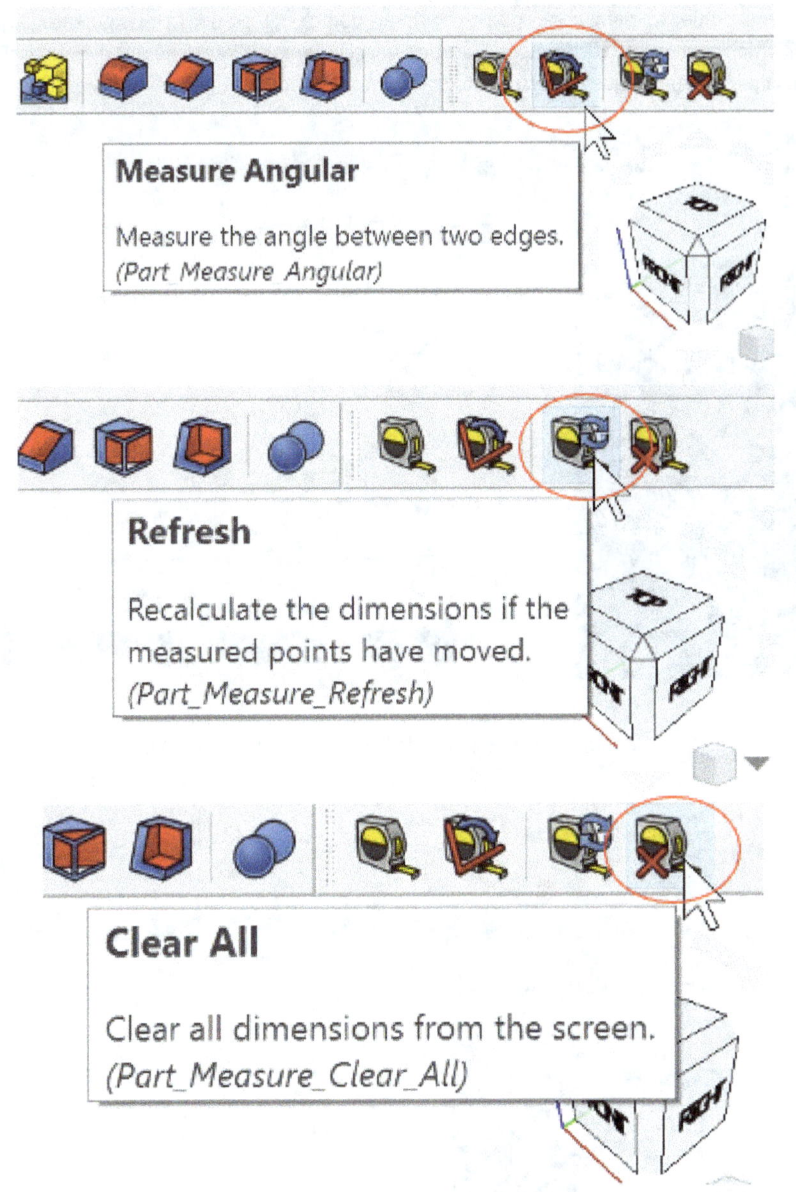


Ahora conocemos las funciones más importantes y básicas del espacio de trabajo "Part Design" y en el siguiente paso podemos tratar en detalle cómo crear un boceto 2D y cómo convertir después este boceto 2D en un objeto 3D.

El procedimiento para crear nuestro primer objeto 3D es ahora el siguiente. Primero cerramos el proyecto de ejemplo. Después seleccionamos "Create new ..." en la página de inicio para crear un nuevo documento.

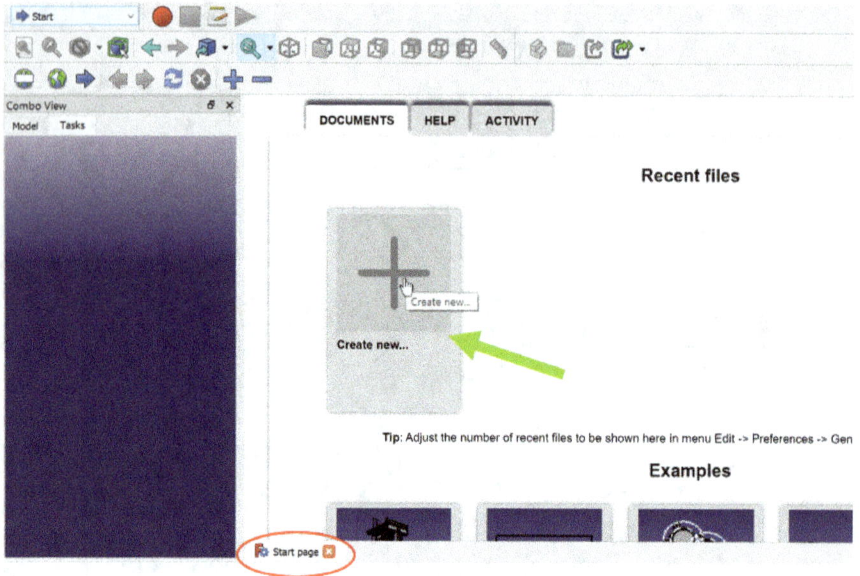

A continuación, seleccionamos el espacio de trabajo "Part Design" en el menú desplegable.

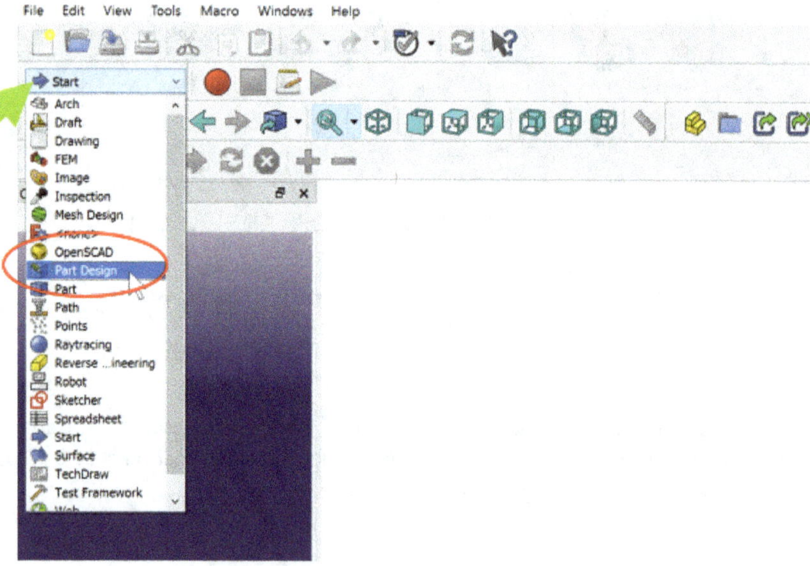

Para empezar con nuestro objeto 3D, hacemos clic en la Vista Combo "Combo View" en el área "Tasks" sobre el comando "Create Body".

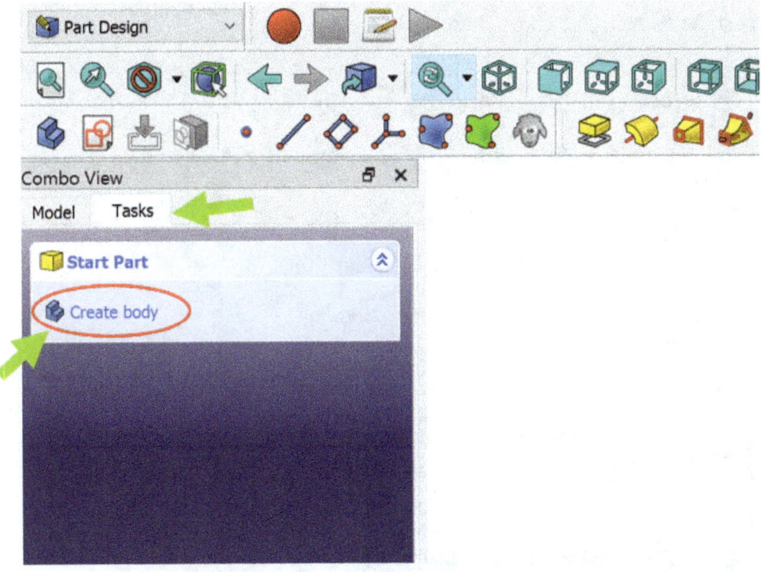

A continuación, en la sección "Tasks", se sugiere la creación de un boceto. Como puedes ver, el área "Tasks" puede servirnos -sobre todo al principio- como una especie de receta para nuestra construcción.

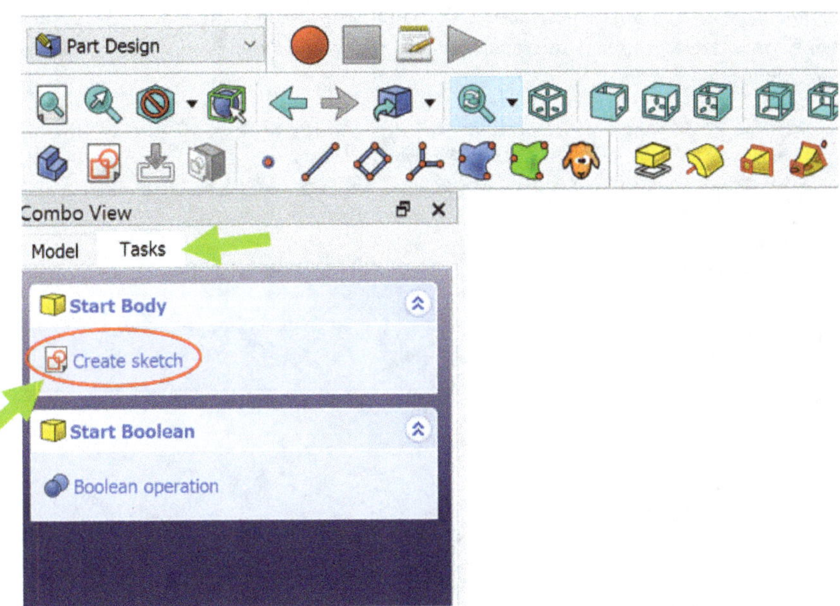

Alternativamente, por cierto, también podríamos crear el cuerpo y el boceto 2D con los iconos de la barra de comandos. Por ejemplo, también podríamos haber seleccionado los comandos "Create Sketch" y "Create Body" en la barra de menú situada en la parte superior de la pestaña "Sketch", así como "Part Design".

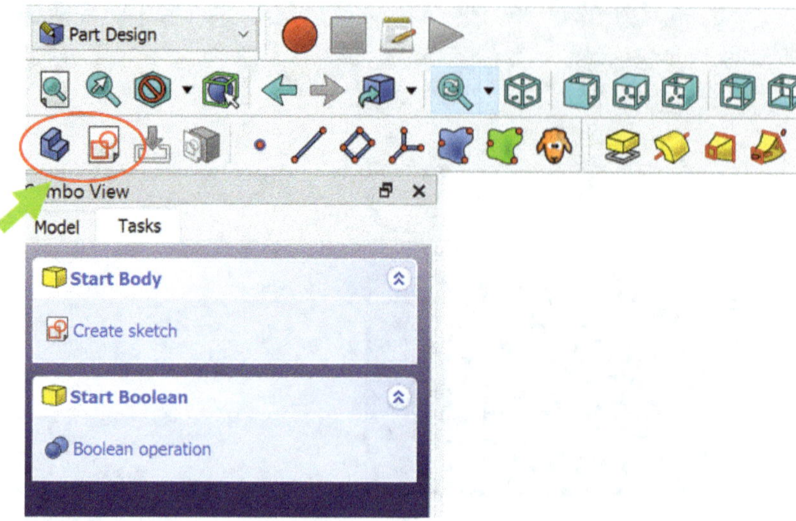


Tras seleccionar el comando "Create Sketch" se muestran los tres planos del sistema de coordenadas para que elijamos. Queremos crear un esbozo en el espacio bidimensional como base de nuestro objeto 3D, por lo que tenemos que indicar al programa en qué plano bidimensional debe crearse el esbozo. Como un sistema de coordenadas del espacio 3D tiene los tres ejes x, y y z, se dispone de los tres planos x-y, x-z e y-z combinando dos direcciones de eje cada uno.

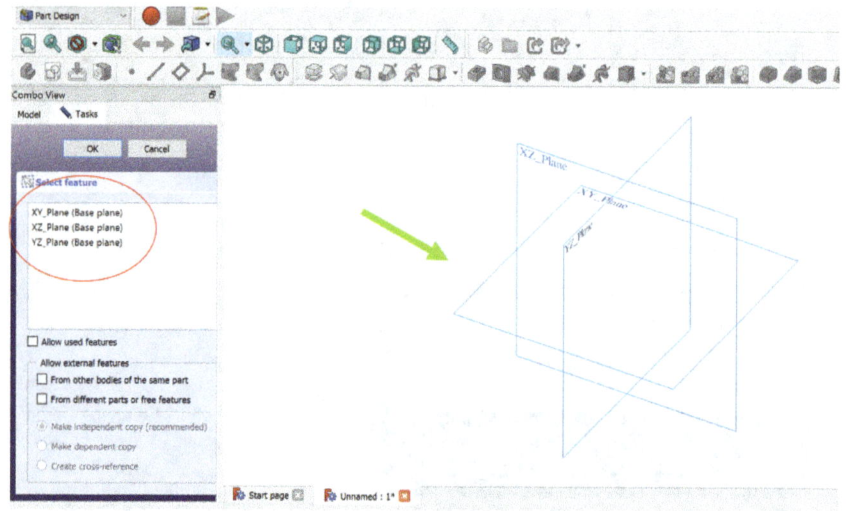

El plano que seleccionemos aquí inicialmente sólo influye en la alineación posterior del objeto. Por ejemplo, simplemente seleccionamos el plano x-y y confirmamos con "OK".

Esto nos lleva al plano y, al mismo tiempo, el programa nos lleva automáticamente al espacio de trabajo "Sketcher", destinado al croquizado en 2D. Como se ha explicado al principio, un boceto 2D de un objeto 3D se realiza principalmente en este espacio de trabajo. Como puedes ver ahora, el programa nos conduce automáticamente a este espacio de trabajo y después vuelve a salir. Esto significa que el área "Sketcher" está vinculada al área "Part Design".

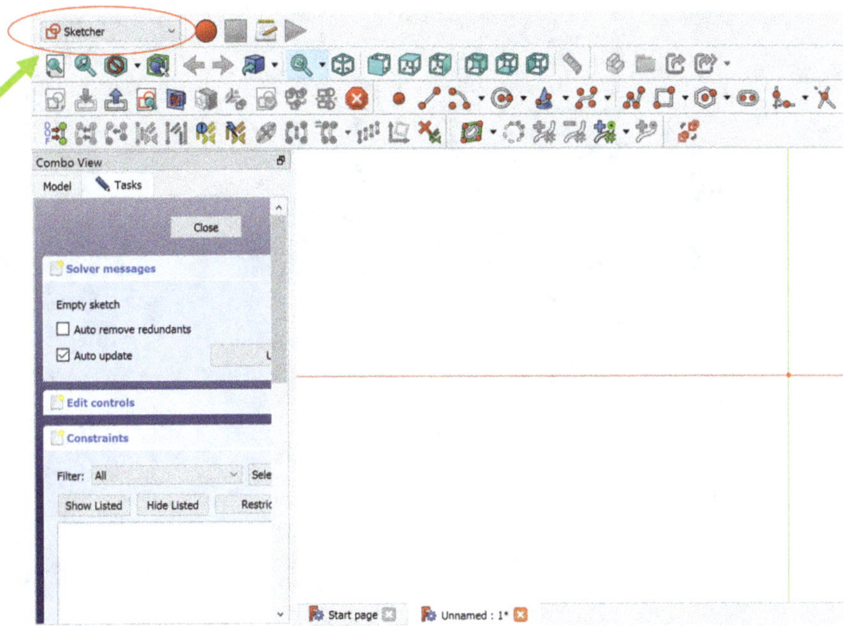

Ahora estamos en el espacio de trabajo "Sketcher". Aquí crearemos nuestro boceto 2D. En la siguiente sección conoceremos este espacio de trabajo y sus comandos y funciones con ayuda de ejercicios de esbozo. Después volveremos al espacio de trabajo "Part Design" para aprender a crear un objeto 3D a partir del boceto 2D.

## 3.3 El espacio de trabajo "Sketcher": Crear croquis 2D

### 3.3.1 Ajustes generales e importantes

En el espacio de trabajo "Sketcher" creamos nuestro croquis 2D. Puedes imaginártelo como si dibujaras unas líneas, rectángulos y círculos en el conocido programa "Paint". Sin embargo, hay algunas diferencias.

Antes de empezar, hacemos algunos ajustes en las opciones relativas a la pantalla. Lo hacemos como siempre en la barra de menú "Edit" y la selección de "Preferences". Ahora navegamos en las opciones hasta la sección "Sketcher".

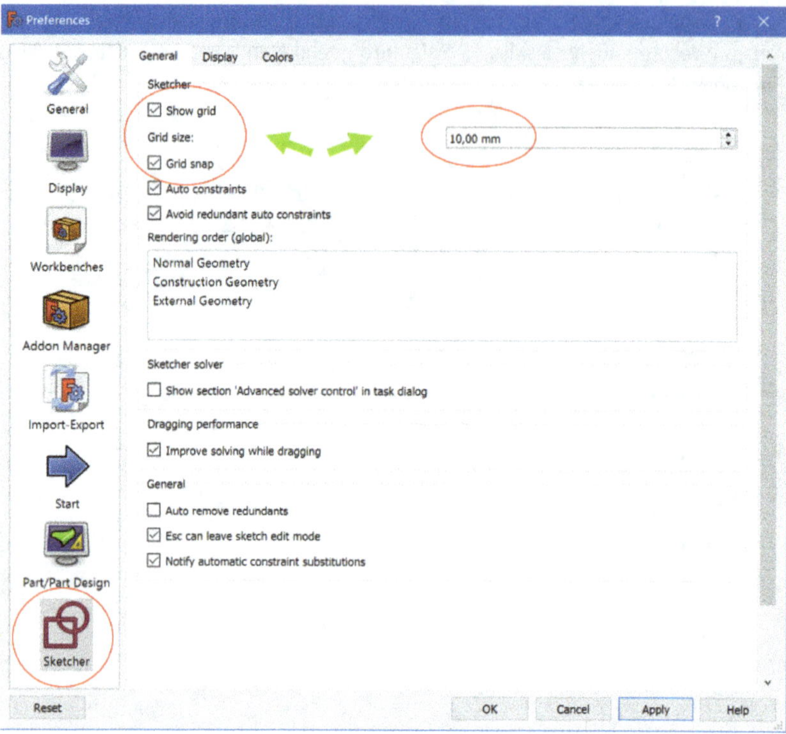

Aquí activamos -si lo deseamos- la cuadrícula de dibujo marcando la opción "Show grid". Además, podemos activar que el cursor pueda seleccionar más fácilmente los puntos de esquina de la rejilla, lo hacemos con la opción "Grid snap". Aquí también se puede ajustar el tamaño de la cuadrícula. Sin embargo, estos ajustes no son absolutamente necesarios, sino sólo una ayuda opcional a la hora de dibujar.

Es importante, sin embargo, que los campos marcados en rojo en la pestaña "Colors" los pongamos de color negro o de un color oscuro similar si hemos elegido un fondo blanco o claro. De lo contrario, no podríamos ver después los elementos geométricos.

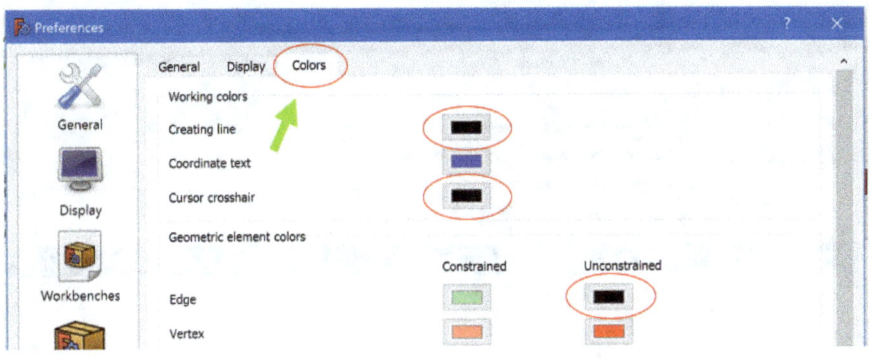

A continuación, echamos un vistazo al plano de dibujo. En la zona superior derecha vemos el cubo orbital ("navigation cube"), que nos indica en qué vista del espacio 3D nos encontramos actualmente. En este momento está ajustado a "Top", es decir, estamos mirando el avión desde arriba.

También podemos girar o desplazar la vista con este cubo. En la zona inferior derecha hay un pequeño sistema de coordenadas que nos muestra la orientación mediante los ejes. Estamos en el plano x-y, por lo que el eje y se muestra verticalmente y el eje x horizontalmente. Estos ejes también se nos muestran en el mismo color (verde y rojo) en el plano de dibujo como una línea vertical y otra horizontal.

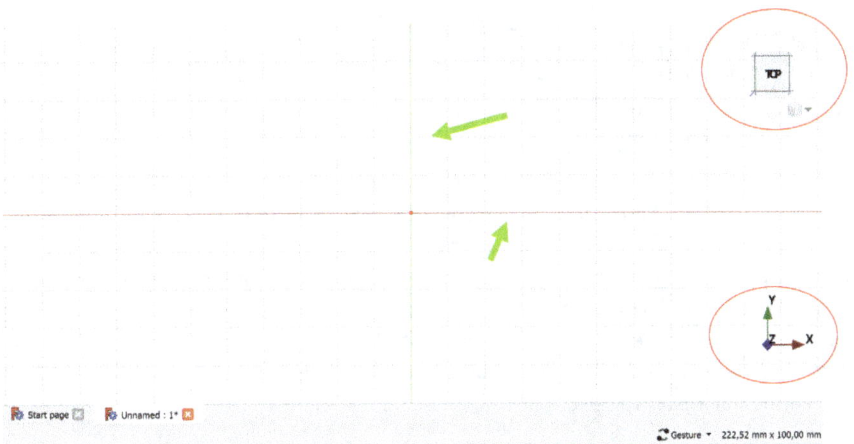

Si la visualización de estos dos elementos te resulta demasiado pequeña, también puedes cambiar el tamaño en los ajustes. Para ello, debes ir al área "Display". Para realizar los ajustes, ve primero a la pestaña "3D View" y después a la pestaña "Navigation".

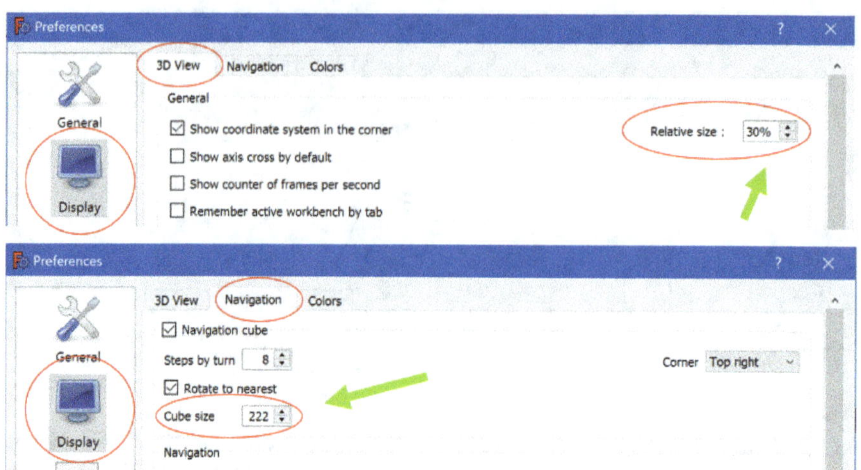

Puedes mover el área de dibujo y también posteriormente el objeto 3D, según el modo preseleccionado. Puedes seleccionarlo en la parte inferior derecha. Lo mejor es seleccionar el modo "CAD". La navegación se realiza como se muestra. Por cierto, "Pan" significa moverse. "Rotate", "Zoom" y "Select" deben estar claros.

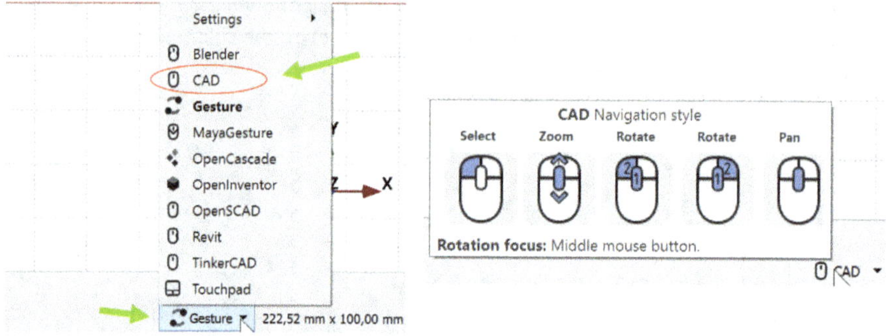


### 3.3.2 Elementos geométricos para crear un croquis 2D

Después podemos ocuparnos de las geometrías disponibles que podemos utilizar para dibujar la superficie base de nuestro objeto posterior. Las encontramos en la barra de herramientas de "FreeCAD" en la zona central. Aquí encontramos una variedad de elementos básicos de dibujo, como puntos, líneas, círculos, rectángulos, polígonos, etc. están disponibles para su selección.

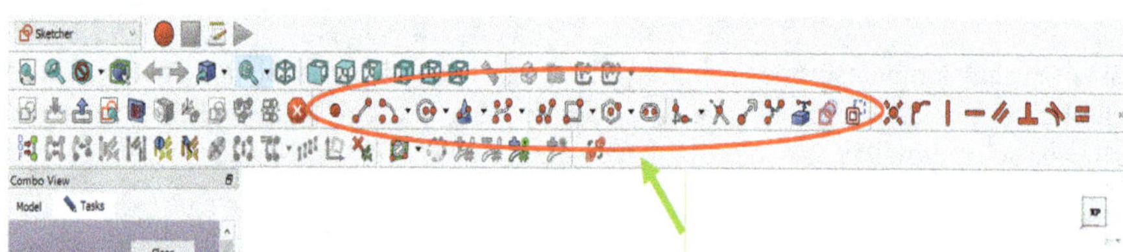

El croquis 2D debe corresponder, por ejemplo, a la sección transversal del objeto 3D deseado o, en el caso de objetos simples, a la superficie superior del objeto, es decir, en el caso de un cilindro, por ejemplo, a un círculo.

Seleccionando el comando "Create Line", por ejemplo, se puede formar una geometría a partir de elementos con forma de línea. Vamos a probar esto. Para ello, basta con hacer clic en cualquier punto, por ejemplo, en el centro del sistema de coordenadas, e iniciar un dibujo haciendo clic y arrastrando con el ratón. Con otro clic, por ejemplo en un punto de la cuadrícula del plano de dibujo, puedes definir el final de la línea.

Si mueves el cursor de modo que la línea se vuelva horizontal o vertical, aparecerá un pequeño símbolo rojo. Este símbolo es una restricción ("constraint"), que ayuda a determinar completamente un croquis. En este caso dice, por ejemplo, que la línea se crea horizontal o verticalmente de forma condicional. Además, en este caso, también aparece el símbolo de un cuarto de círculo con un punto. También es una restricción que determina el punto final de la línea en el eje de coordenadas. Dentro de un momento hablaremos en detalle de las limitaciones.

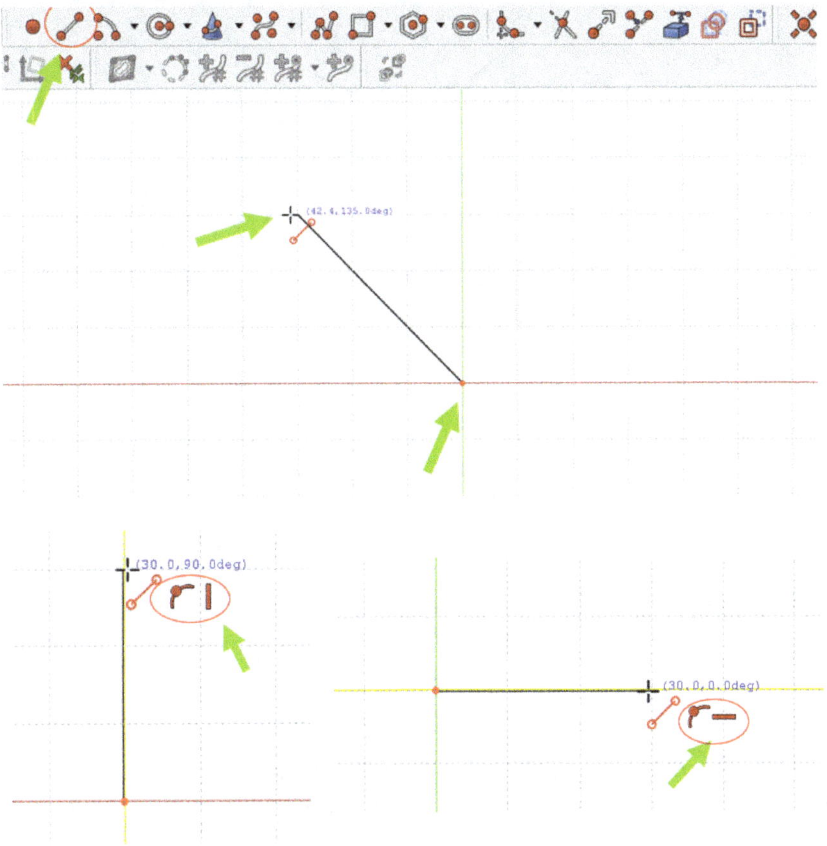

En lugar de una línea, también puedes crear un círculo, un arco, un rectángulo, un polígono o un agujero oblongo, y mucho más. Vamos a probarlo uno tras otro.

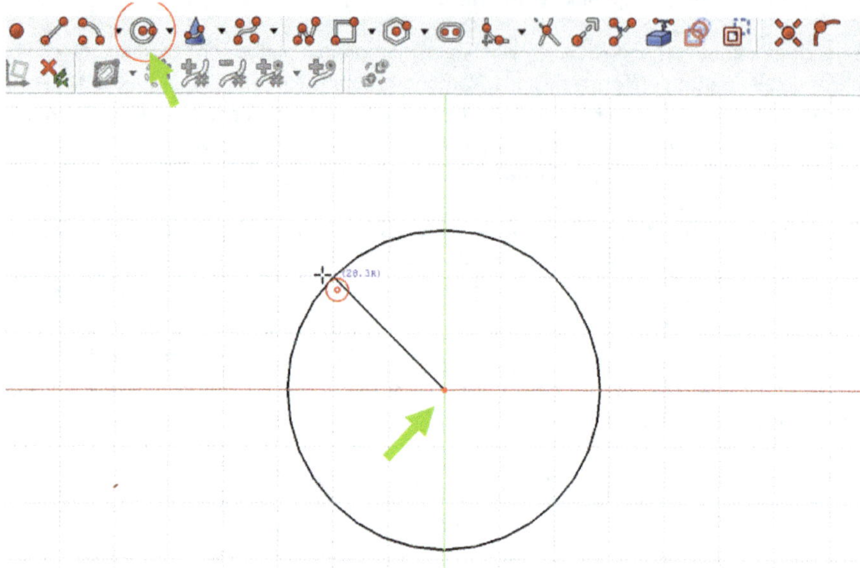

Para el arco seleccionamos primero el punto central, luego el punto inicial del arco y después el punto final del arco.

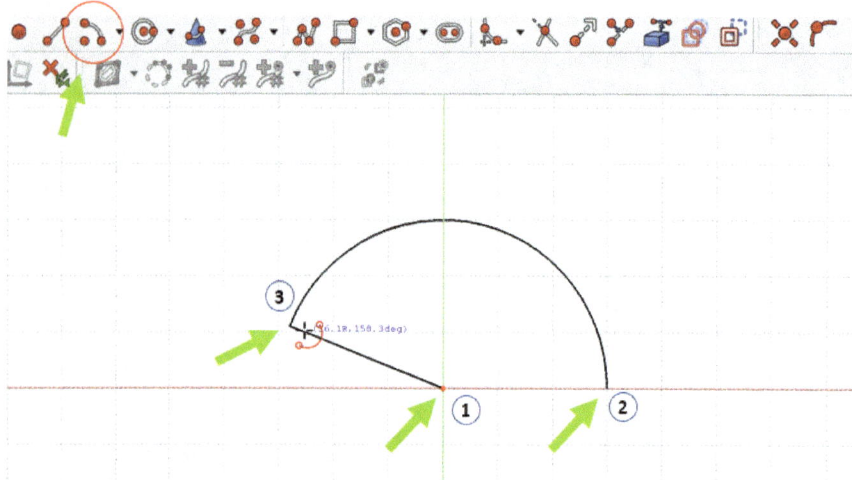

Con el rectángulo, puedes elegir entre un rectángulo normal, un rectángulo centrado o un rectángulo redondeado. Prueba las tres opciones y verás rápidamente cuáles son las diferencias.

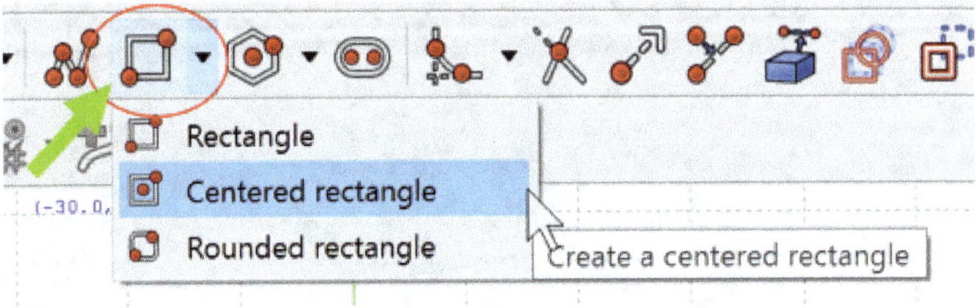

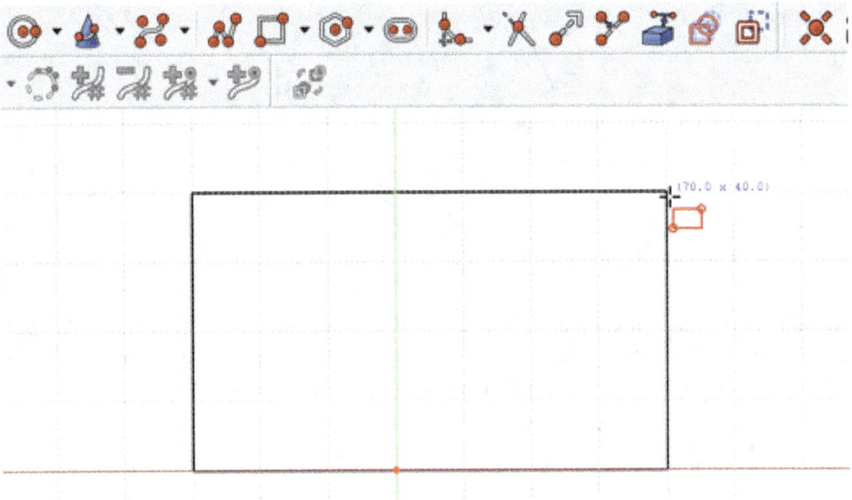

Esta opción de selección también está disponible para los elementos de la geometría: Círculo, Arco y Polígono. Siéntete libre de probar todas las opciones de selección de forma independiente.

Con el comando "Polygon" puedes crear rápidamente un triángulo, un pentágono o un hexágono, por ejemplo, sin tener que componerlo tú mismo a partir de líneas individuales. Especifica el centro del círculo circunscrito y luego selecciona un punto final en el plano de dibujo.

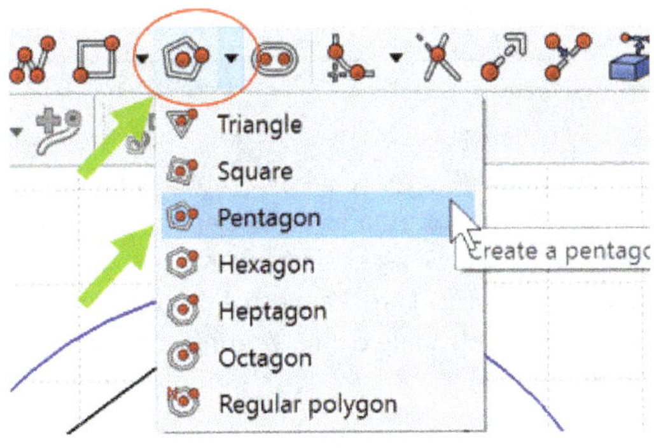

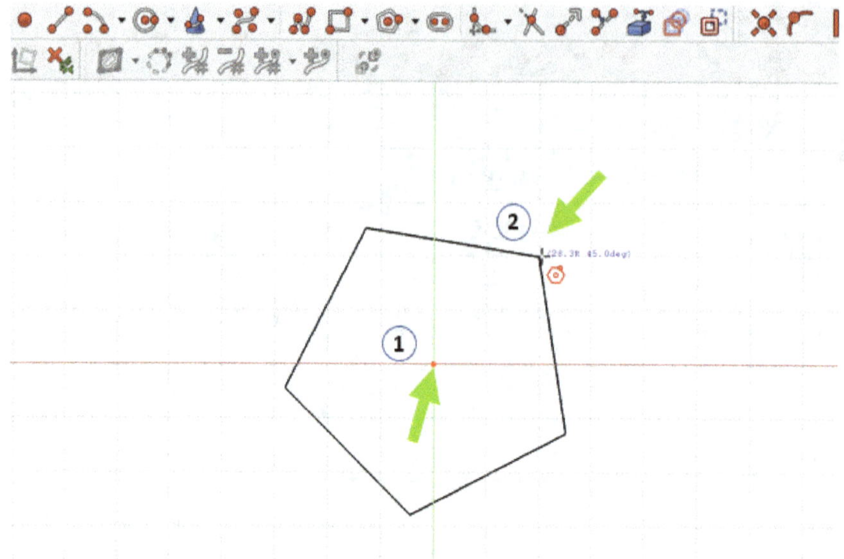

También es muy útil el comando "Slot", con el que puedes dibujar un agujero ranurado rápida y fácilmente. Basta con seleccionar un punto inicial y un punto final, que representan los respectivos centros de los dos semicírculos, y se crea la ranura.

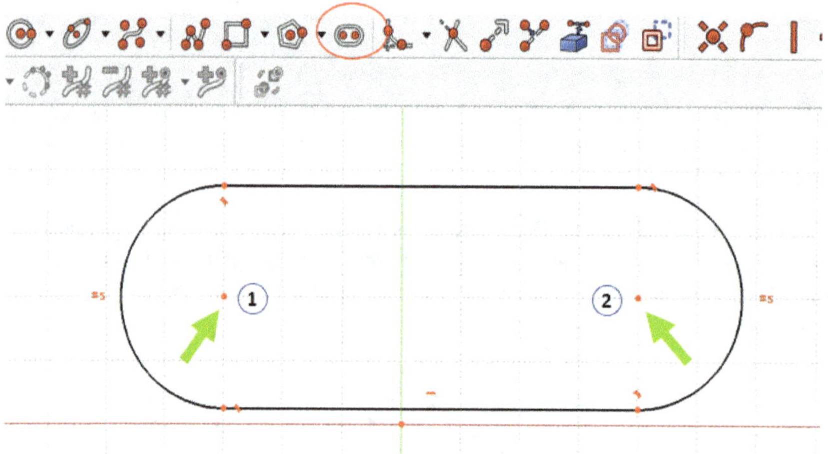

Los otros elementos que se pueden crear aquí son: Punto, Polilínea, "B-Spline" y geometrías elípticas. Como principiante, no necesitarás estos elementos tan a menudo, pero puedes probarlos una vez. Por cierto, la polilínea es simplemente una cadena de líneas y el comando "B-Spline" crea una curva de forma libre. Para estos dos elementos, basta con seleccionar varios puntos diferentes en el plano de dibujo y terminar la cadena con el botón derecho del ratón o con la tecla "ESC".

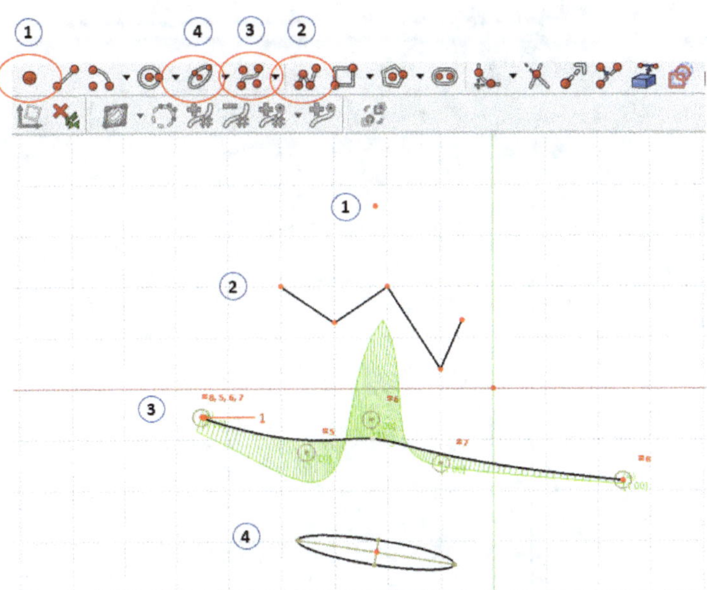

## 3.3.3 Modificar un croquis 2D

Después de crear un boceto, podemos modificarlo si es necesario. Para ello nos ocuparemos de dos funciones importantes. Se trata de las funciones "Fillet" y "Trim edge".

La función "Fillet" se puede utilizar para redondear aristas. Por ejemplo, dibujamos un "Centered rectangle" cuyo centro debe ser congruente con el origen de coordenadas.

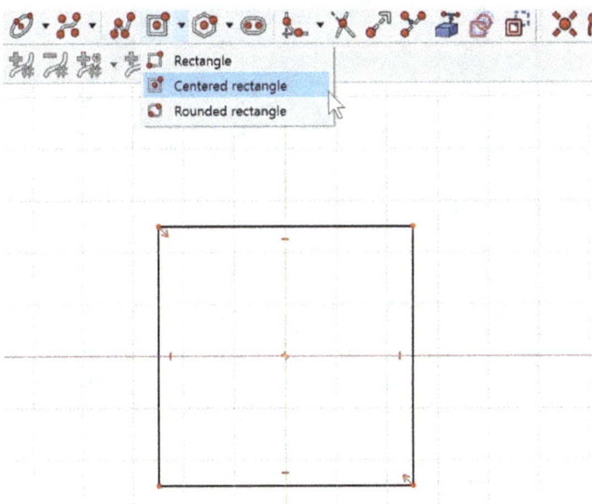

Luego hacemos clic en la función "Fillet" y seleccionamos dos aristas una detrás de otra.

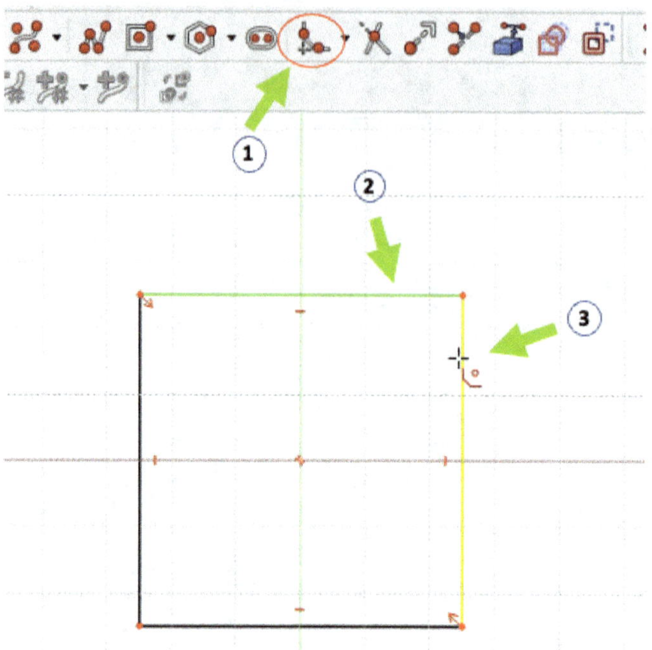

A continuación, el programa crea un filete para la esquina de las dos aristas.

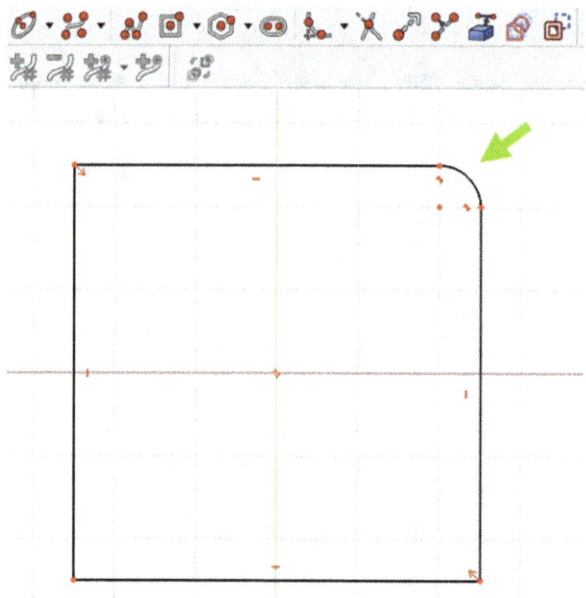

Con la función "Trim Edge" puedes eliminar las líneas superfluas. Veamos lo que esto significa. Dibujamos dos círculos que se cruzan.

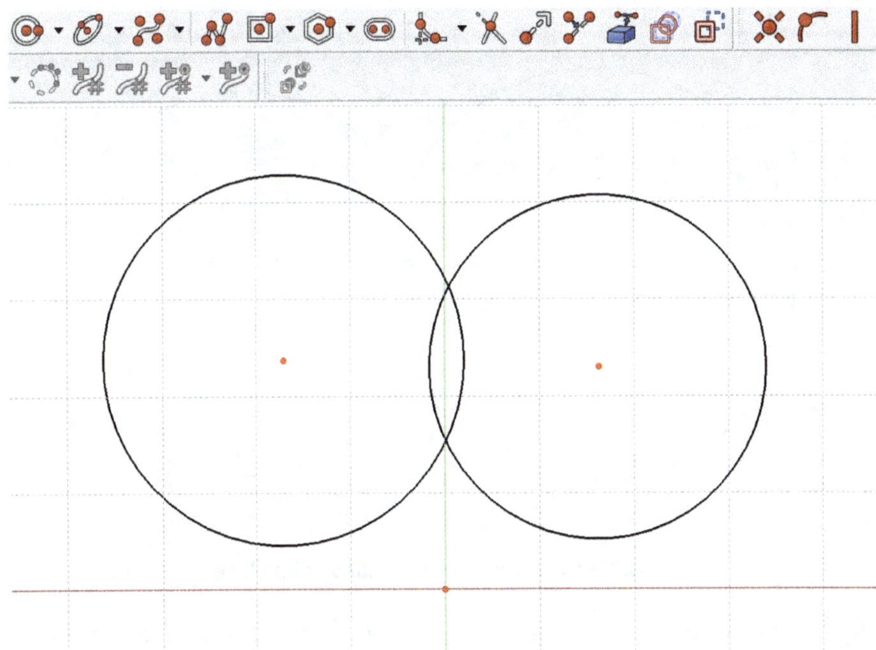

Si ahora queremos unir estos dos círculos, podemos utilizar la función "Trim Edge" para eliminar rápida y fácilmente los dos segmentos centrales de los círculos. Para ello, seleccionamos la función y hacemos clic en los segmentos que queremos eliminar, uno tras otro.

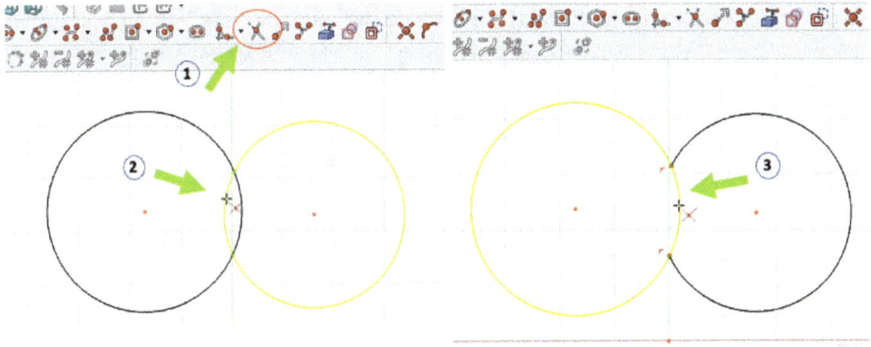

Obtenemos entonces un círculo que se conecta en los puntos de las esquinas. El programa crea automáticamente las conexiones necesarias con esta función.

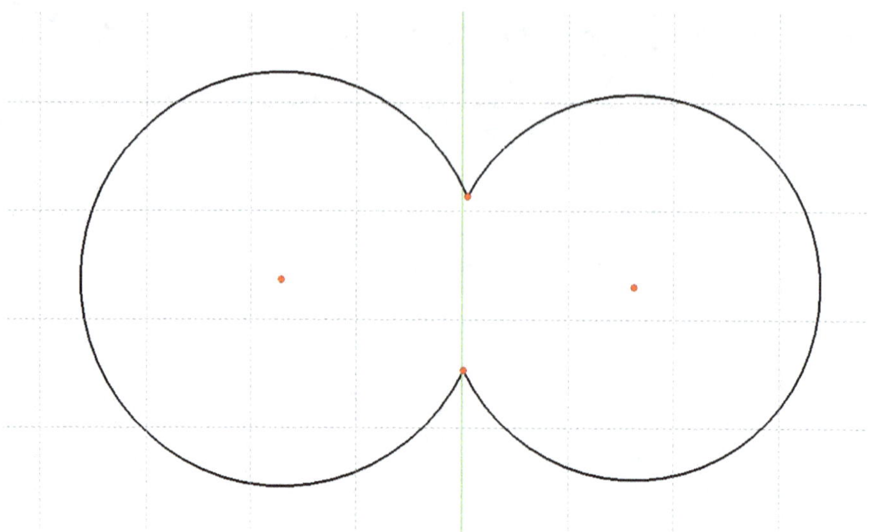

### 3.3.4 Las restricciones ("constraints")

Para crear un objeto tridimensional, es importante que el boceto esté completamente cerrado y no tenga huecos. Así que -al menos como principiante- siempre necesitamos una superficie cuyos vértices estén conectados. Además, el boceto debe estar completamente definido. Completamente definida significa que la geometría esbozada está fija en el plano 2D y no puede moverse. Esta fijación puede conseguirse mediante coacciones.

Anteriormente se mencionó que los pequeños símbolos rojos que aparecen durante el dibujo son este tipo de restricciones. En la barra de comandos de "FreeCAD" encontrarás un gran número de restricciones. Haz clic en la flecha pequeña del extremo derecho para verlas todas.

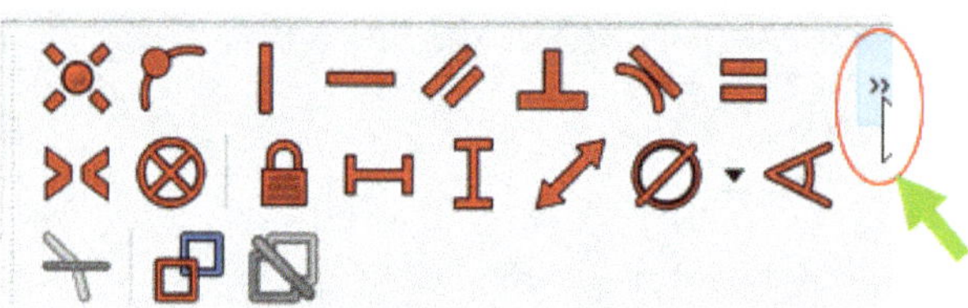

A continuación veremos en detalle las condiciones más importantes.

En "FreeCAD" también puedes encontrar cotas bajo restricciones. Puedes definir un croquis completamente con cotas, o combinar cotas y otras restricciones. Veámoslo con un ejemplo. Por ejemplo, si dibujamos un rectángulo, podemos definir primero la longitud y la anchura del rectángulo utilizando los comandos "Constrain vertical distance" y "Constrain horizontal distance".

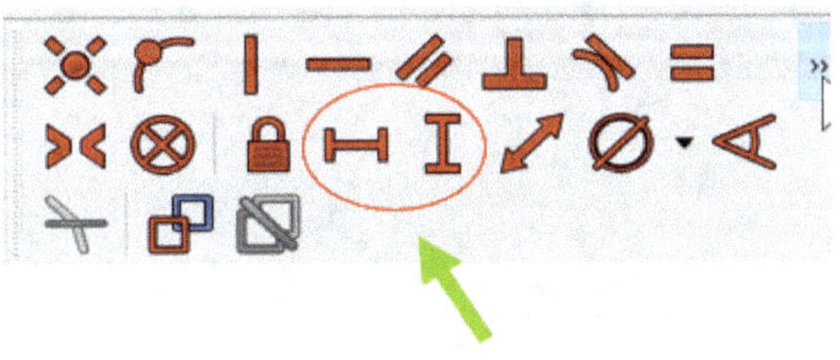

Para ello, seleccionamos primero la restricción correspondiente y después la línea del rectángulo que queremos acotar. Aparece una ventana en la que podemos introducir una dimensión, por ejemplo 40 mm para la anchura y 30 mm para la altura del rectángulo.

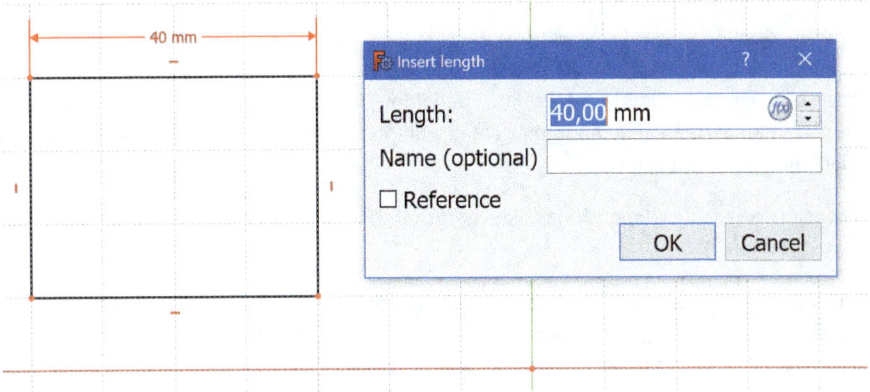

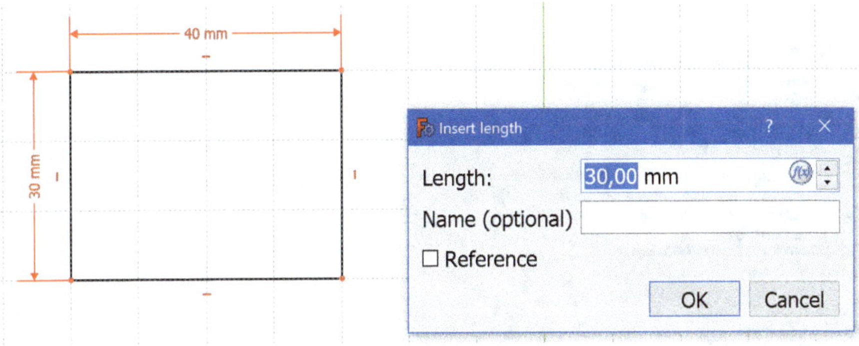

Si ahora hacemos clic sobre el rectángulo con el cursor y lo movemos al mismo tiempo, veremos que el boceto aún no está completamente definido, porque el rectángulo aún puede moverse en el plano de dibujo.

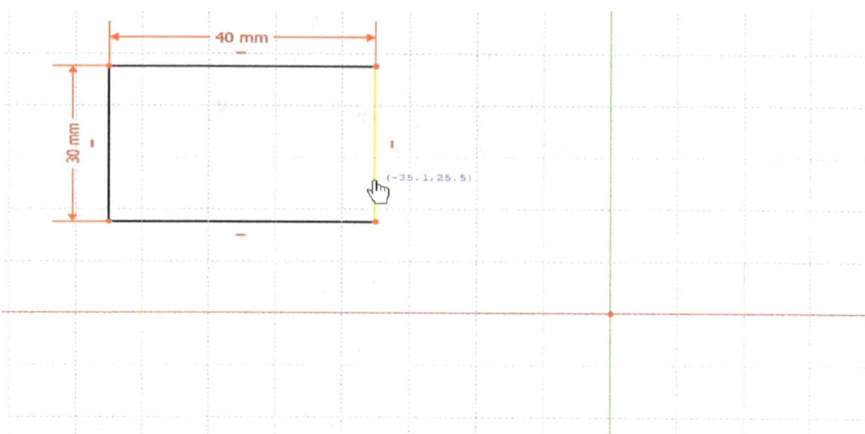

Para obtener un boceto totalmente definido, podemos evitar esta posibilidad de desplazamiento, bien añadiendo más cotas a un punto fijo (por ejemplo, al origen), o bien añadiendo otra restricción.

**1ª opción:** Añade dos dimensiones más (necesitamos una dimensión en la dirección x y otra en la dirección y).

Añadimos una cota vertical y otra horizontal desde la esquina inferior derecha del rectángulo hasta el origen de coordenadas. Lo hacemos del mismo modo que acotamos el rectángulo. Por ejemplo, podemos elegir 20 mm cada una.

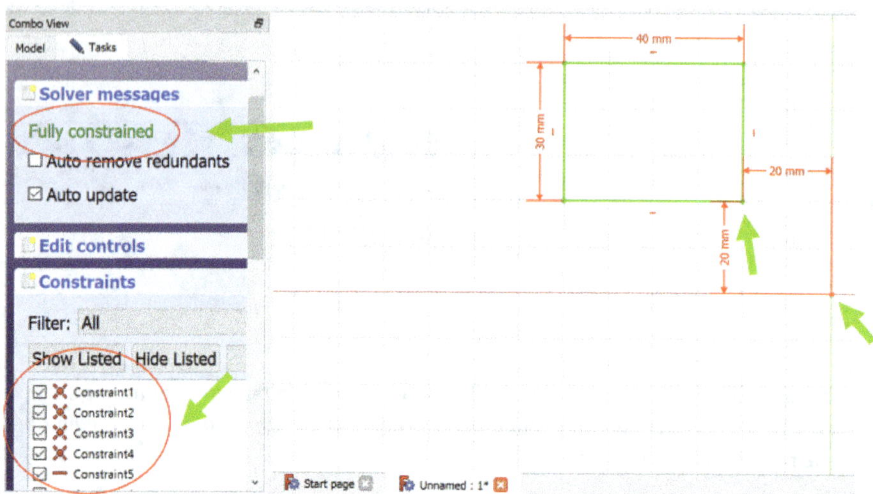

Una vez creadas las dimensiones, las líneas del rectángulo se vuelven verdes. Este cambio de color nos indica que el elemento del esquema está ahora totalmente definido. También puedes verlo en la vista combinada de la izquierda con la designación "Fully constrained". Además, todas las restricciones que hay en el boceto se muestran aquí un poco más abajo.

**2ª posibilidad:** Utilizar otra restricción.

Como alternativa a la acotación, también podemos utilizar otra restricción para definir completamente el croquis. Por ejemplo, utilizamos la restricción "Constrain coincident", es decir, congruente. Tras eliminar las cotas creadas anteriormente, hacemos clic primero en la restricción y después, sucesivamente, en el punto de la esquina del rectángulo y en el origen de coordenadas.

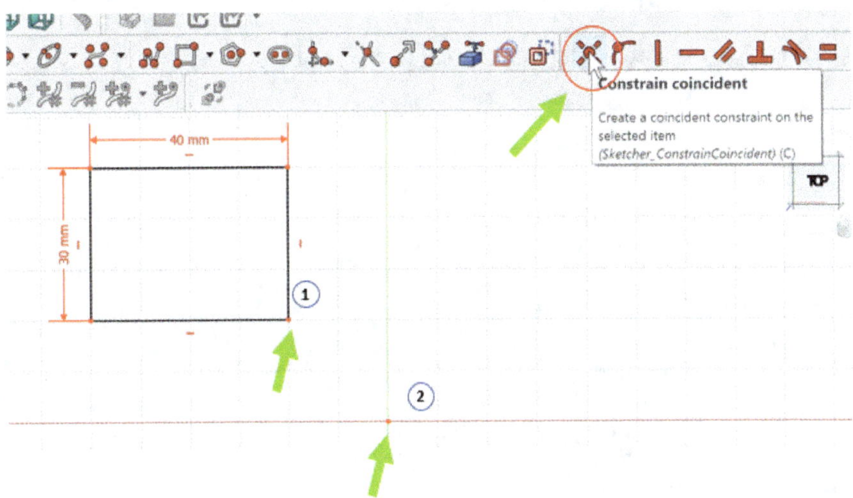


Estos dos puntos se fijan como congruentes y el croquis se vuelve verde.

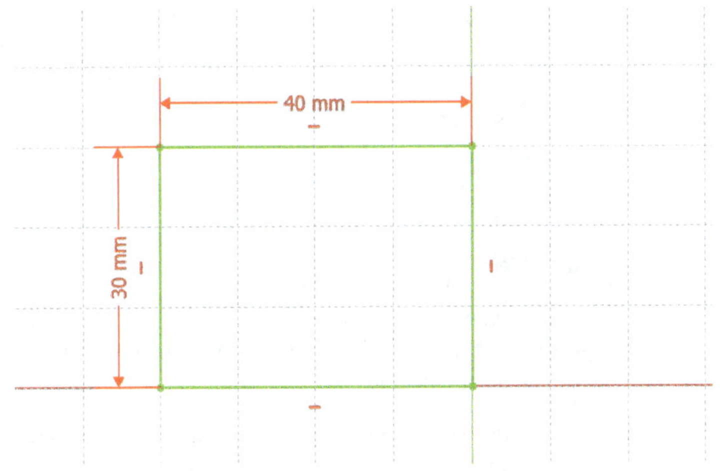


Hay muchas otras restricciones que varían ligeramente según el programa de CAD, pero suelen ser casi idénticas o incluso tener el mismo nombre. A continuación veremos en detalle las limitaciones más importantes de "FreeCAD".

**La restricción "Coincident":**

Acabamos de conocer esta restricción. Este comando se utiliza para conectar dos puntos diferentes de forma congruente.

Por ejemplo, dibuja dos líneas diferentes con el comando "Line". A continuación, haz clic primero en la condición "Constrain Coincident" y luego selecciona los dos puntos extremos superiores de las líneas uno tras otro para unirlos.

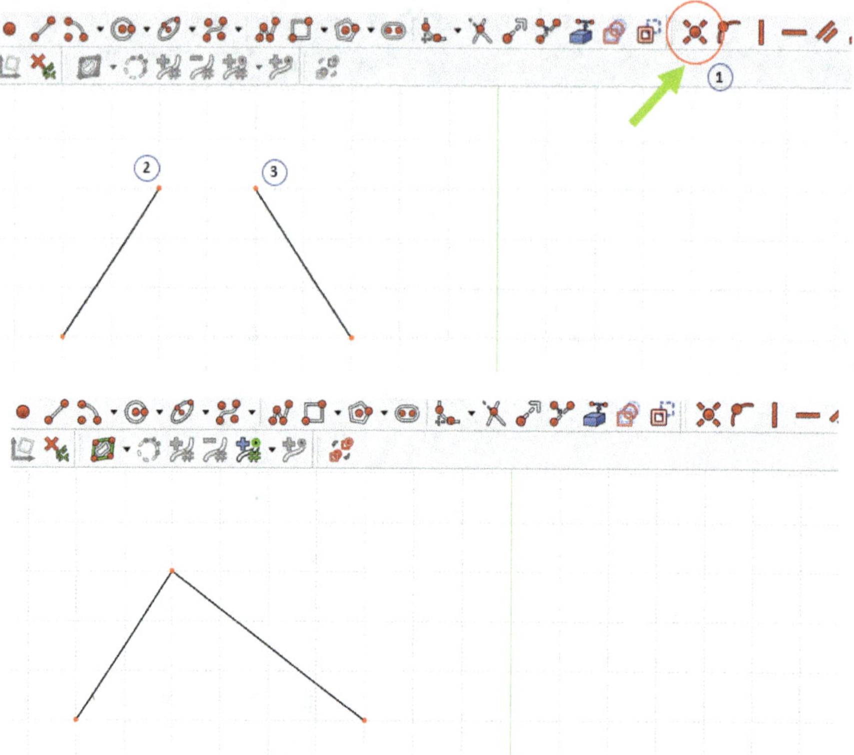

**La restricción "Point onto object":**

Este comando se utiliza para conectar de forma congruente un punto de un objeto con la geometría de otro objeto. La diferencia con el comando anterior es que no se conectan dos puntos, sino un punto con un objeto (por ejemplo, un círculo).

Para ilustrarlo, dibujamos un círculo alrededor de la geometría anterior. Luego seleccionamos el comando, el punto de la esquina superior de las líneas y el círculo uno tras otro.

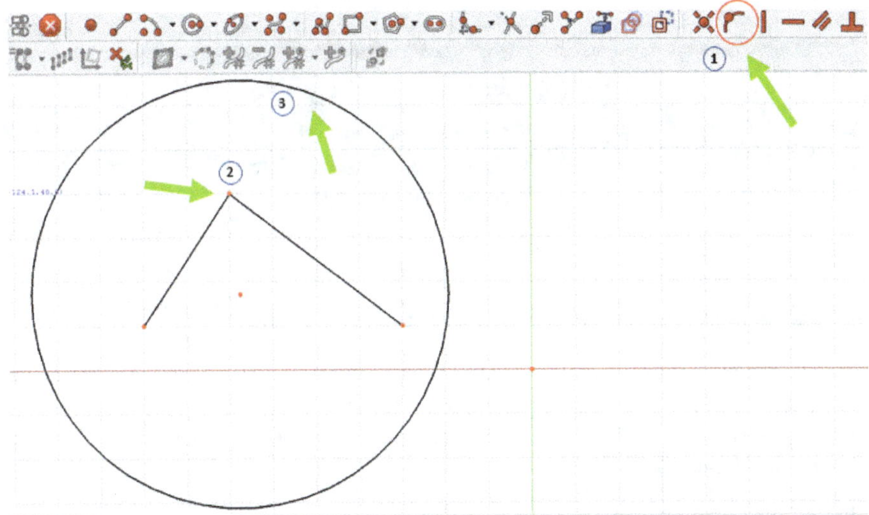

El punto de la esquina se conecta al círculo y se observa que el diámetro del círculo cambia. Esto es así porque no hemos acotado el círculo y, por tanto, no está completamente definido y puede moverse libremente en el plano.

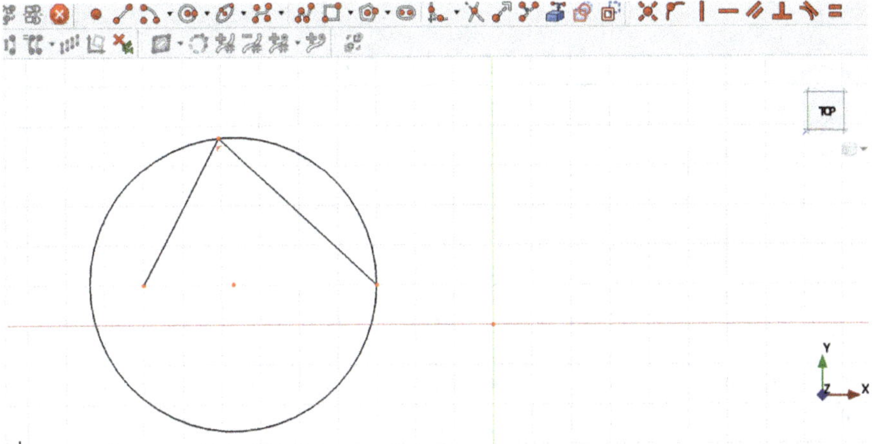

Por cierto: si hubiéramos acotado o definido completamente el círculo, entonces el diámetro del círculo no habría cambiado, pero la geometría de la línea habría cambiado la posición, de modo que la restricción puede cumplirse. Si hubiéramos definido completamente ambas geometrías (geometría lineal y círculo), la restricción ya no habría sido posible, pues entonces los elementos de la geometría ya no habrían podido modificar la posición. Te invitamos a que lo pruebes por tu cuenta para que comprendas mejor las conexiones. Puedes acotar el círculo con la restricción "Constrain arc or circle". Por ejemplo, selecciona "Constrain diameter" en el menú desplegable y haz clic en el círculo.

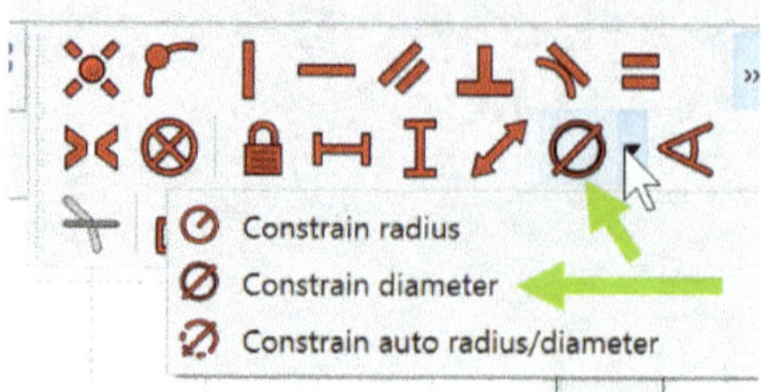


**Las restricciones "Constrain vertically" y "Constrain horizontally":**

Estos dos comandos se utilizan para hacer que un elemento sea vertical u horizontal. Por ejemplo, trazamos dos líneas diagonales. A continuación, primero hacemos clic en "Constrain vertically" y seleccionamos la línea inferior. Después hacemos clic en "Constrain horizontally" y seleccionamos la línea superior.

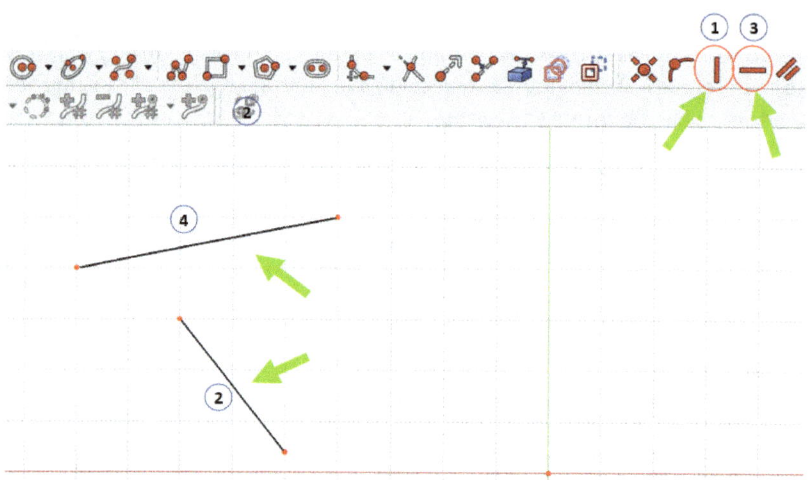

Obtenemos una línea horizontal y otra vertical. También podemos verlo en los pequeños símbolos rojos.

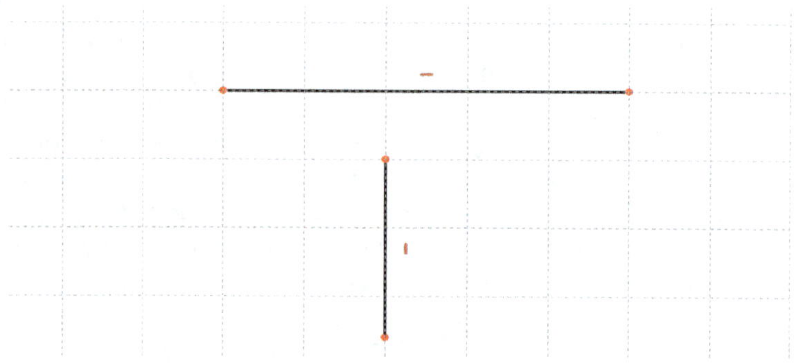

## La restricción "Constrain parallel":

Este comando se utiliza para crear dos líneas paralelas. Necesitamos dos líneas que <u>no sean</u> paralelas. Una vez creadas las líneas, hacemos clic en el comando y después en las dos líneas, una tras otra. No importa qué línea seleccionemos primero.

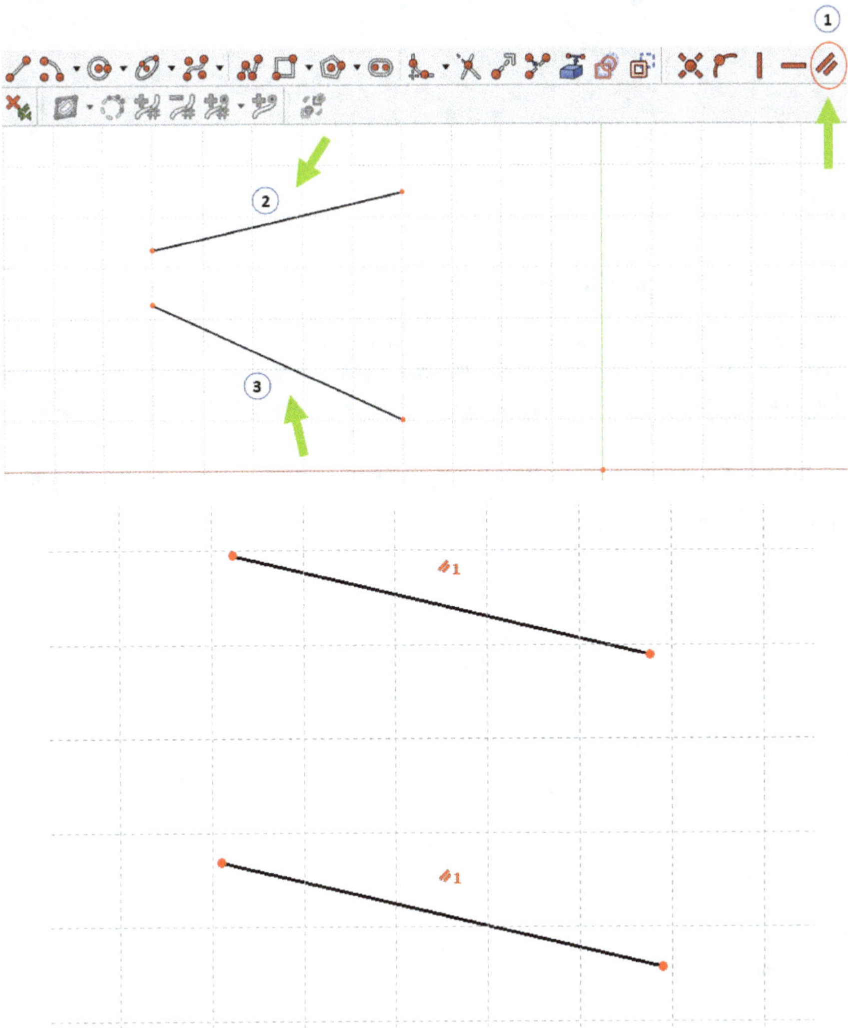

## La restricción "Constrain perpendicular":

Este comando se utiliza para establecer una línea perpendicular a otra línea. Por ejemplo, trazamos una línea horizontal y otra diagonal. Para la restricción seleccionamos entonces el comando "Constrain Perpendicular" y luego hacemos clic en ambas líneas una tras otra.

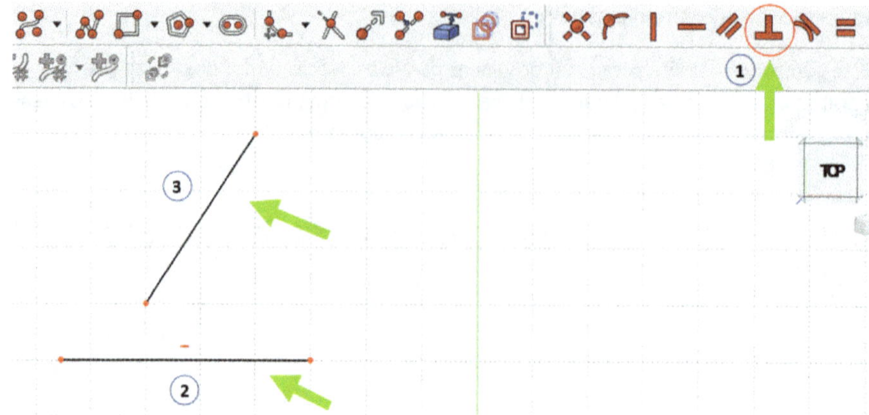

## La restricción "Constrain tangent":

Por ejemplo, si quieres dibujar una línea tangente a una forma circular, utiliza el comando "Constrain tangent". Dibujamos un círculo y una línea (fuera del círculo). Luego seleccionamos el comando y hacemos clic en la línea y después en el borde del círculo.

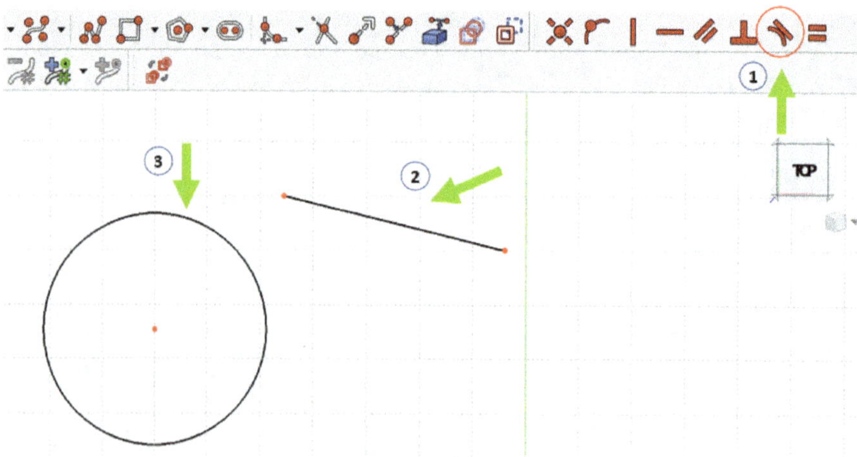

Ahora la línea está fijada tangencialmente al círculo. Esto se hace más evidente cuando intentas mover la línea.

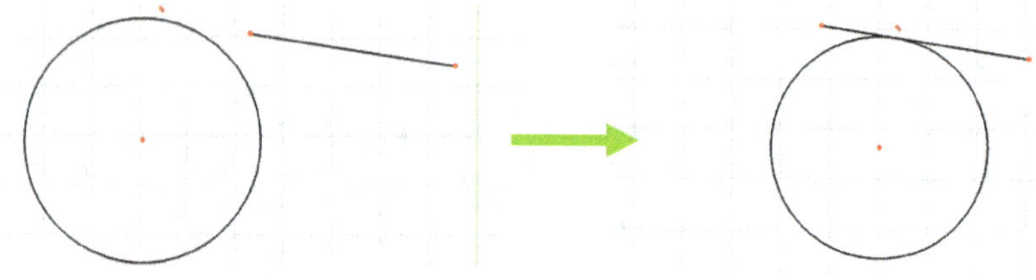

## La restricción "Constrain equal":

Con este comando puedes hacer que dos elementos de dimensiones diferentes (por ejemplo : líneas o también círculos) sean idénticos. Podemos intentarlo con dos círculos de distinto tamaño y dos líneas de distinta longitud. Seleccionamos el comando y hacemos clic primero en uno de los dos círculos y luego en el otro.

La ejecución de la condición en este caso depende del elemento sobre el que hagamos clic primero. Si primero hacemos clic en el círculo más pequeño y luego en el más grande, obtendremos dos círculos pequeños. Si, por el contrario, seleccionamos primero el círculo mayor y luego el menor, obtendremos dos círculos grandes. El procedimiento es idéntico para las líneas.

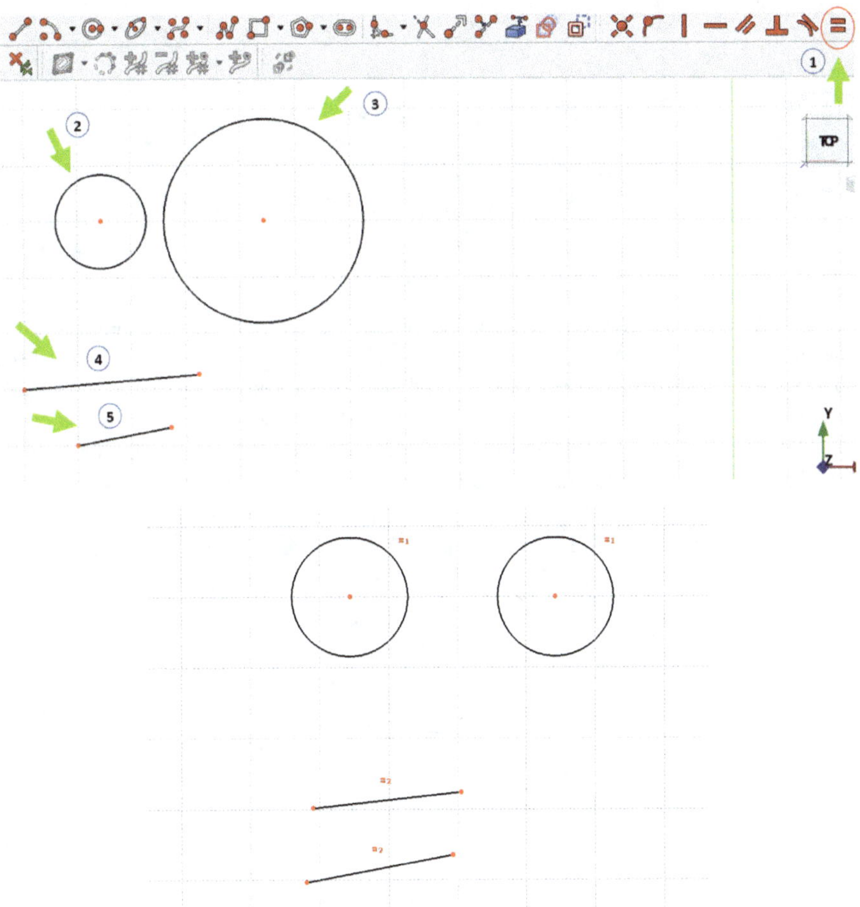

## La restricción "Constrain symmetrical":

Este comando se utiliza para alinear simétricamente dos puntos de un elemento según una línea de referencia. Por ejemplo, trazamos tres líneas. La línea central es nuestra línea de referencia, queremos fijar los dos puntos de las esquinas superiores de las líneas exteriores simétricamente a esta línea. Para ello, primero seleccionamos el comando "Constrain symmetrical" y luego hacemos clic sucesivamente en los dos puntos de las esquinas superiores de las líneas exteriores y después en la línea de referencia central.

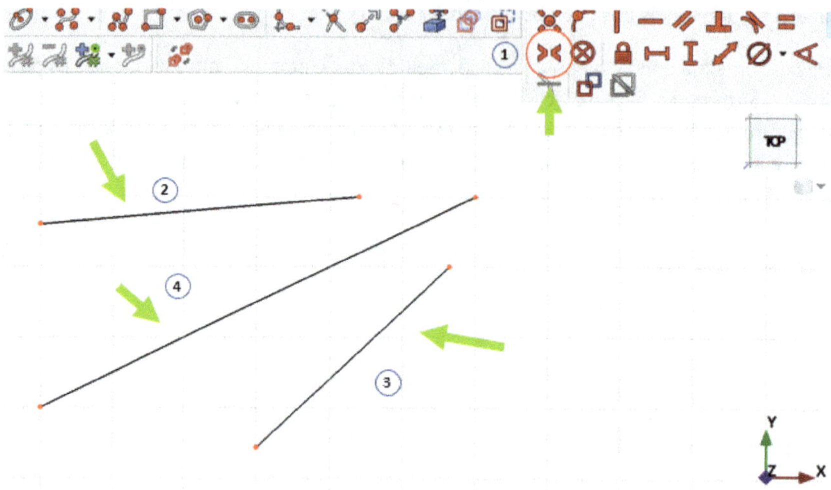

A continuación, los puntos angulares se fijan a la misma distancia y en perpendicular a la línea de referencia. También podemos convertir la línea de referencia en una geometría de construcción, una especie de línea auxiliar. Haciendo clic en la línea y seleccionando "Toggle construction geometry" la línea se colorea de azul. Esto también se puede deshacer con el mismo comando. Este procedimiento mejora la claridad de una construcción. En el modo 3D, el programa ignora estas geometrías.

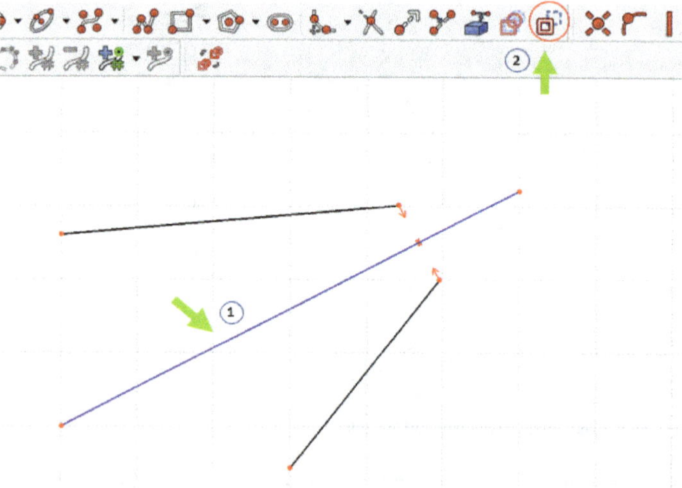

**La restricción "Constrain angle":**

Con el comando "Constrain angle" podemos definir el ángulo entre dos elementos. Este comando es importante si queremos acotar una geometría. Además de una dimensión de longitud pura, también podemos definir una geometría con ayuda de ángulos.

Por ejemplo, dibujamos un triángulo utilizando el comando "Create Polyline". Ahora podemos definir los tres ángulos interiores del triángulo con la restricción "Constrain angle".

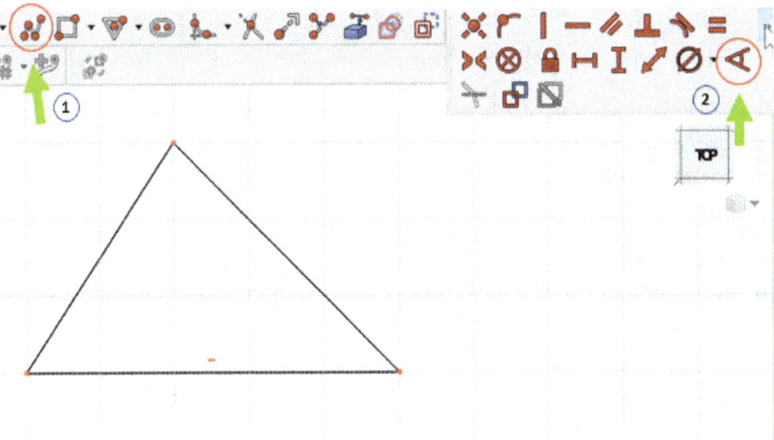

A continuación, hacemos clic siempre en dos líneas adyacentes e introducimos el ángulo deseado, por ejemplo, 60° cada una. Tenemos que hacerlo exactamente dos veces, el programa calcula automáticamente el tercer ángulo a partir de los otros dos y de la suma del ángulo interior de un triángulo (180°). No podemos definir más este ángulo, de lo contrario el boceto estaría sobredeterminado. Sobredeterminado significa que se han establecido demasiadas restricciones que interfieren entre sí, se excluyen o son redundantes, es decir, superfluas.

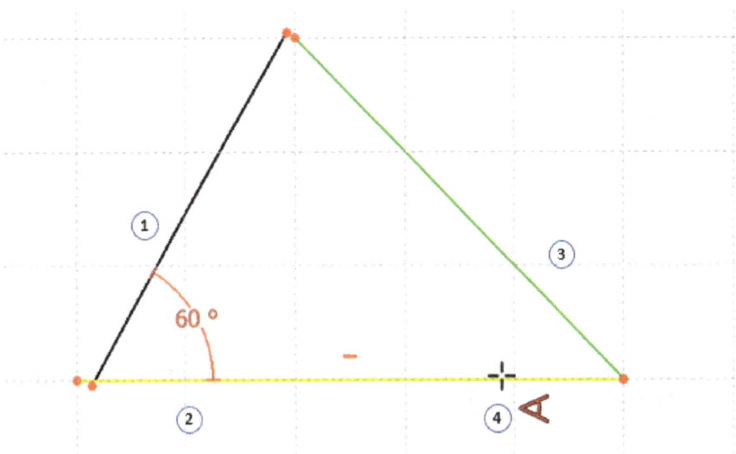

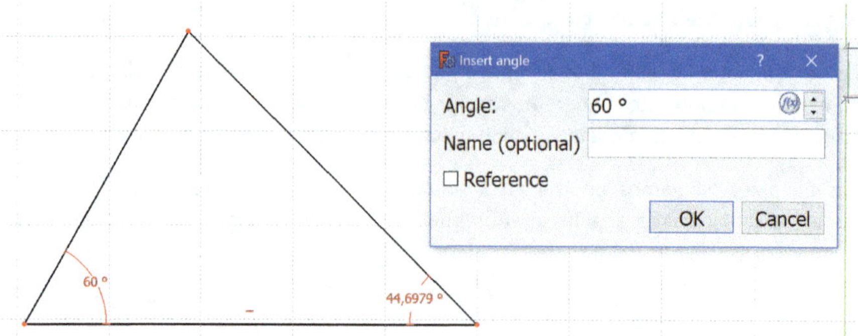


Ahora ya conocemos las restricciones y los elementos geométricos más importantes para dibujar nuestro primer boceto 2D, que luego podremos convertir en un objeto 3D en el espacio de trabajo "Part Design".

Por ejemplo, dibujamos un rectángulo que debe estar centrado en el origen de coordenadas. Para ello, utilizamos el comando "Centered rectangle" y seleccionamos el origen de coordenadas como punto de partida. A continuación, estiramos el rectángulo con un movimiento del ratón de nuestro PC.

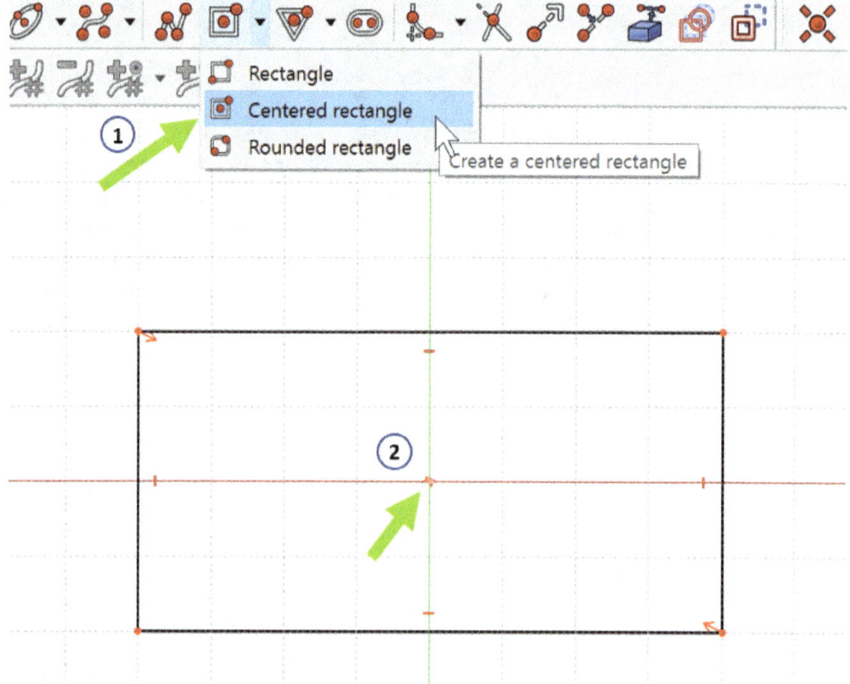


Para que el boceto esté completamente definido, aún necesitamos dos dimensiones para el rectángulo. Para ello utilizamos las dos restricciones "Constrain horizontal distance" y

"Constrain vertical distance", como aprendimos antes. Por ejemplo, podemos asignar las dos dimensiones 40 mm y 80 mm.

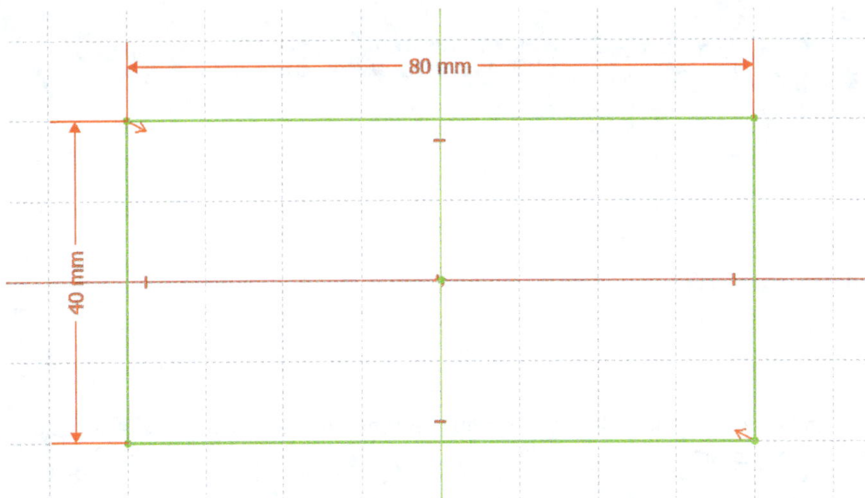

Como ya habíamos unido el centro del rectángulo al origen de coordenadas cuando lo dibujamos, no necesitamos más restricciones porque la posición en el plano ya ha quedado fijada de esta forma. Podemos verlo de nuevo en el color verde de nuestra geometría, que nos indica que el boceto está completamente definido.

Para crear un objeto 3D a partir de este boceto 2D, pasamos al espacio de trabajo "Part Design". Para ello, haz clic en el símbolo "Leave sketch" de la barra de herramientas de la parte superior izquierda, o en el botón "Close" de la vista combinada.

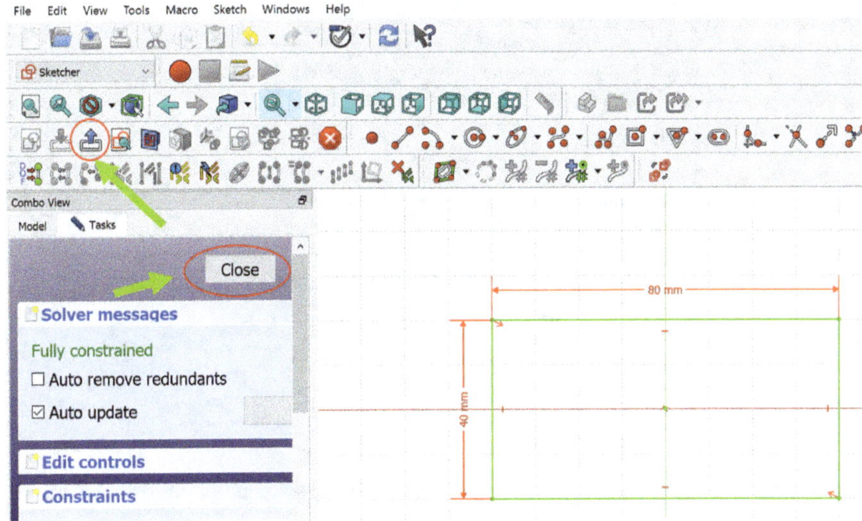

Tras cerrar el boceto, nos encontramos en el espacio de trabajo "Part Design" y vemos el boceto en la vista combinada en la pestaña "Model" del árbol de estructura.

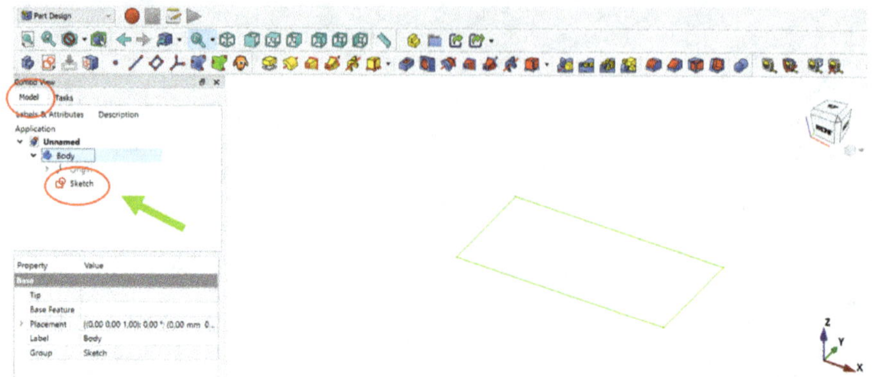

Haciendo doble clic sobre él, podemos editar de nuevo el boceto, y volvemos al espacio de trabajo "Sketcher".

Haciendo clic con el botón derecho sobre él, también podemos editar el boceto y además copiarlo, borrarlo, hacer ajustes de visualización y ¡mucho más!

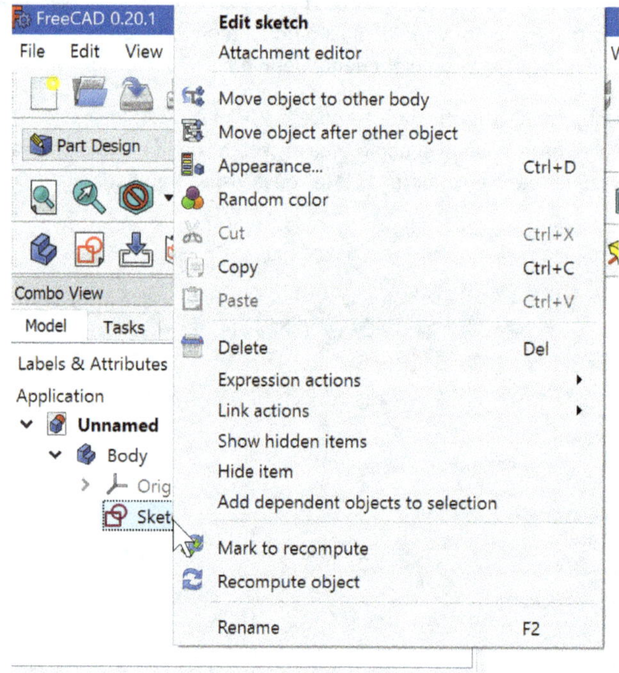

Ahora piensa brevemente qué objeto 3D podríamos crear a partir de este boceto 2D rectangular.

# 3.4 El espacio de trabajo "Part Design" - Parte 2: Modelado 3D

Ahora que hemos creado un croquis 2D en un plano del sistema de coordenadas, podemos crear un objeto 3D a partir de él. Creamos un cuboide simple a partir de nuestro esquema rectangular.

Para crear un objeto 3D a partir de un boceto 2D, existen unas cuantas herramientas de modelado en el software CAD que pueden dividirse en dos grupos. Con ayuda de los comandos del primer grupo, las herramientas aditivas, puedes añadir material a un boceto o a un objeto 3D existente. Puedes pensar en ello como si fuera una impresora 3D o una cerámica. Con ayuda de los comandos del segundo grupo, las herramientas sustractivas, puedes eliminar material de un objeto 3D. Puedes imaginártelo como si estuvieras mecanizando un componente, por ejemplo, utilizando procesos mecánicos como el torneado, el fresado o el taladrado.

## 3.4.1 Herramientas aditivas

**La herramienta "Pad":**

Una de las herramientas aditivas más importantes es la herramienta "Pad". Esta herramienta es comparable a la herramienta "Extrude" o "Extrusion", conocida en otros programas de CAD. Con este comando puedes extruir linealmente un boceto 2D, es decir, añadir material en la forma de la geometría del boceto en la dirección del eje. Por esta razón, este comando se denomina a veces "Extrude Linear".

Utilizamos este comando para crear un cuboide a partir de nuestro esquema 2D. Para ello, el esquema debe estar seleccionado en el árbol de estructuras. Entonces podemos pasar al área "Tasks", donde se muestran directamente las herramientas disponibles, o seleccionar el botón "Pad" de la barra de herramientas.

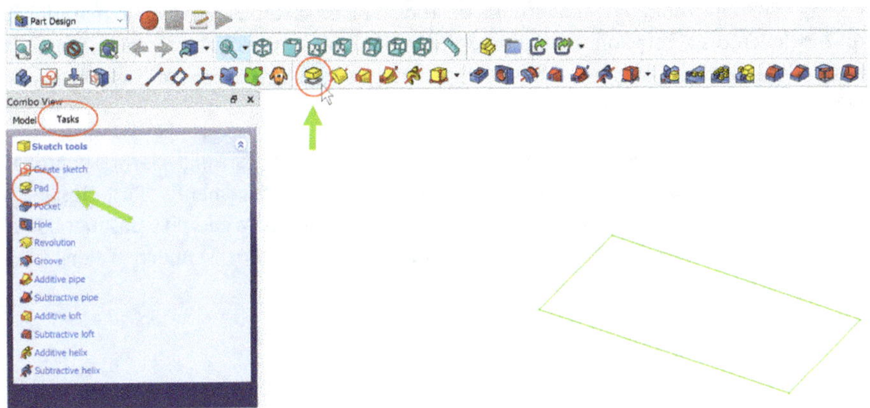

En cuanto hayamos seleccionado el comando, se creará la vista previa de la caja. En la sección "Tasks" de la vista combinada encontramos la configuración del comando "Pad". Estos ajustes son específicos de cada herramienta de modelización y, por tanto, diferentes.

Para la herramienta "Pad" podemos introducir la dimensión deseada en dirección de extrusión en "Length", aquí por ejemplo 10 mm.

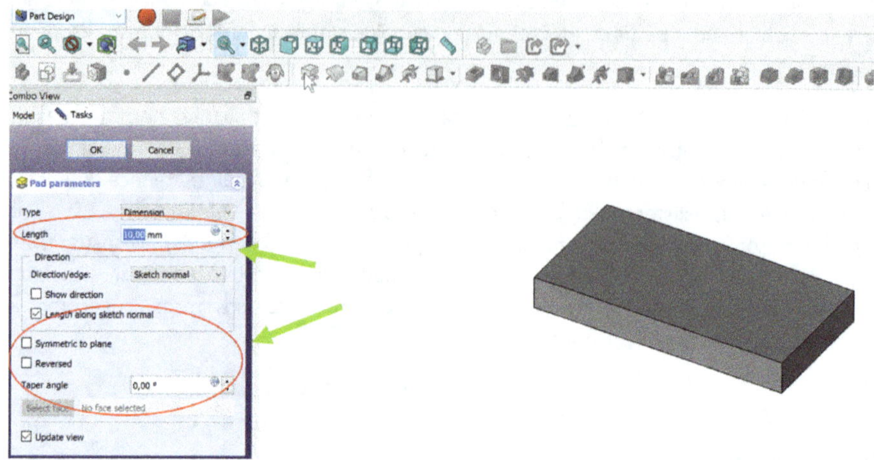

Además, podemos cambiar la dirección de extrusión en la zona inferior. Con la opción "Symmetric to plane" el origen del objeto 3D se situaría directamente en el plano de croquis. Esto significa que la extrusión se crearía 5 mm hacia arriba y 5 mm hacia abajo para una dimensión de 10 mm. Sin este ajuste, el material se añade 10 mm hacia arriba. Con la opción "Reversed" podrías invertir la dirección de la extrusión, es decir, 10 mm del material se añadirían hacia abajo en lugar de hacia arriba. Prueba ambas opciones y lo entenderás mejor. Con la opción "Taper angle" también podemos crear una forma cónica, también puedes probarlo.

**La herramienta "Revolution":**

Con este comando podemos convertir un boceto 2D en un objeto 3D añadiendo material en un movimiento de rotación alrededor de un eje. Piénsalo como si estuvieras haciendo algodón de azúcar. Sostienes un palo de madera (símbolo del eje) en un dispositivo y se enrolla el algodón de azúcar.

Tenemos que crear de nuevo un croquis 2D para este comando. Para ello, cierra o guarda el archivo con el cuboide. A continuación creamos un nuevo documento "Part Design" y creamos como siempre con el comando "Create body" primero un cuerpo y después con el comando "Create sketch" un boceto. Para el croquis seleccionamos de nuevo el plano x-y.

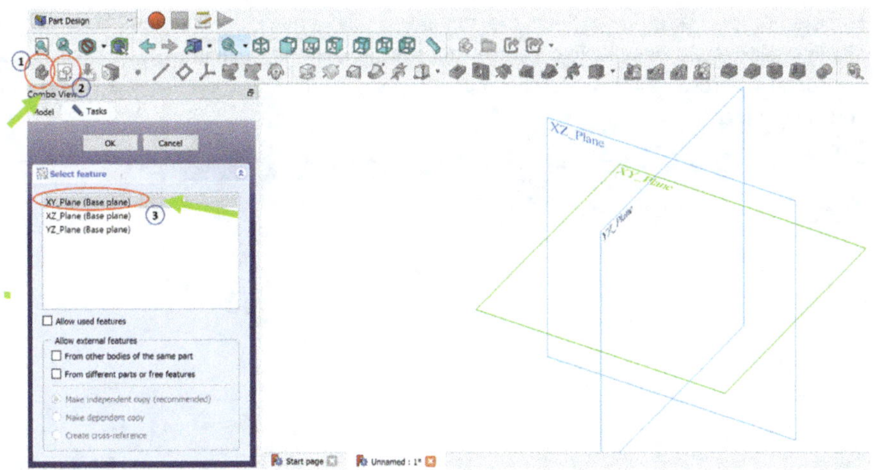

En este plano tenemos que dibujar ahora la mitad de la sección transversal de nuestro objeto 3D deseado. Por ejemplo, queremos crear la pieza en bruto de un tornillo M10. Para ello, primero consideramos cómo será la sección transversal del objeto acabado. Para apoyar tu imaginación espacial, puedes echar un vistazo a la siguiente ilustración.

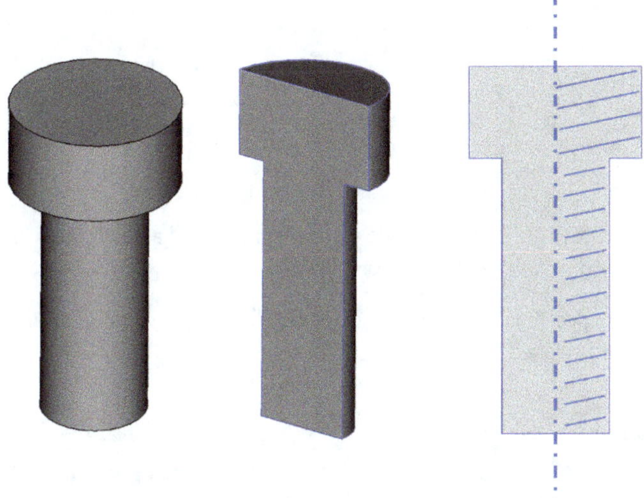

Como puedes ver, la sección transversal del tornillo representa un esquema 2D formado por dos elementos rectangulares. Sin embargo, para poder crear el tornillo con la función "Revolution", sólo necesitamos una mitad (zona sombreada) de la sección transversal. Después lo reflejaremos en el eje (línea de punto y coma).

Eso significa que tenemos que dibujar la zona sombreada en nuestro plano x-y. Lo hacemos con el comando "Create polyline".

Empezamos por la primera línea exactamente en el origen de coordenadas y luego añadimos las siguientes líneas como se muestra. Por último, añadimos las dimensiones horizontal y vertical con los dos comandos "Constrain horizontal distance" y "Constrain vertical distance".

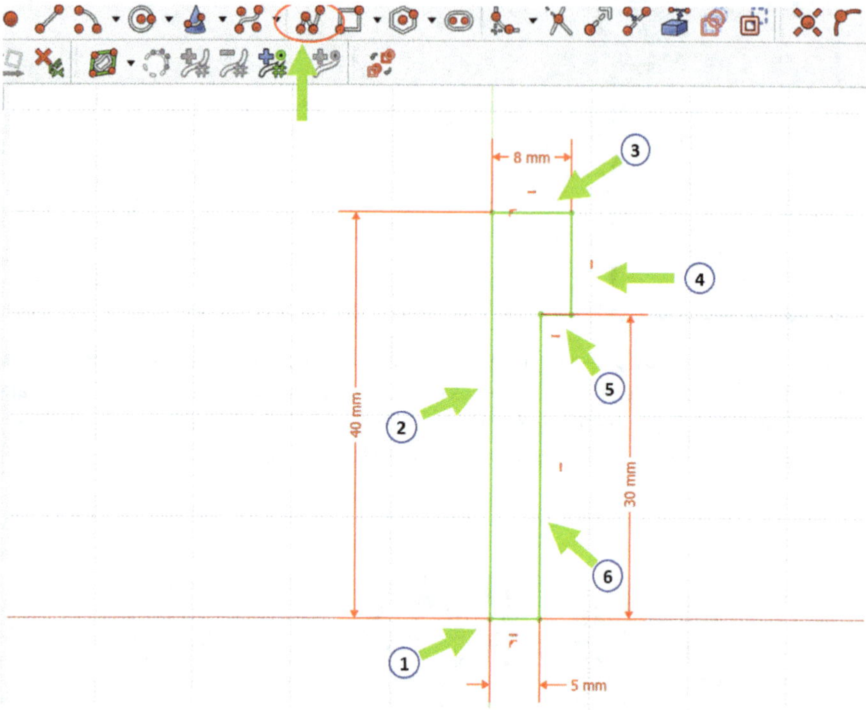

Ahora nuestro boceto 2D está terminado y podemos volver al área 3D (área "Part Design") cerrando el boceto ("Close" en la vista combinada).

A continuación, selecciona el comando "Revolution". El esquema debe estar seleccionado en el árbol de estructuras.

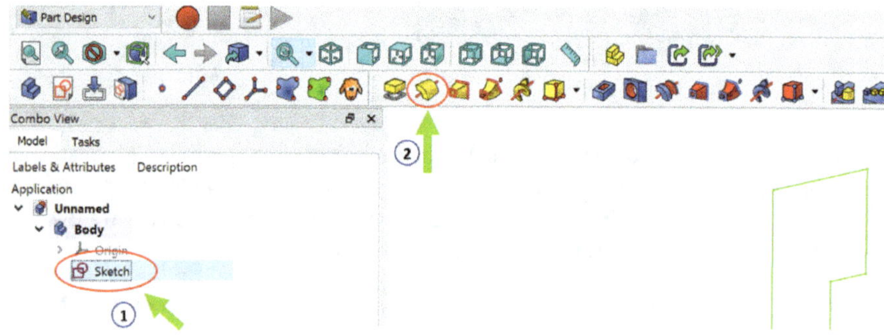

El programa selecciona automáticamente el eje de rotación y crea el cuerpo 3D deseado.

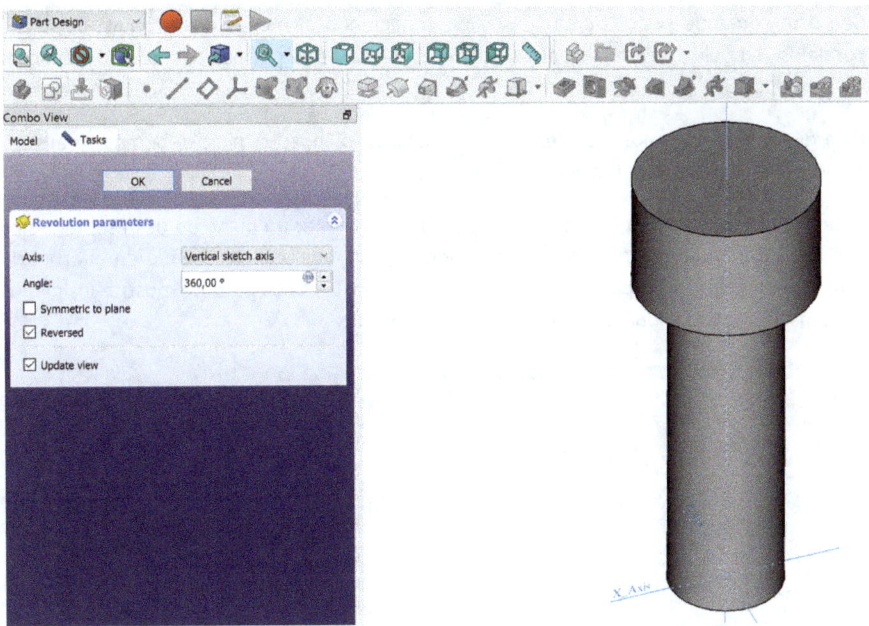

Si no necesitamos una rotación completa de 360º, sino sólo un área parcial, podemos especificar el ángulo para la rotación en la vista combinada en el área "Tasks".

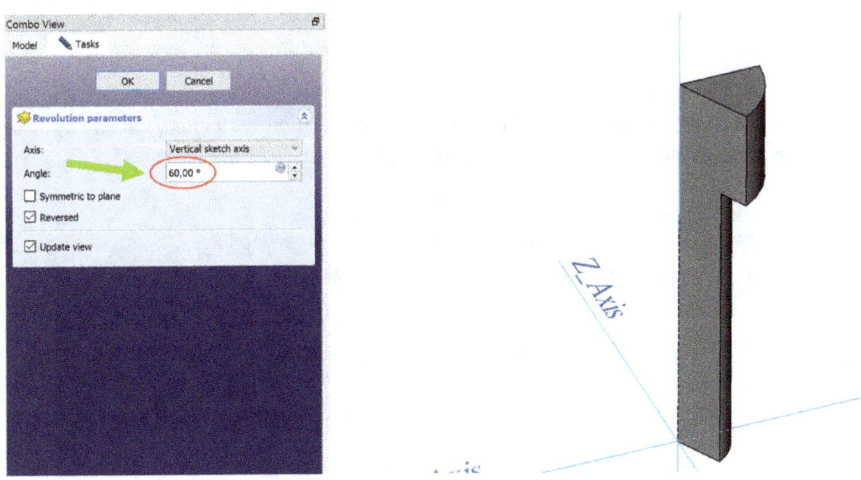

Además, también podemos seleccionar el eje de rotación manualmente - en la opción "Axis". En nuestro caso necesitamos el eje y porque habíamos dibujado en el plano x-y. Por cierto, este eje es el mismo aquí que la selección "Vertical sketch axis".

**La herramienta "Additive loft":**

Con este comando puedes crear un sólido conectando al menos dos croquis en planos paralelos. Para ello, creamos un nuevo documento "Part Design" y un cuerpo con la función "Create body".

Para que ahora podamos crear esbozos en distintos planos, primero debemos crear otro plano. Lo hacemos con la función "Datum plane".

Antes de poder utilizar la función "Datum plane" para crear un plano de desfase, tenemos que visualizar todos los planos seleccionando el origen del cuerpo creado en el árbol de estructura y pulsando la barra espaciadora del teclado. Esto nos permite mostrar los planos del espacio tridimensional o volver a ocultarlos después.

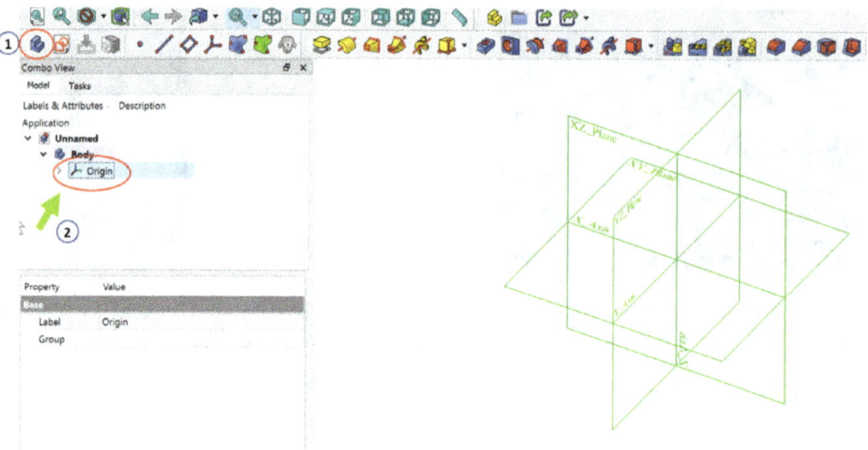

Ahora seleccionamos el cuerpo ("Body") en el árbol de estructuras y luego hacemos clic en la función "Datum plane" de la barra de herramientas.

En la vista combinada aparece una ventana en la que podemos realizar los ajustes de la nueva capa. En el primer paso seleccionamos uno de los tres planos estándar que ha de servir de referencia para nuestro nuevo plano. Por ejemplo, seleccionamos el plano x-y haciendo clic sobre él.

A continuación, podemos seleccionar el desplazamiento del nuevo plano respecto al plano de referencia en la zona inferior de la vista combinada. Tenemos que introducir el desplazamiento en dirección x, dirección y y dirección z. Como sólo queremos un desplazamiento en la dirección z, introducimos aquí 50 mm, por ejemplo. A continuación, el nuevo plano se muestra 50 mm por encima del plano x-y.

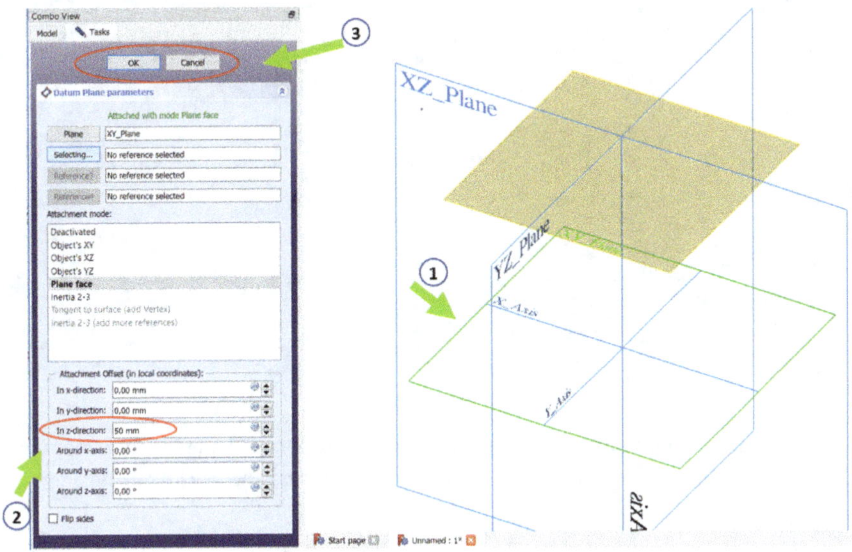

Con "OK" podemos entonces crear la capa, con "Cancel" podríamos cancelar el proceso.

A continuación crearemos un croquis tanto en el plano x-y como en el nuevo plano. Comenzamos con el croquis en el plano x-y. Por ejemplo, dibujamos un rectángulo cuyo centro esté en el origen de coordenadas y lo acotamos con 50 mm de anchura y 30 mm de altura.

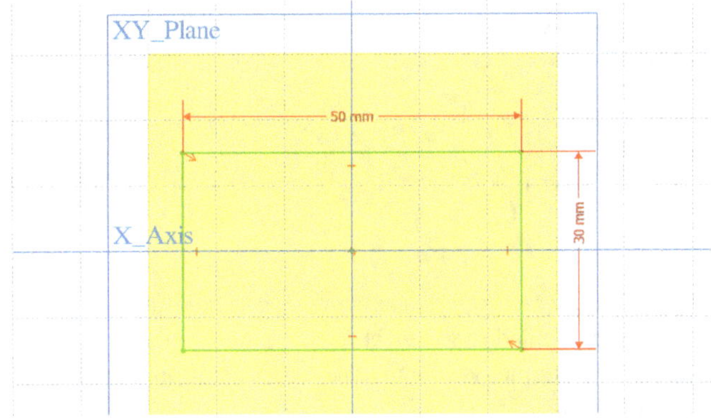

A continuación, cerramos el boceto e iniciamos un nuevo boceto en la capa de desplazamiento creada anteriormente, haciendo clic primero en ella y seleccionando después el comando "Create Sketch".

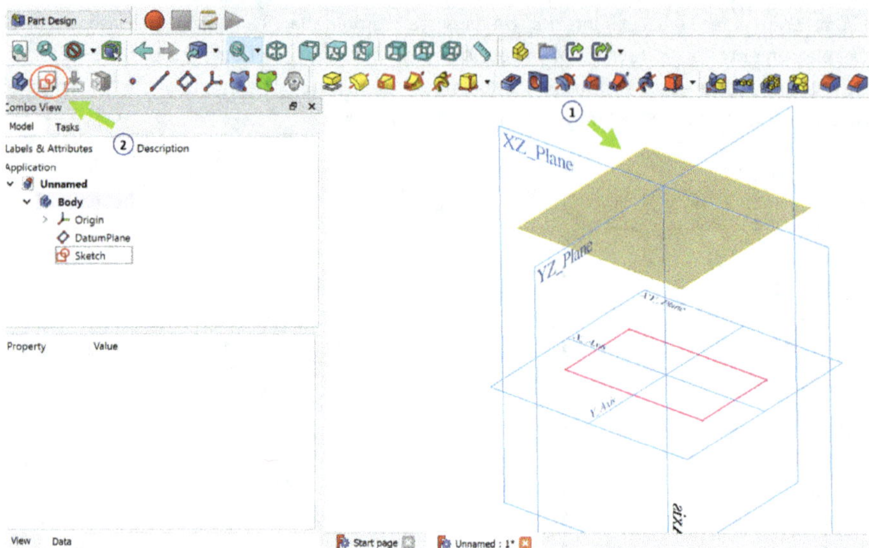

En esta capa creamos ahora un rectángulo similar al anterior, sólo que las dos dimensiones deben invertirse, es decir, el rectángulo debe tener 30 mm de ancho y 50 mm de alto.

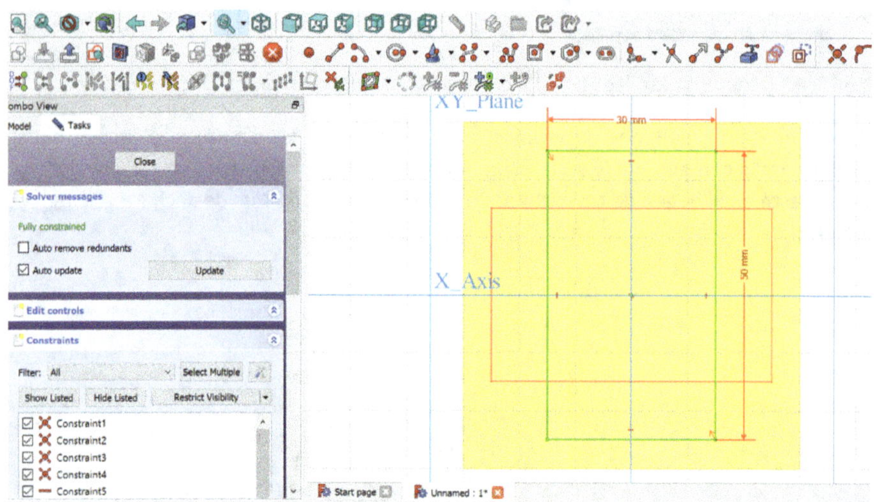

No te confundas aquí con el rectángulo ya existente que se muestra en rojo. Es simplemente el rectángulo que hemos dibujado antes en el plano x-y. Ahora que estamos mirando la vista del dibujo desde arriba, podemos ver cómo brilla. Esto es muy útil cuando quieres construir dos geometrías interdependientes.

Después de cerrar el boceto, podemos volver a ocultar las capas con la barra espaciadora (1). También vemos los dos rectángulos esbozados flotando uno encima del otro en el área de dibujo. Ahora podemos utilizar el comando "Additive loft". Para ello, primero seleccionamos uno tras otro los dos esbozos del árbol de estructuras manteniendo pulsada la tecla CTRL (2) y luego el comando de la barra de herramientas (3).

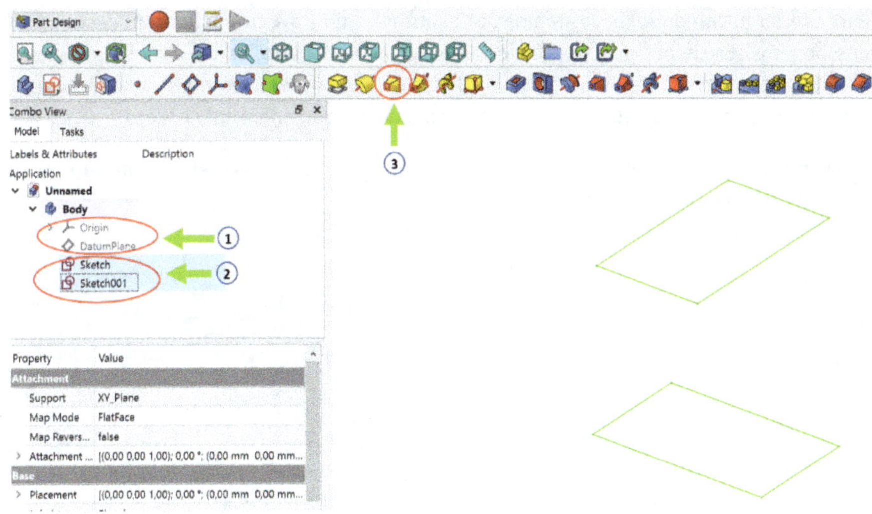

A continuación, el programa genera automáticamente la vista previa del cuerpo deseado, que representa una conexión de los dos bocetos 2D. Confirma con "OK" para que también se cree el cuerpo.

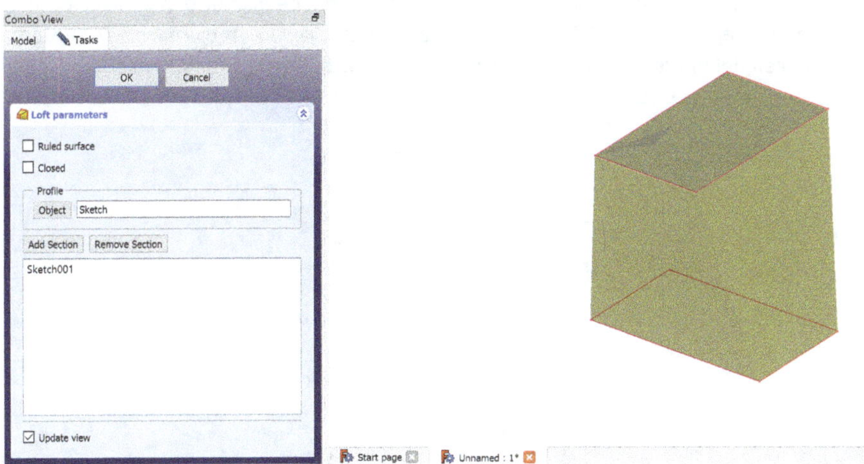

**La herramienta "Additive pipe":**

Este comando se utiliza para conectar al menos dos secciones transversales a lo largo de un recorrido. El camino no tiene por qué ser recto, sino que también puede ser curvo. Las secciones transversales a conectar también pueden tener una forma diferente (por ejemplo, rectángulo y círculo). Esta herramienta es comparable al comando "Sweep", conocido en otros programas de CAD.

Para utilizar el comando, necesitamos dos esbozos y una trayectoria. Primero creamos los dos bocetos. Estos bocetos pueden estar en planos desplazados o en el mismo plano. Creamos los dos bocetos en el mismo plano, de nuevo en el plano x-y. Sin embargo, asegúrate de crear dos bocetos separados y no dibujes todo en un solo boceto.

Dibujamos un círculo de 20 mm de diámetro en el eje x, que acotamos con 60 mm de distancia al origen de coordenadas.

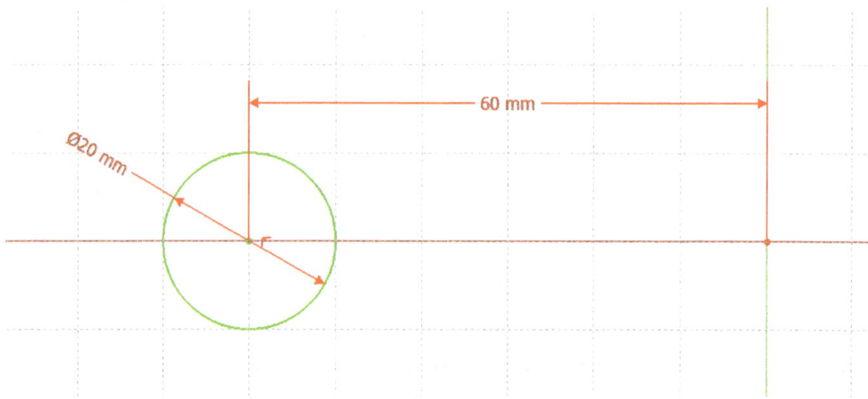


Después cerramos este primer croquis y creamos un nuevo croquis, también en el plano x-y. En este esquema también creamos un círculo de 20 mm de diámetro, pero lo colocamos en el lado derecho. No te dejes confundir por el círculo rojo de la izquierda, sólo representa una imagen del primer boceto. Puedes averiguarlo fácilmente si intentas hacer clic en él o editarlo. Esto no es posible.

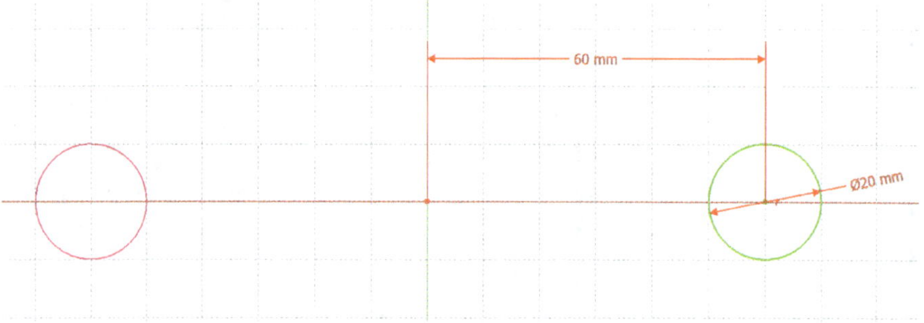


A continuación, cerramos este segundo esquema y obtenemos la siguiente representación.

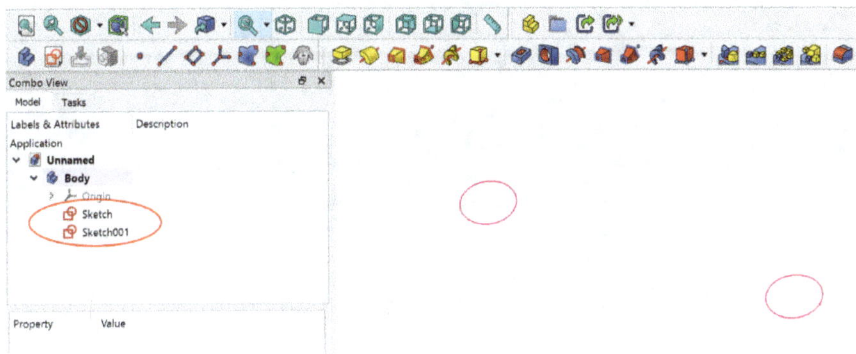

Para poder utilizar el comando "Additive Pipe", seguimos necesitando una ruta. Queremos crear un asa que tenga este aspecto.

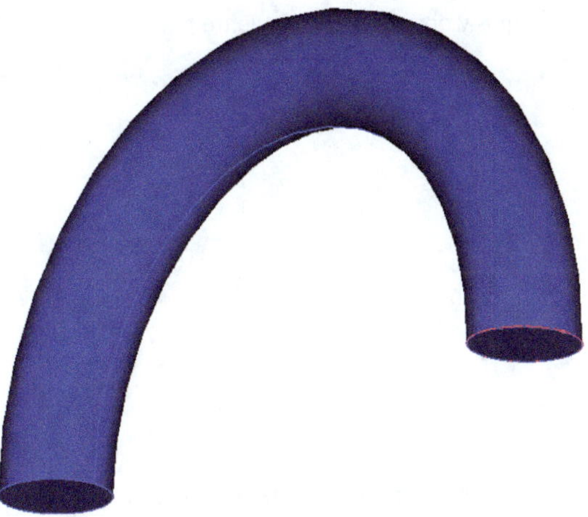

Para ello necesitamos una trayectoria que una los centros de los dos círculos en el plano x-z. Piensa en ello como un armazón de alambre al que añadimos material más tarde.

Así que creamos un nuevo croquis en el plano x-z y dibujamos un semicírculo con la función "Center and end points". El centro del arco debe estar en el origen de coordenadas. El punto inicial y el punto final del arco deben estar situados cada uno en el centro de los dos círculos esbozados anteriormente. Como estamos en el plano x-z, vemos, por así decirlo, la vista lateral de los dos círculos. Es decir, sólo vemos dos líneas rojas cortas situadas sobre el eje x, que también es rojo, lo que dificulta un poco la visión de los dos centros. Como alternativa, podemos simplemente asignar un diámetro de 120 mm al arco y conectar los dos puntos extremos al eje x con la restricción "Constrain point onto object" en cada caso.

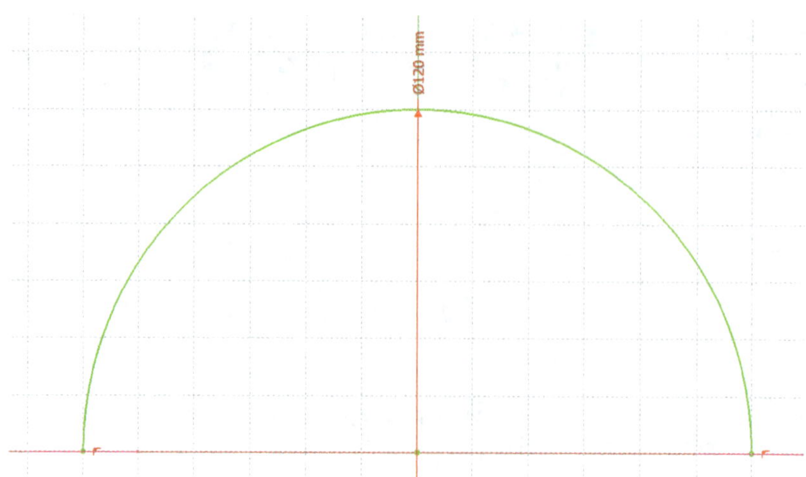

Después cerramos el croquis y obtenemos la siguiente geometría.

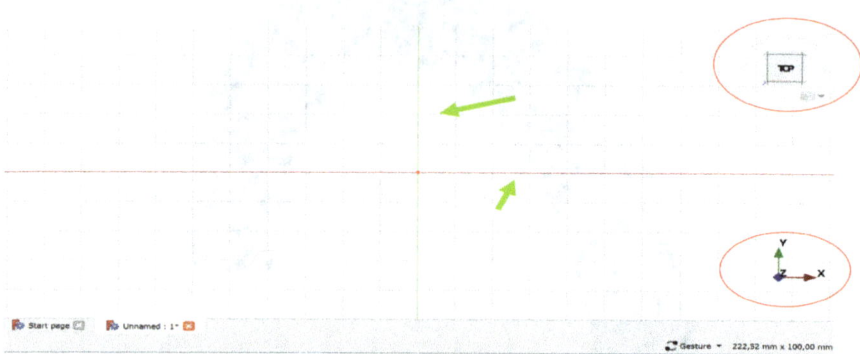

Ahora aplicamos el comando "Additive Pipe" seleccionando primero el primer boceto como geometría de la sección transversal y luego el comando en la barra de herramientas.

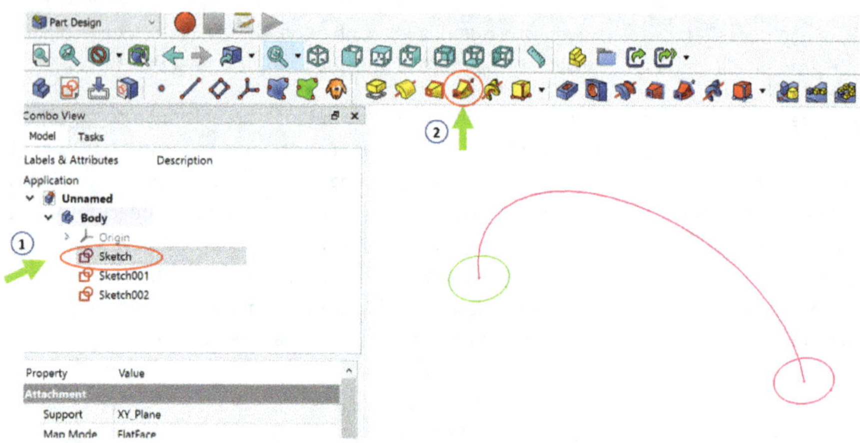

Si aparece un error en la barra inferior, puedes ignorarlo o hacer clic para eliminarlo. En el siguiente paso comprobamos si en el área "Tasks" de la vista combinada en la opción de menú "Orientation mode" está seleccionada la opción "Standard" y si en la opción de menú "Transform mode" está seleccionada la opción "Constant". Después podemos hacer clic en el botón "Object" en el área "Path to sweep along" y seleccionar nuestro arco como trayectoria para la operación (basta con hacer clic en el plano de dibujo).

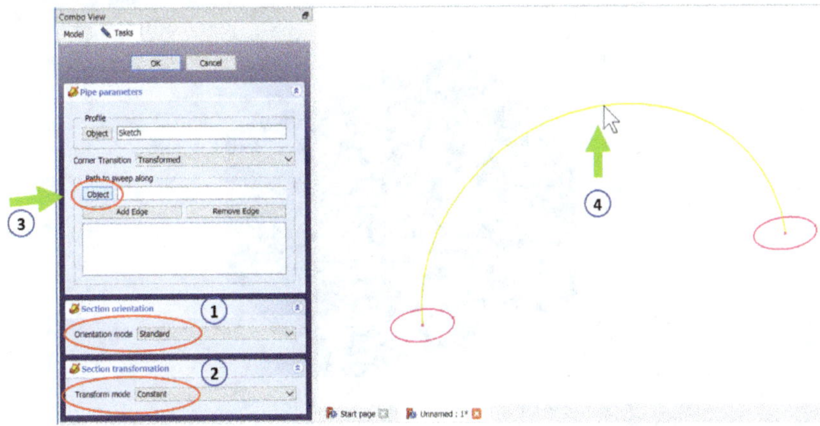

A continuación, el programa crea la vista previa de la forma 3D deseada.

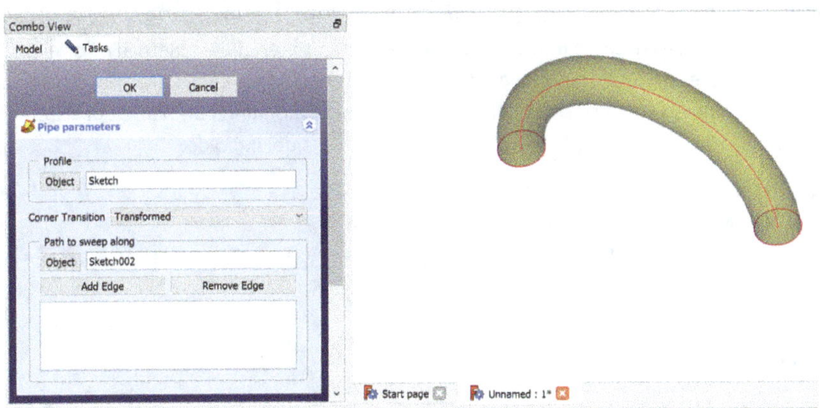

Por último, prueba las otras opciones en "Orientation mode" y "Transform mode" para ver qué hacen. Con "OK" creas el cuerpo y finalizas el comando.

Éstas eran las herramientas de modelización aditiva más importantes. Ahora pasamos a las herramientas sustractivas. Como ejercicio, crea por tu cuenta un cuboide que tenga como base un rectángulo de 80 mm de longitud y 60 mm de anchura. La altura del cuboide será entonces, por ejemplo, de 50 mm. Para ello, utiliza los comandos "Create body", "Create sketch" y "Pad". Asegúrate de definir completamente el boceto (color verde).

## 3.4.2 Herramientas sustractivas

Para ver en detalle las herramientas sustractivas, empecemos con este cuboide, porque necesitamos un material de partida. Puedes pensar en ello como en la fabricación de máquinas. Si quieres utilizar una fresadora CNC para mecanizar un componente, también tienes que sujetar primero un producto semiacabado (material de partida/materia prima) en la máquina.

**La herramienta "Pocket":**

Una de las herramientas sustractivas más importantes es la herramienta "Pocket". Esta herramienta es la contrapartida de la herramienta "Pad". Utilizamos este comando para hacer un recorte, es decir, lo utilizaremos para eliminar material del objeto 3D. Por ejemplo, podríamos hacer un recorte rectangular en la zona central de la caja. Para ello, creamos un boceto en la parte superior de la caja. Esta vez no seleccionamos un plano del sistema de coordenadas para el croquis, sino directamente una cara del cuboide.

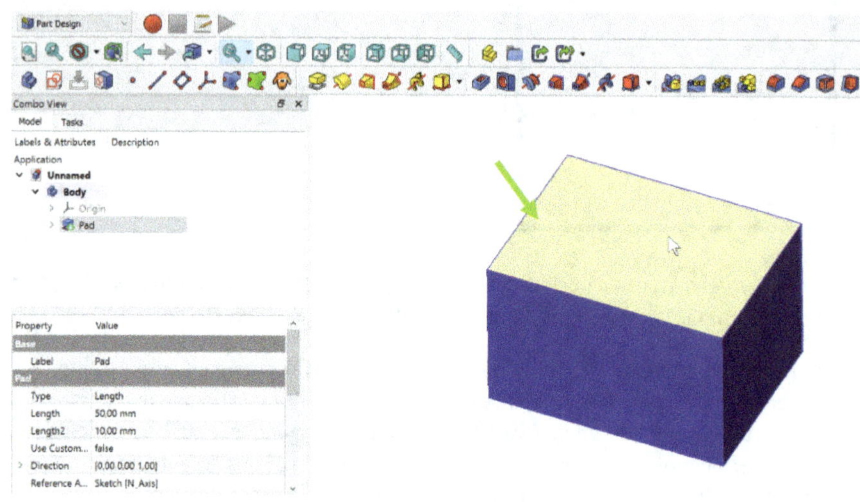

Después, como de costumbre, llegamos automáticamente a la zona "Sketcher". Aquí podemos esbozar un rectángulo en la superficie superior de la caja. Colocamos el rectángulo en el centro del sistema de coordenadas y lo acotamos con 40 mm cada uno, de forma que se cree un cuadrado. Después podemos cerrar el boceto con "Close".

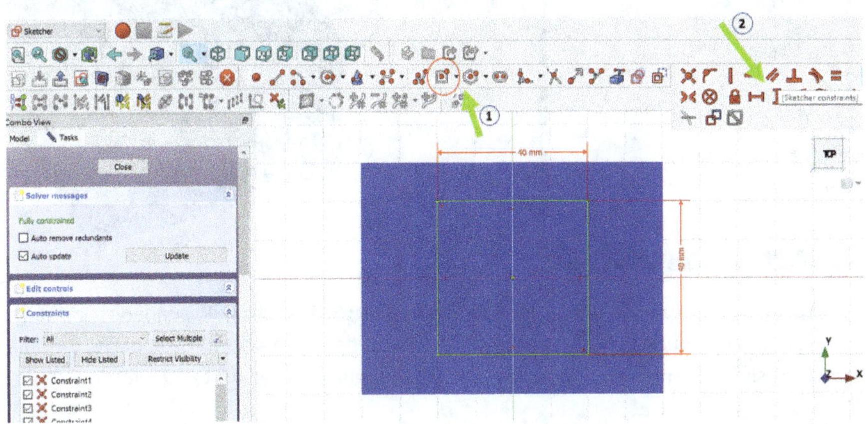

A continuación, en el modo 3D ("Part Design"), nos aseguramos primero de que el boceto está seleccionado en el árbol de estructuras (pestaña "Model" en la vista combinada). Luego podemos seleccionar el comando "Pocket" del área de herramientas sustractivas.

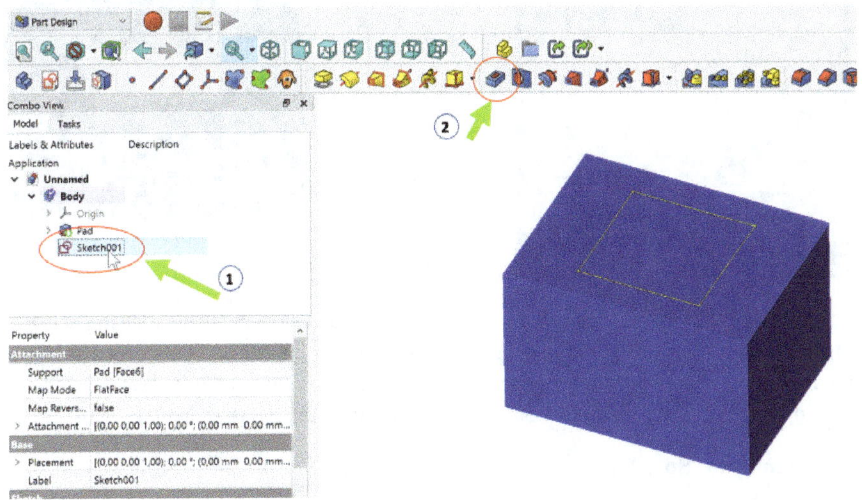

Cuando hayamos ejecutado el comando, aparecerá automáticamente después la vista previa del recorte con los ajustes por defecto. En nuestro caso, el ajuste "Type" tiene seleccionada por defecto la opción "Dimension" y el ajuste "Length" tiene introducida una dimensión de 5 mm.

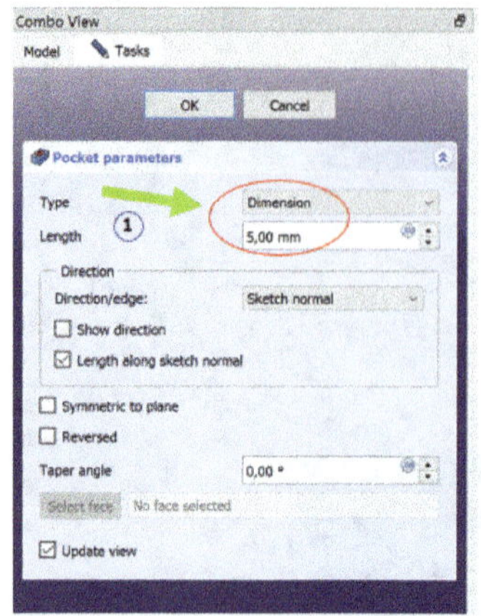

Sin embargo, nos gustaría que el recorte atravesara toda la pieza. Por un lado, podríamos conseguirlo introduciendo simplemente la altura de la caja. Por otra parte, también podemos simplemente seleccionar la opción "Through all" en el ajuste "Dimension".

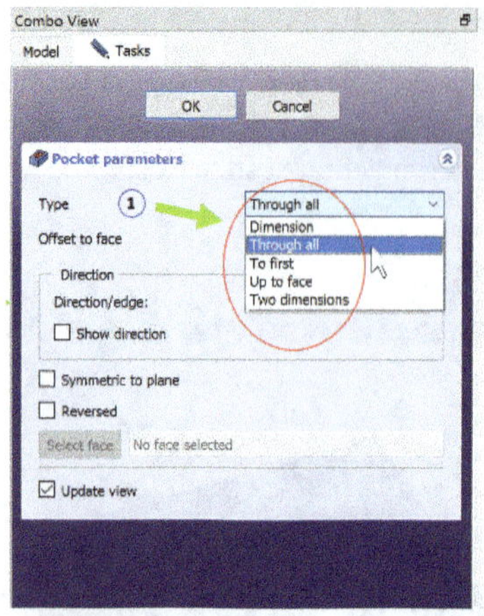

Con la opción "Up to face" podríamos recortar hasta una cara determinada, con la opción "To first" hasta la siguiente cara y con la opción "Two dimensions" podríamos definir un recorte en dos direcciones con dos dimensiones diferentes. Sin embargo, estas opciones no tienen sentido en este ejemplo. Confirma con "OK" y se creará la sección.

**La herramienta "Hole":**

Ocupémonos ahora de la siguiente herramienta. Con el comando "Hole" puedes crear agujeros. En principio, también puedes crear un agujero con el comando "Pocket" (círculo como croquis 2D), pero el comando "Hole" está mejor diseñado para esto en cuanto a sus ajustes. También puedes crear y mostrar hilos con este comando.

Para crear un agujero, necesitamos de nuevo un croquis 2D con el que indicamos al programa en qué posición debe crearse el agujero. Podemos hacerlo con un círculo. Por ejemplo, queremos crear cuatro orificios roscados M6 y dibujar cuatro círculos, cada uno con un diámetro de 6 mm, en la superficie superior de nuestro objeto 3D. Una vez que hemos hecho un boceto en la superficie superior del objeto 3D, dibujamos primero los cuatro círculos y luego acotamos uno de ellos con un diámetro de 6 mm. Hacemos que los otros círculos sean idénticos al círculo acotado con la restricción "Constrain equal", así nos ahorramos tres acotaciones más.

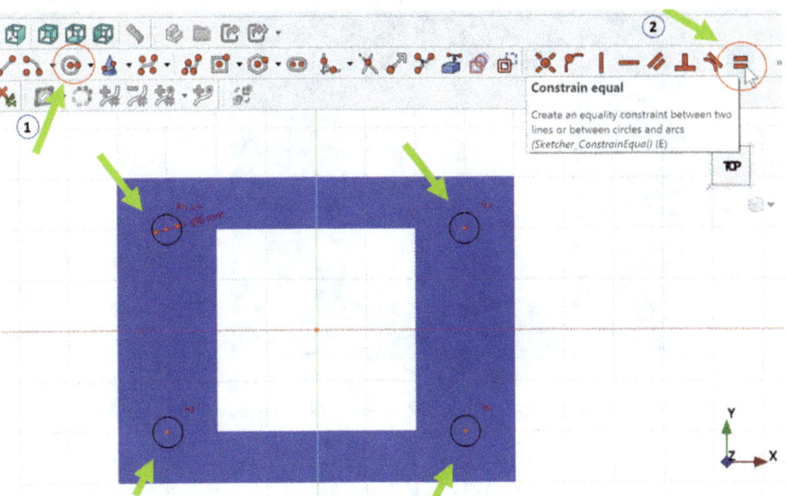



Ahora tenemos que determinar las posiciones de nuestros círculos para que el boceto quede completamente definido. Para ello, introducimos primero todas las cotas horizontales (seleccionamos un centro circular y el origen de coordenadas cada una) con 30 mm cada una.

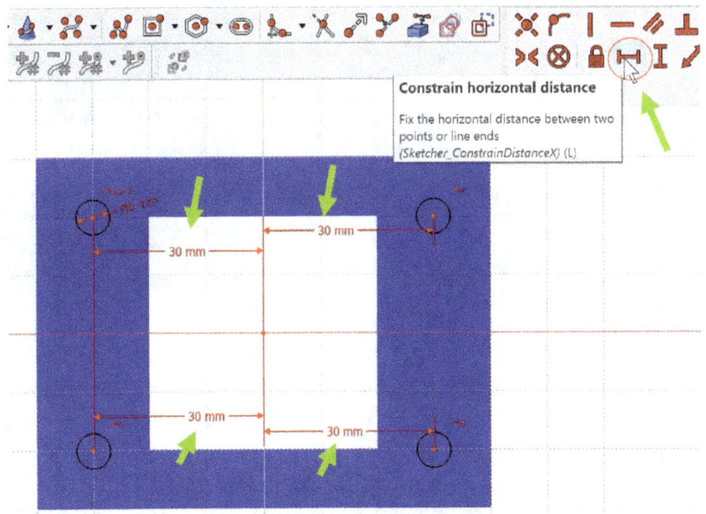

A continuación, añadimos 20 mm a todas las dimensiones verticales.

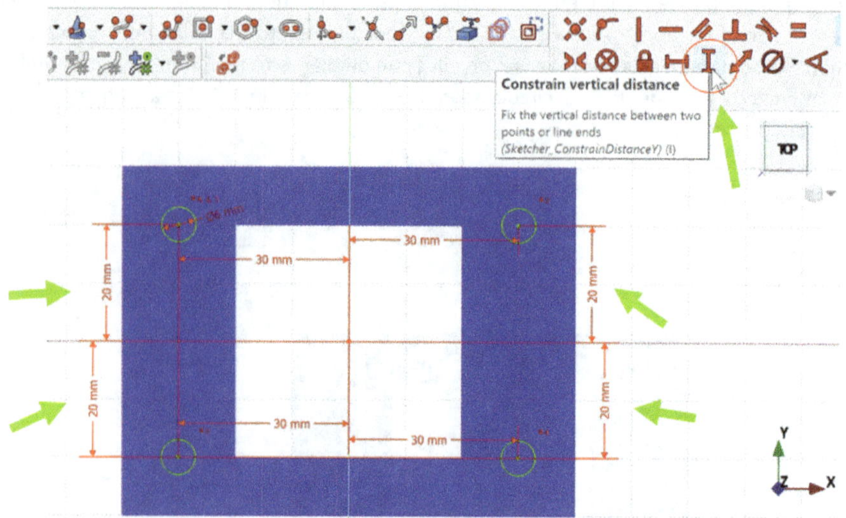

Entonces se crean todas las cotas y podemos cerrar el boceto.

A continuación, nos aseguramos de que el croquis 2D que acabamos de crear está seleccionado en el árbol de estructuras y podemos iniciar el comando "Hole".

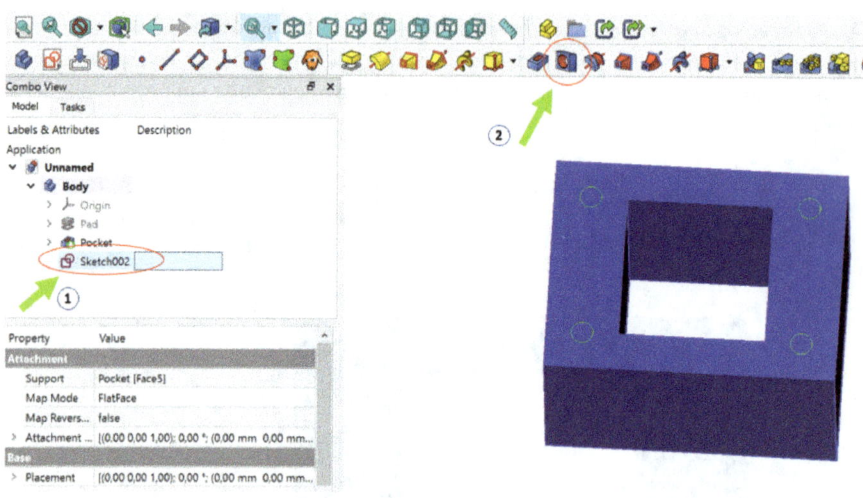

De nuevo, el programa crea automáticamente una vista previa de las perforaciones. En la vista combinada de la izquierda, en la pestaña "Tasks" podemos hacer los ajustes para los agujeros. Como queremos crear agujeros roscados, seleccionamos la opción "ISO metric regular profile" en el ajuste "Profile" y activamos las opciones "Threaded", "Model Thread" y "Update View" para que la rosca se muestre modelada (1). Dependiendo del rendimiento de tu PC, esto puede tardar un poco.

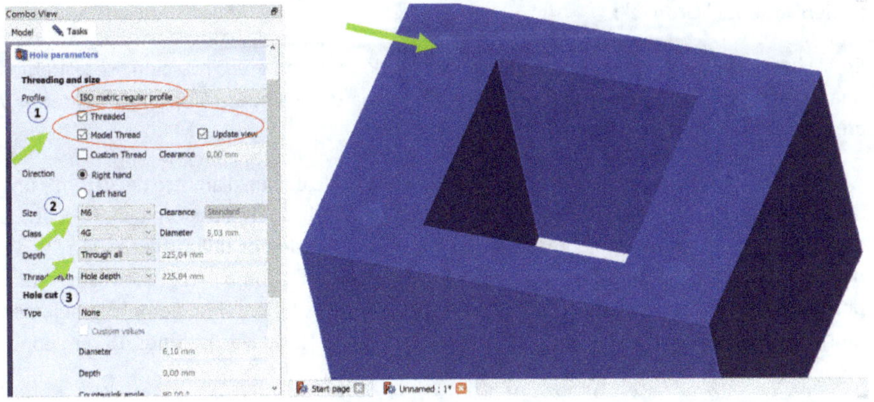

A continuación, fijamos el tamaño de la rosca (2). Para el ajuste "Size" elegimos "M6" y para el ajuste "Depth" elegimos "Through all", porque queremos un agujero que atraviese todo el componente (3). Si queremos una longitud determinada, podemos fijarla aquí. Entonces elegiríamos la opción "Dimension" en lugar de "Through all".

En la sección inferior encontramos algunos ajustes más, pero no los necesitamos aquí. Por ejemplo, podríamos seleccionar adicionalmente el ángulo de perforación (2) o el tipo de perforación (1) (por ejemplo, avellanado). Si nos acercamos a uno de los agujeros, podemos ver la rosca modelada.

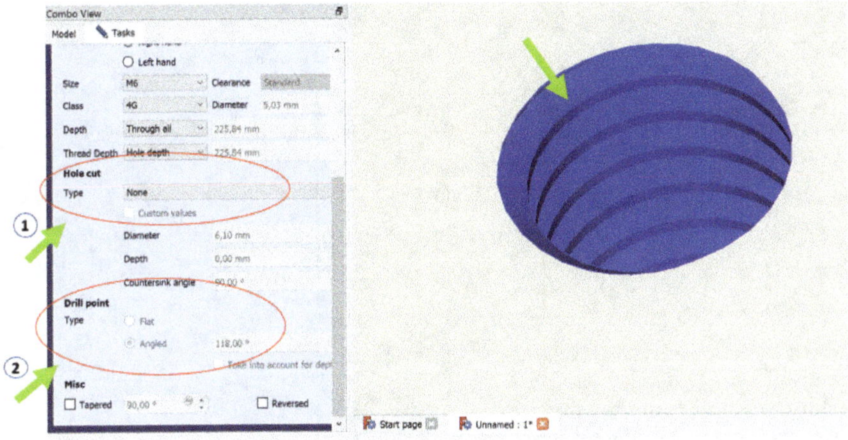

Confirmamos con "OK" para que también se creen las perforaciones. Esto puede llevar algún tiempo de nuevo, ya que estamos modelando los agujeros.

Por lo general, se recomienda desactivar la representación modelada para obtener un mejor rendimiento en el diseño. Sin embargo, cuando diseñas para impresión 3D, necesitas los hilos en forma modelada.

**La herramienta "Groove":**

Con la herramienta "Groove" puedes crear una sección mediante una rotación. Necesitamos una parte de rotación para esta función, es decir, guardamos nuestro objeto 3D anterior y creamos un nuevo documento.

A continuación, creamos un componente cilíndrico sencillo con un diámetro de 30 mm y una altura de 100 mm. Puedes crear este componente cilíndrico de dos formas. ¿Recuerdas cómo? Piensa en las herramientas aditivas. Por un lado podemos utilizar la función "Pad", pero por otro lado podemos utilizar la función "Revolution". Como estamos construyendo una pieza giratoria, simplemente utilizamos la función "Revolution". Por ejemplo, dibujamos un rectángulo en el plano x-z y lo acotamos como sigue. Nota: Necesitamos 15 mm como cota horizontal porque sólo estamos dibujando la mitad.

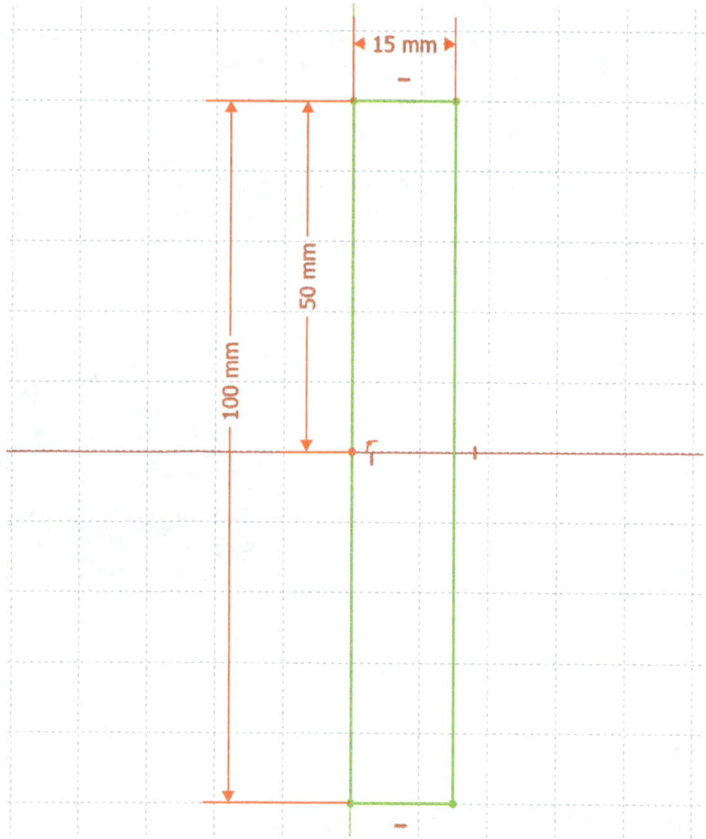


Por cierto, podemos fijar una esquina del rectángulo al origen de coordenadas o, como aquí, fijar una distancia de 50 mm al origen de coordenadas. Para definir completamente el croquis, fijamos también la línea vertical izquierda al origen de coordenadas con la restricción "Constrain point onto object".

Después cerramos el boceto 2D y creamos el cuerpo 3D haciendo clic en el comando "Revolution". Confirma con "OK".

Para la función "Groove" necesitamos ahora otro croquis 2D que especifique la geometría de la sección girada. Para el croquis podemos elegir el plano x-z o el plano y-z del cuerpo.

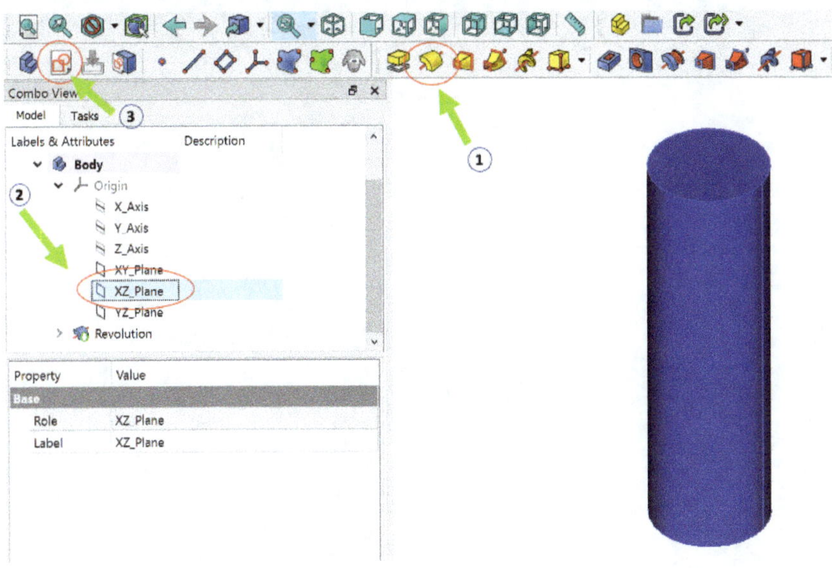

Queremos hacer dos recortes rectangulares en el cuerpo, éstos tienen que sobresalir en el cuerpo para que podamos retirar material más adelante. Para ello, ocultamos el cuerpo para tener una mejor visión de nuestro boceto. Para ello, pasamos a la pestaña "Model" de la vista combinada del boceto y hacemos clic con el botón derecho del ratón sobre el cuerpo. Seleccionamos "Toggle visibility" y el cuerpo desaparece. Como alternativa, podemos pulsar simplemente la barra espaciadora.

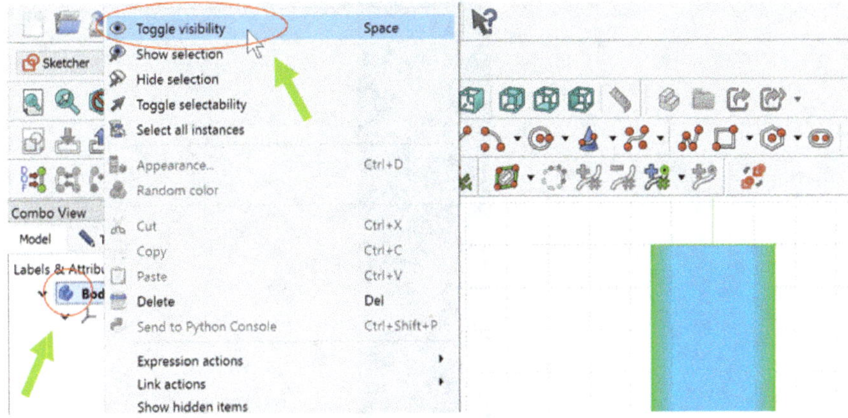

A continuación, dibujamos dos rectángulos, que acotamos con una longitud de arista de 5 mm cada uno, de modo que se creen cuadrados. También queremos que los dos bordes exteriores de los cuadrados queden sobre el borde exterior del cilindro, así que aquí necesitamos 15 mm. Por último, añadimos 30 mm cada uno para la acotación vertical.

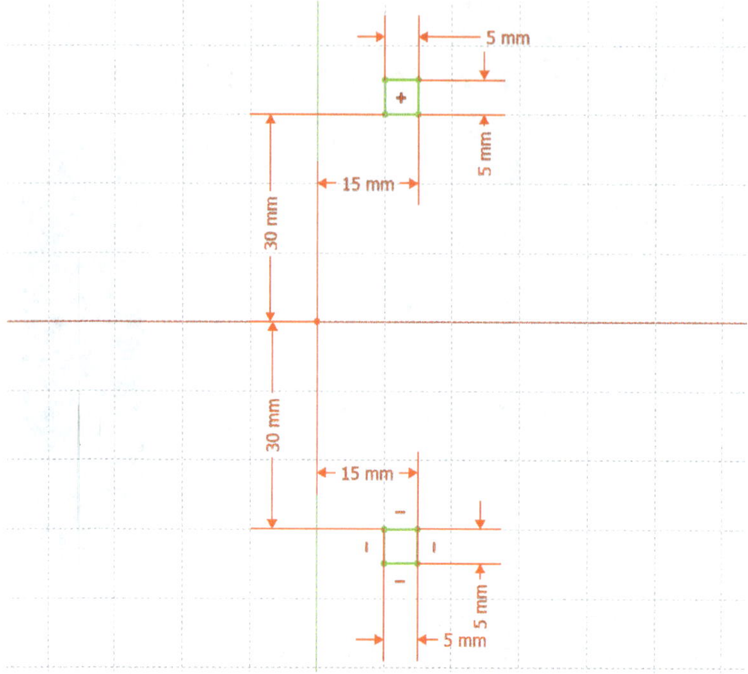


Después podemos volver a mostrar el cuerpo de forma idéntica con la opción "Toggle visibility". Entonces podemos cerrar el boceto.

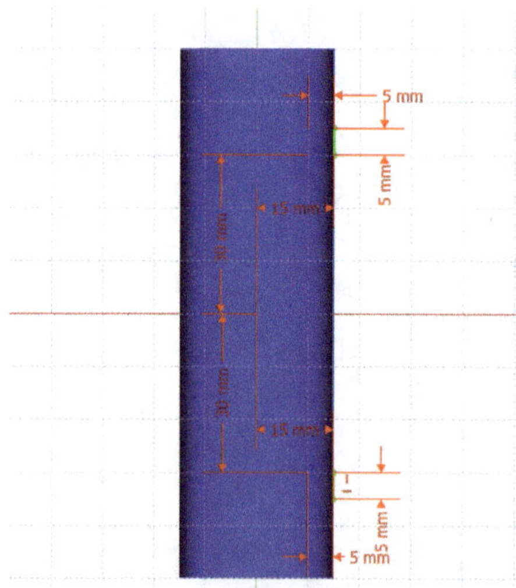

Después de asegurarnos de que el croquis está seleccionado en el árbol de estructuras, podemos ejecutar el comando "Groove".

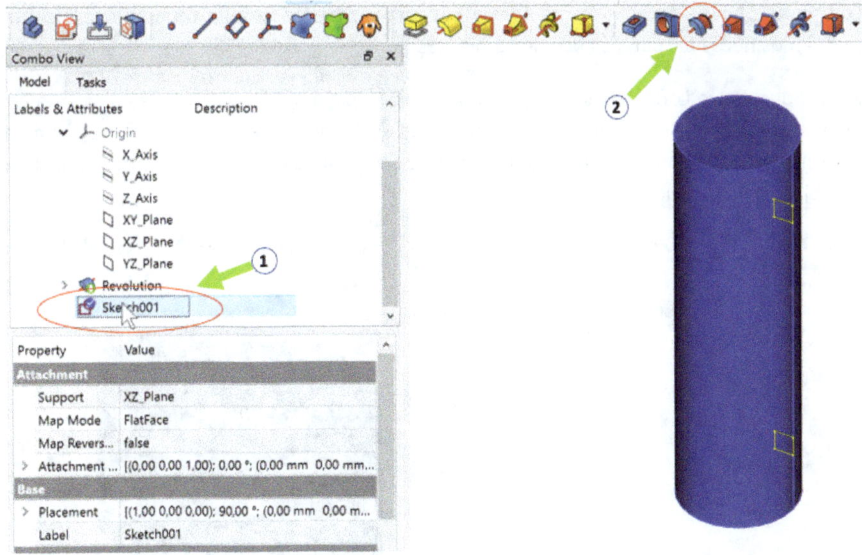

El programa crea la vista previa de las dos secciones rectangulares y podemos crearlas haciendo clic en "OK".

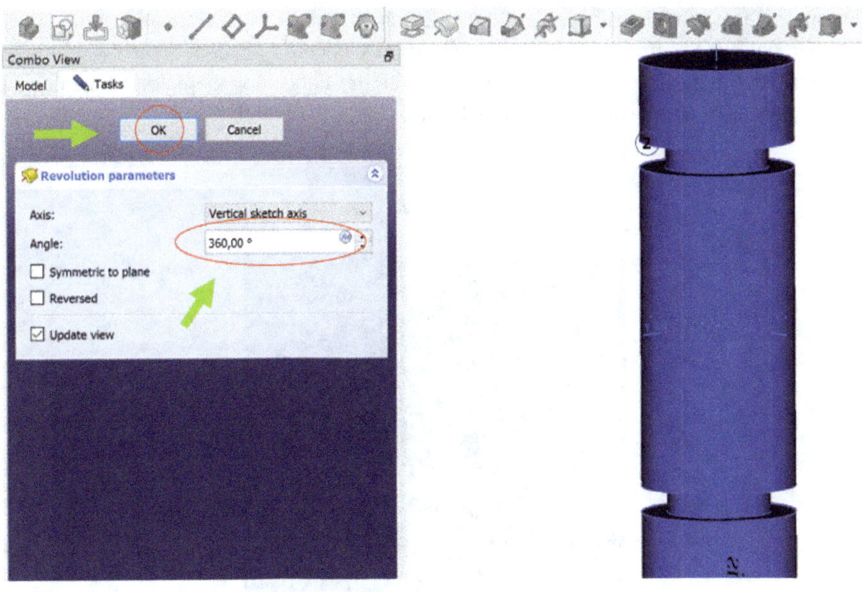

**Las herramientas "Subtractive Loft" y "Subtractive Pipe":**

Estas dos herramientas funcionan del mismo modo que sus homólogas aditivas ("Additive Loft" y "Additive Pipe"), pero de forma sustractiva. Piensa por un momento en lo que podríamos necesitar para las dos herramientas.

Para "Subtractive Loft" necesitamos dos bocetos en planos diferentes. En este caso, estos planos pueden ser, por ejemplo, las superficies superior e inferior de un cuerpo simple. Creamos un cubo con una longitud de arista de 50 mm cada uno, de modo que tengamos un objeto del que podamos extraer material.

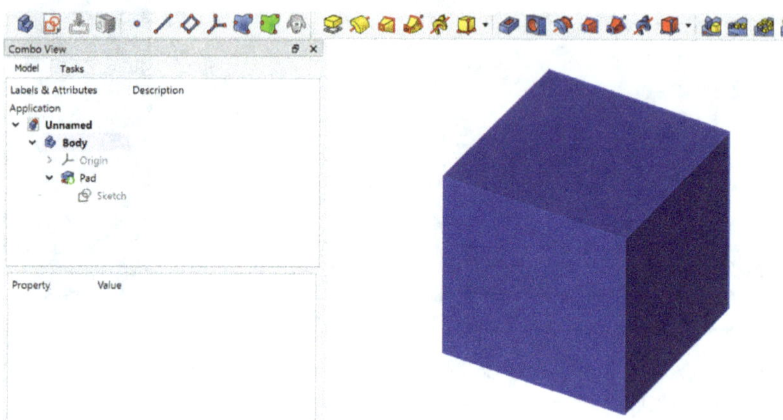

Entonces necesitamos dos bocetos. Dibujamos un croquis en la cara superior y otro en la inferior del cubo, como ya hemos anunciado. Los bocetos no deben ser congruentes. Comenzamos con el boceto de la cara superior del cubo. Por ejemplo, dibujamos un rectángulo de 20 mm de ancho y 15 mm de alto.

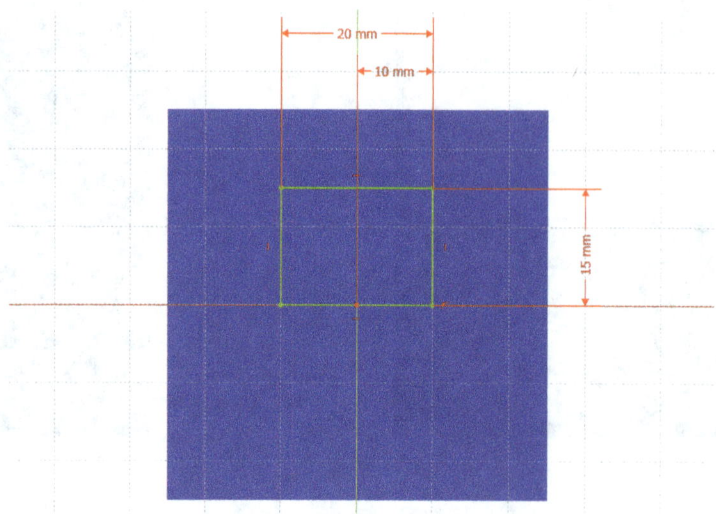

Una vez definido completamente el boceto, podemos cerrarlo. A continuación, iniciamos un nuevo boceto en la cara inferior del cubo. Por ejemplo, dibujamos un rectángulo de 20 mm de ancho y 10 mm de alto. También definimos completamente este boceto y luego lo cerramos.

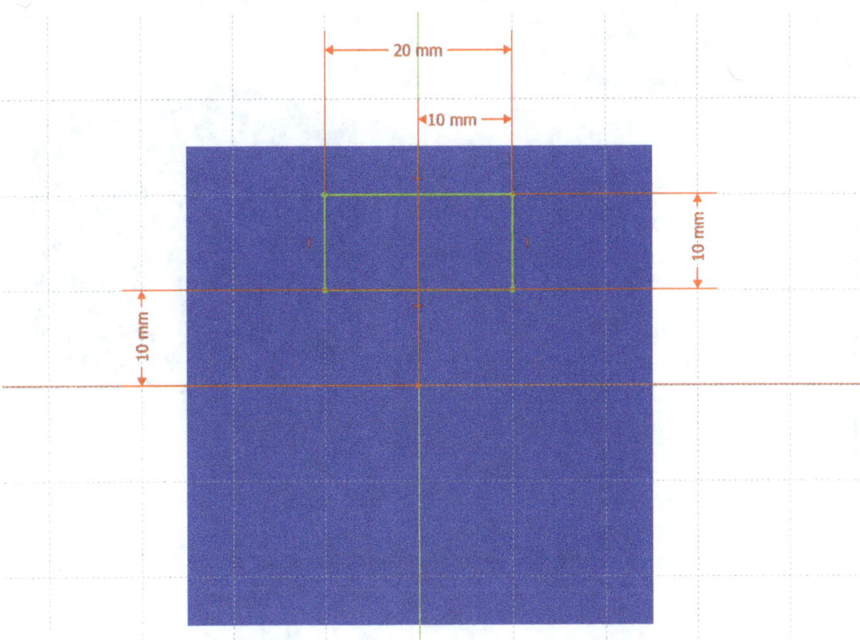

Ahora podemos ejecutar el comando "Subtractive Loft" seleccionando los dos bocetos en el árbol de estructuras (tecla CTRL pulsada).

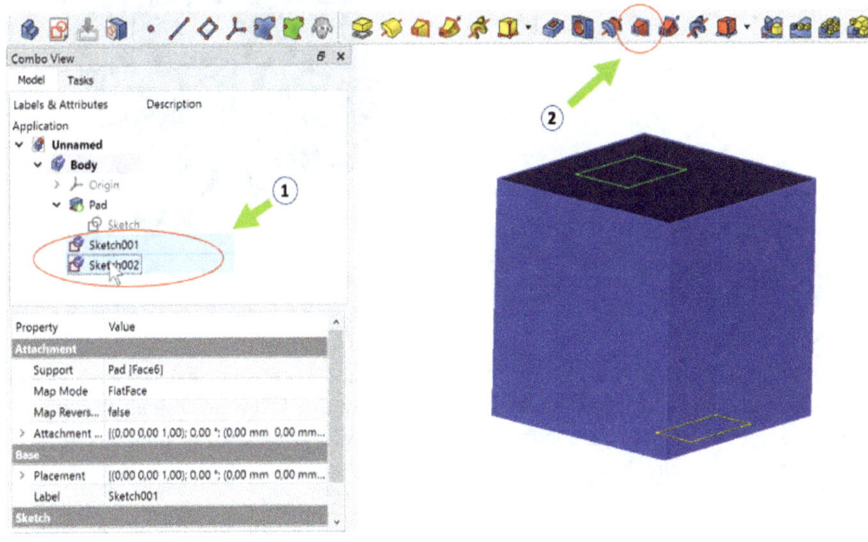

Desgraciadamente, en este caso no se muestra una vista previa, pero podemos simplemente hacer clic en "OK" y ver entonces el resultado deseado. Las dos superficies se unieron con un recorte.

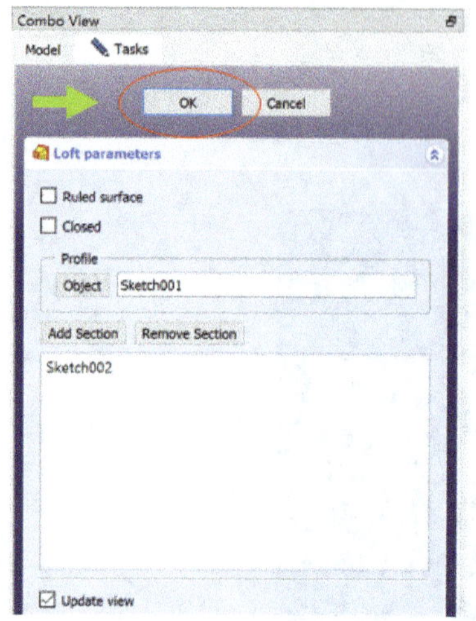

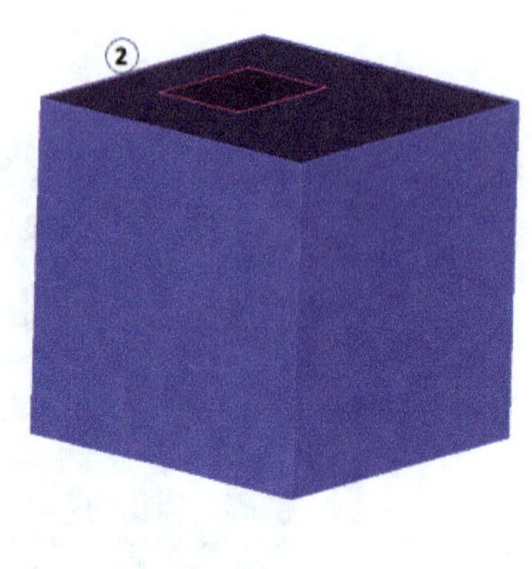

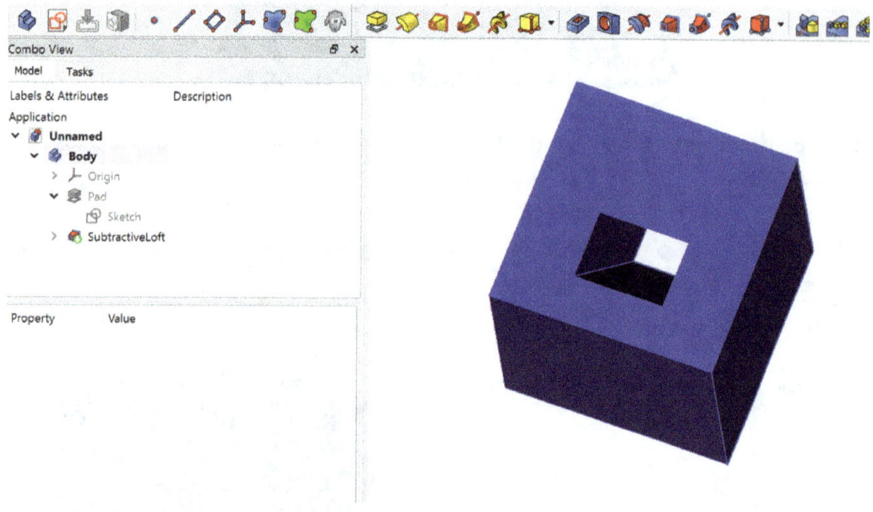

Para el comando "Subtractive Pipe" necesitamos dos bocetos y una trayectoria. Por ejemplo, podríamos dibujar un círculo de cualquier diámetro en las caras superior e inferior del cubo. Probablemente ya puedas hacerlo por ti mismo. En este ejemplo no importa dónde coloques los círculos.

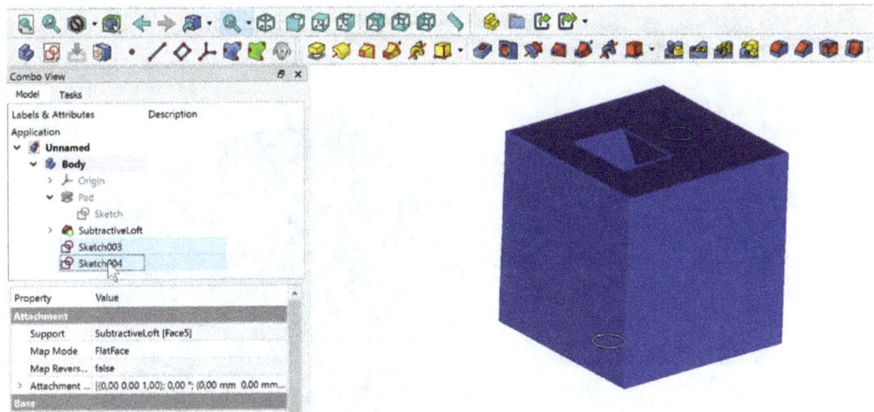

Entonces necesitamos una trayectoria, que esbozamos, por ejemplo, en el plano y-z. Para una mejor representación, ocultamos el cubo para el boceto haciendo clic en el cuerpo en el árbol de estructuras y utilizando la barra espaciadora. La trayectoria puede ser, por ejemplo, una línea diagonal que vaya de la cara superior a la inferior. A continuación, cerramos el boceto.

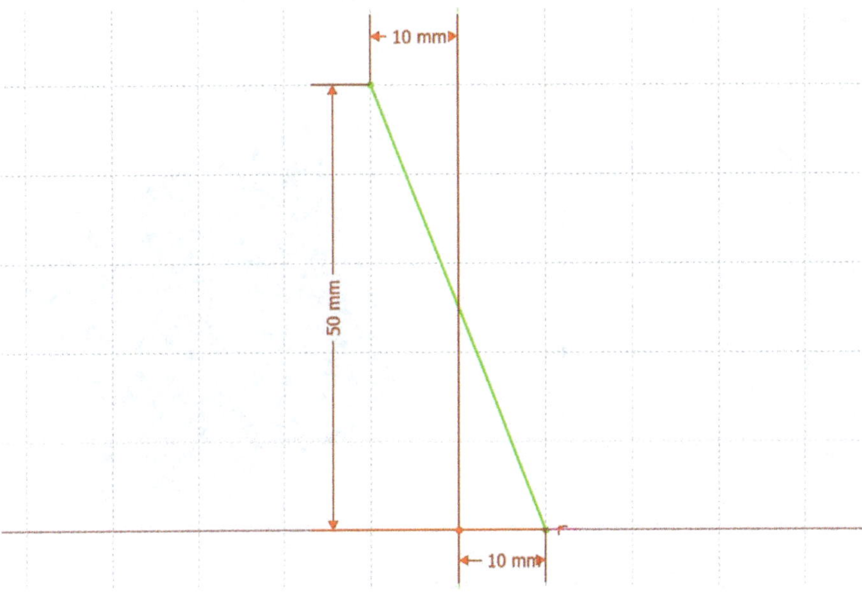

A continuación seleccionamos -al igual que con la función "Additive Pipe" - primero el boceto y después el comando "Subtractive Pipe".

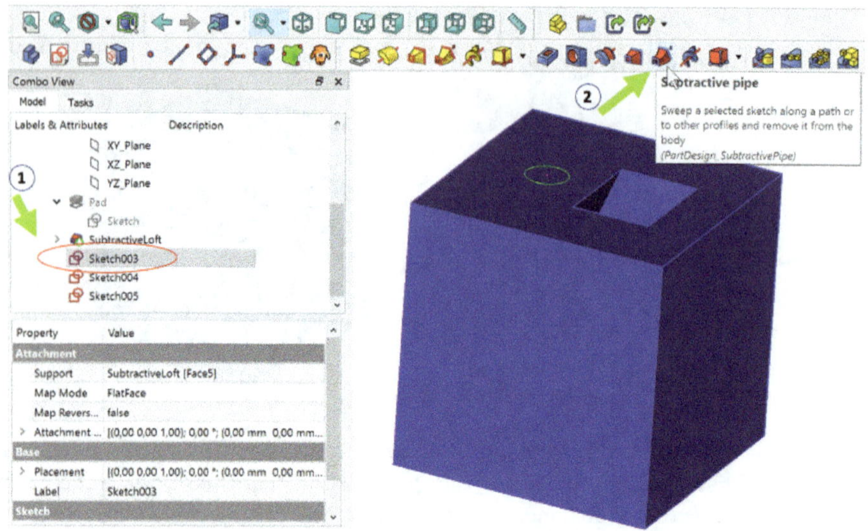

En la vista combinada, podemos entonces pulsar el botón "Object" en la zona "Path" y luego seleccionar la trayectoria en la zona del cubo. A continuación, el programa genera la vista previa de la función.

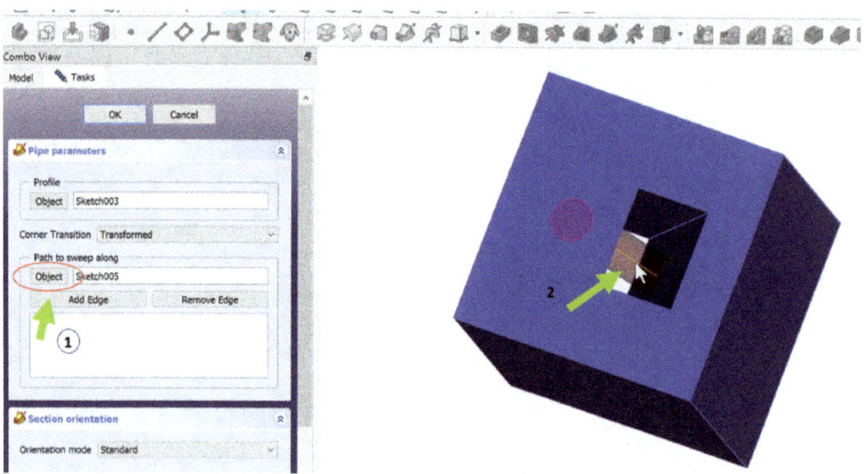

Confirmamos con "OK" y se ejecuta el comando sustractivo.

Si pasamos el ratón del PC por encima de los elementos creados en el árbol de estructura, podremos ver mejor el resultado de las dos herramientas "Subtractive Loft" y "Subtractive Pipe".

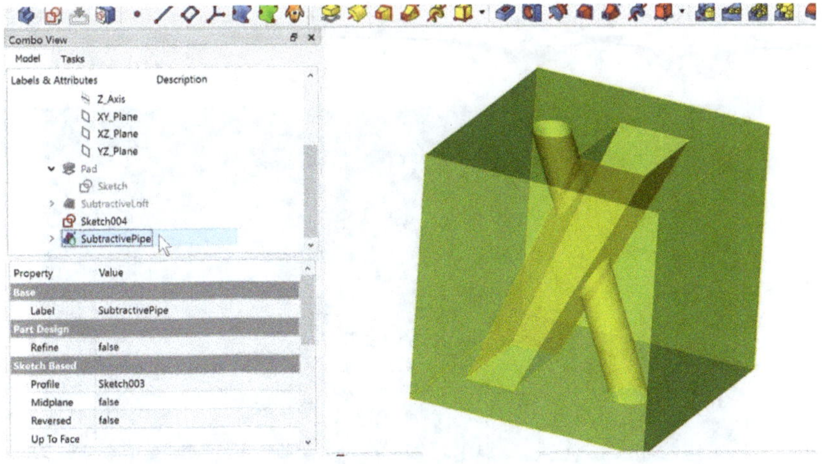

¡Excelente! Ahora también conoces los comandos sustractivos más importantes. Es bonito que hayamos llegado tan lejos. Ahora nos ocuparemos de algunas herramientas más antes de pasar a los proyectos de construcción. Permanece atento, ¡merecerá la pena!

### 3.4.3 Herramientas para reflejar y crear patrones

Las dos herramientas siguientes son muy útiles si quieres reducir el tiempo y el esfuerzo de diseño. Con las funciones "Mirror" y "Linear Pattern" puedes reflejar geometrías y crear patrones.

**La herramienta "Mirrored":**

Puedes utilizar esta herramienta si quieres duplicar uno o varios objetos de un componente reflejándolos en un plano. Veámoslo más de cerca. Por ejemplo, creamos un cuboide con una base de 30 mm x 60 mm y una altura de 10 mm.

El objeto que queremos reflejar debe ser un simple agujero. Para este agujero hacemos un croquis en la superficie superior del cuboide. Por ejemplo, el agujero debe tener un diámetro de 6 mm y estar situado a 22 mm o 7 mm del origen.

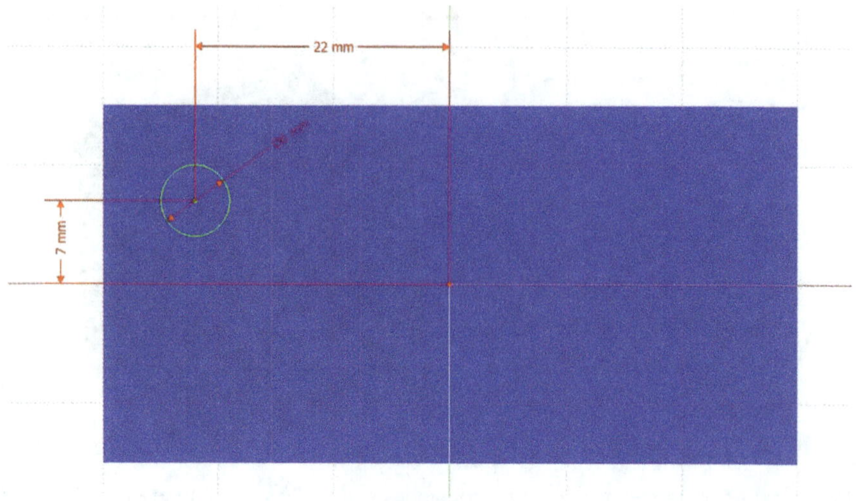

Una vez terminado el boceto, creamos el agujero con el comando "Hole".

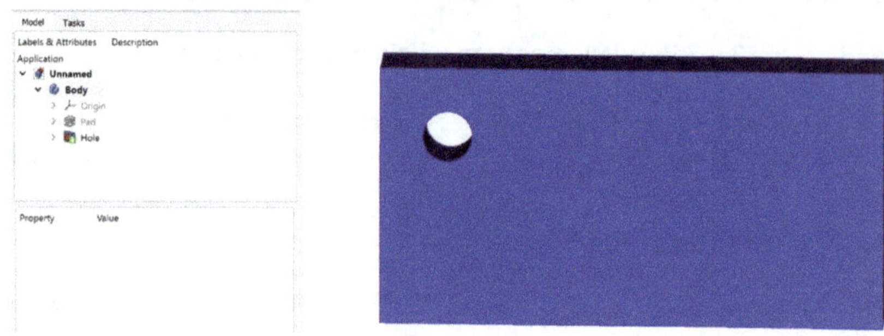

Para el comando "Mirrored" primero seleccionamos el agujero ("Hole") en el árbol de estructuras y luego hacemos clic en el comando de la barra de herramientas. A continuación, el programa crea una vista previa del objeto reflejado.

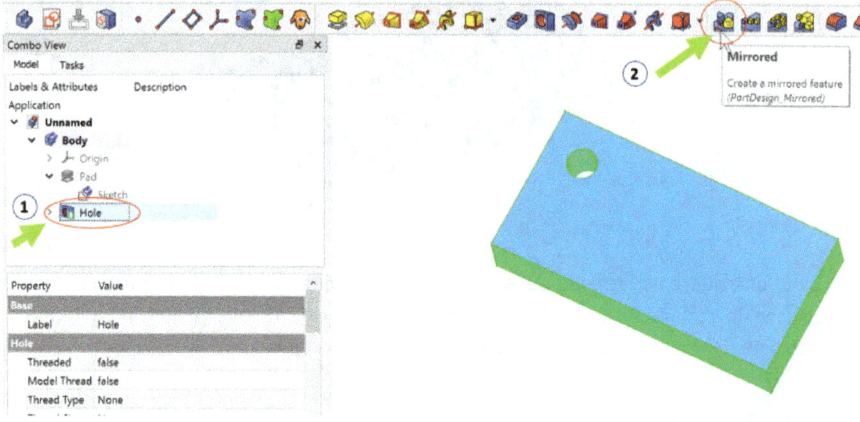

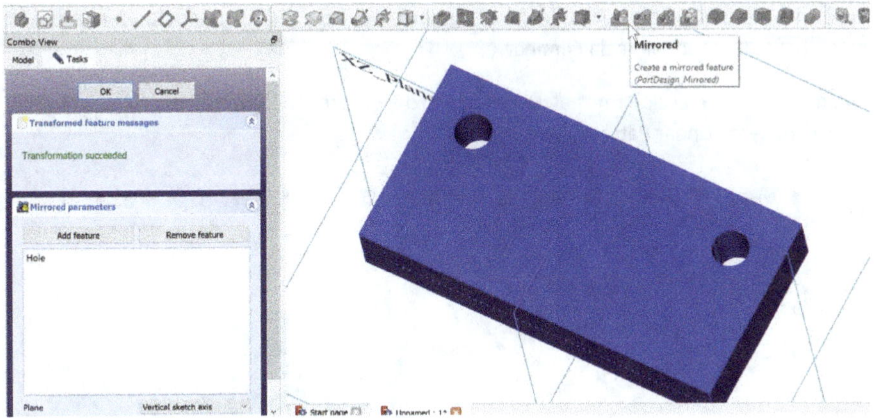

Como podemos ver, el agujero se ha reflejado utilizando el plano y-z. Si necesitamos un reflejo basado en otro plano -por ejemplo, el plano x-z-, podemos hacerlo en la vista combinada en el ajuste "Plane".

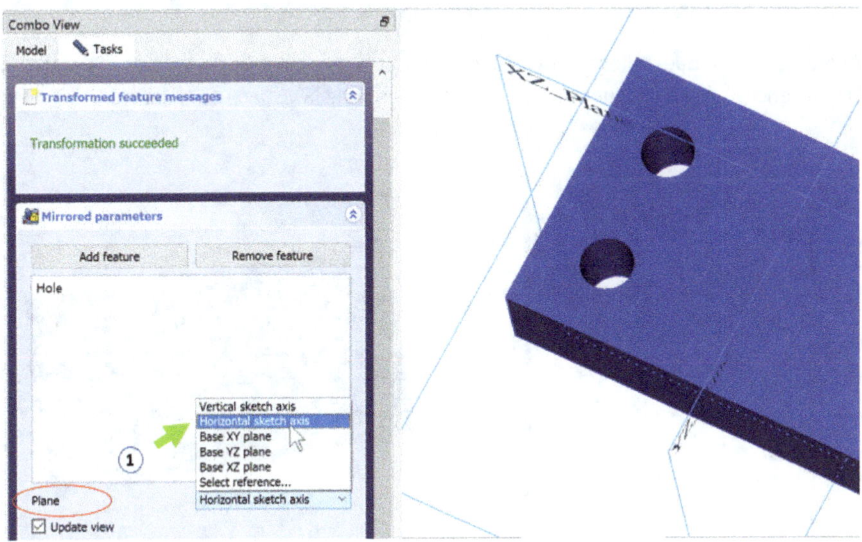

Si queremos reflejar varios objetos -por ejemplo, dos o tres agujeros- sólo tenemos que seleccionarlos manteniendo pulsada la tecla CTRL antes de iniciar el comando "Mirrored". También podemos seleccionar primero el comando "Mirrored" y luego añadir todos los objetos deseados con "Add feature" (vista combinada).

**La herramienta "Linear Pattern":**

Con esta herramienta podemos crear un patrón lineal, es decir, podemos multiplicar objetos con una distancia definida. Veamos cómo funciona. Aplicamos esta función al cuboide que acabamos de crear. Para ello, elimina el agujero reflejado seleccionándolo en el árbol de estructura y pulsando la tecla Eliminar.

A continuación, seleccionamos el primer agujero en el árbol de la estructura y hacemos clic en el comando "Linear Pattern".

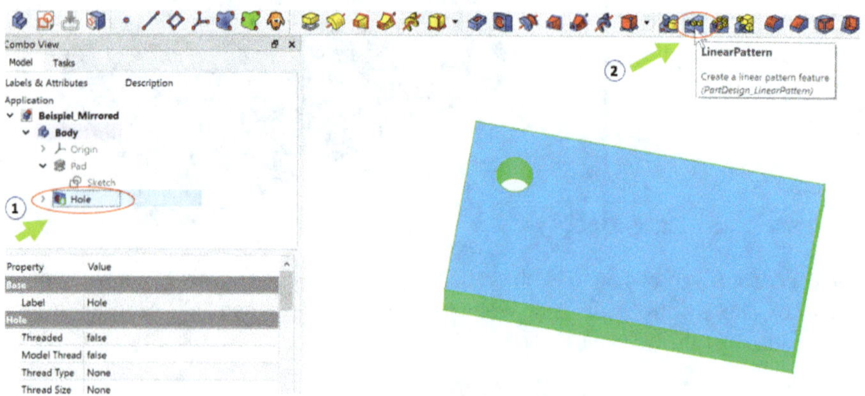

Ahora tenemos que rellenar con valores sensatos los ajustes "Direction", "Length" y "Occurrences", que se encuentran en la parte inferior de la vista de combinación.

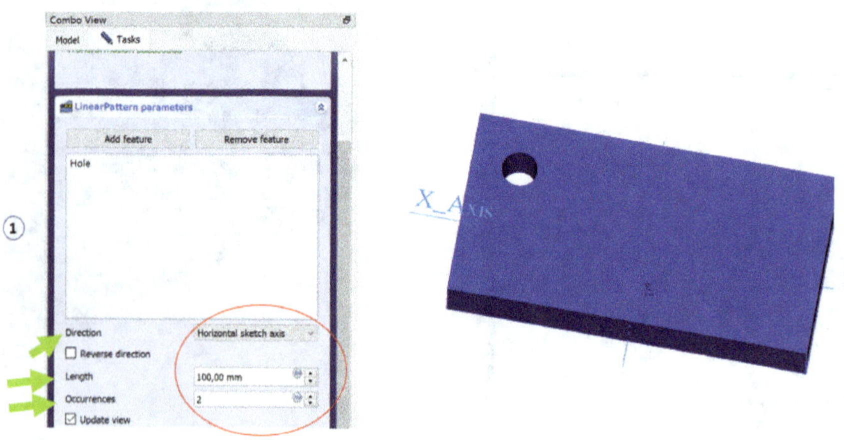

Con el ajuste "Direction" seleccionas la geometría de referencia a la que se orienta el patrón lineal. Por ejemplo, si seleccionamos aquí el eje x, el patrón se creará a lo largo de este eje.

En "Length" introducimos la distancia que queremos que haya entre los agujeros individuales del patrón, por ejemplo 43 mm. Y en "Occurrences" introducimos el número de agujeros que queremos, por ejemplo, cuatro. Por cierto: Si se marca "Update view", los cambios se nos muestran en directo como una vista previa. Es una ayuda excelente a la hora de elegir la distancia y el número.

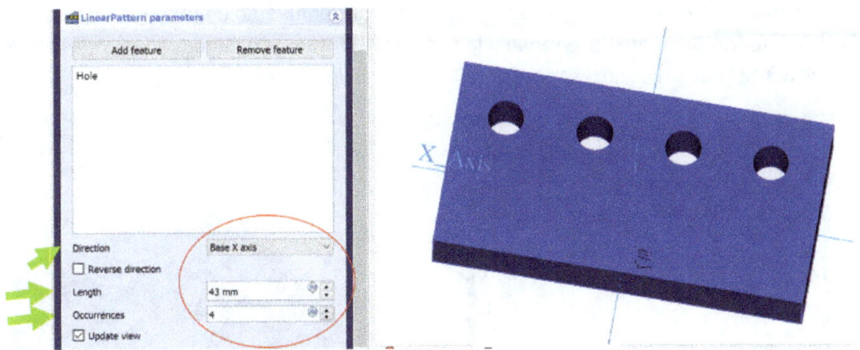

De forma similar a la herramienta "Mirrored", aquí también podemos cambiar la dirección del patrón. Para ello, sólo tienes que introducir un eje diferente, por ejemplo el eje y, en "Direction". Por supuesto, entonces también tienes que cambiar la distancia entre los agujeros y el número de agujeros.

### 3.4.4 Herramientas para el modelado 3D avanzado

Para las tres últimas herramientas importantes del espacio de trabajo "Part Design" volvemos a crear un cubo cuyas aristas tengan una longitud de 50 mm cada una.

**La herramienta "Fillet":**

Puede que recuerdes la función "Fillet" del área 2D. Al igual que en un boceto 2D, también puedes redondear las aristas del objeto 3D. Para ello, basta con seleccionar la arista deseada, o varias aristas deseadas. Por ejemplo, seleccionamos todas las aristas de la cara superior del cubo (mantén pulsada la tecla CTRL para una selección múltiple) y luego hacemos clic en el comando "Fillet" de la barra de herramientas.

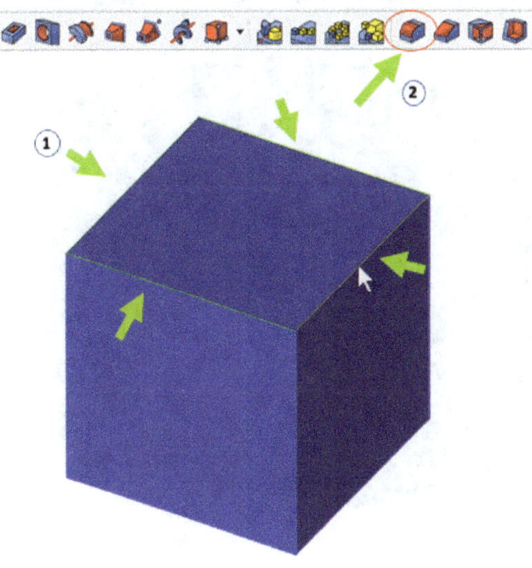

A continuación, en la vista combinada, puedes establecer el radio de redondeo deseado en la zona inferior, por ejemplo, 5 mm. En la zona superior también puedes añadir más bordes con el botón "Add" si es necesario. Con "OK" se crean los filetes.

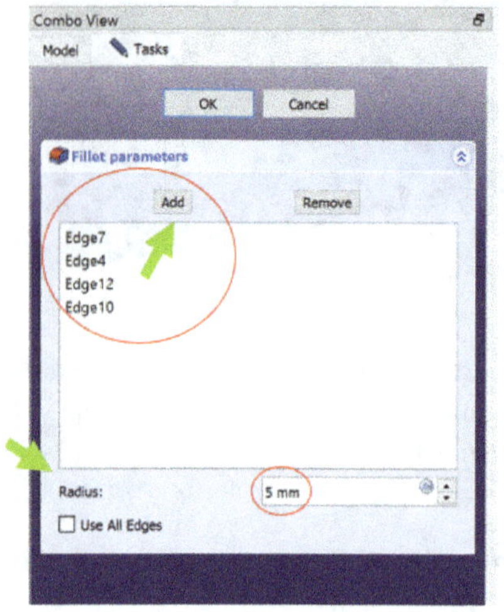

## La herramienta "Chamfer":

Con esta herramienta puedes biselar una arista en lugar de redondearla. Pero esa es la única diferencia con la herramienta "Fillet". El procedimiento es idéntico. Selecciona la arista deseada, por ejemplo una arista de la superficie inferior del cubo, y luego haz clic en el comando "Chamfer" de la barra de herramientas.

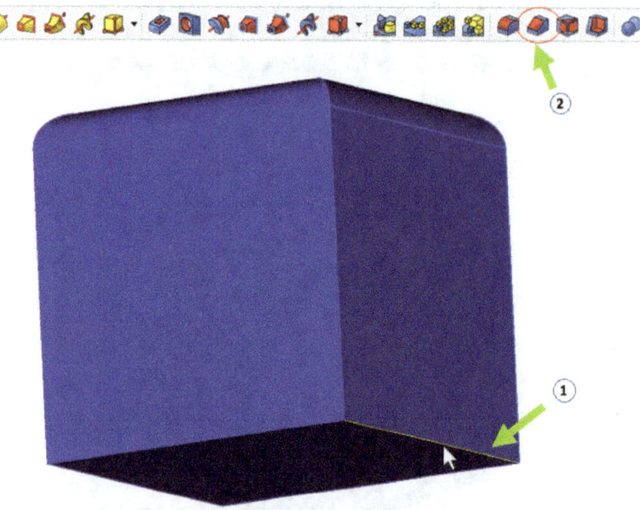

En la vista combinada, puedes realizar los ajustes que desees.

## La herramienta "Thickness":

Esta herramienta es ideal si quieres crear un cuerpo hueco en 3D de forma rápida. En otros programas de CAD, este comando suele llamarse también "Shell" o muro.

Primero borramos las dos características "Fillet" y "Chamfer", de modo que volvemos a tener nuestro cubo como objeto inicial. También podemos, por supuesto, crear uno nuevo.

Para ejecutar el comando, primero hacemos clic en la cara del cubo y luego seleccionamos la herramienta "Thickness" de la barra de herramientas.

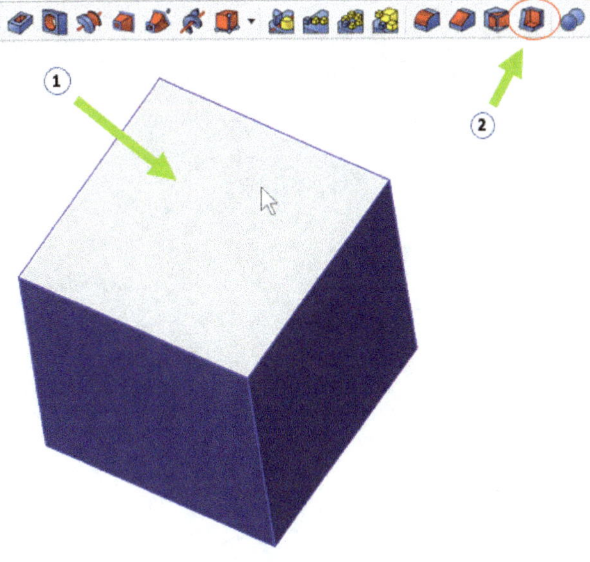

A continuación se nos muestra una vista previa. En la vista combinada podemos realizar los ajustes deseados, por ejemplo, cambiamos la opción "Thickness" a 5 mm y seleccionamos el ajuste "Skin" para la opción "Mode". Además, seleccionamos la opción "Join Type" y el ajuste "Intersection".

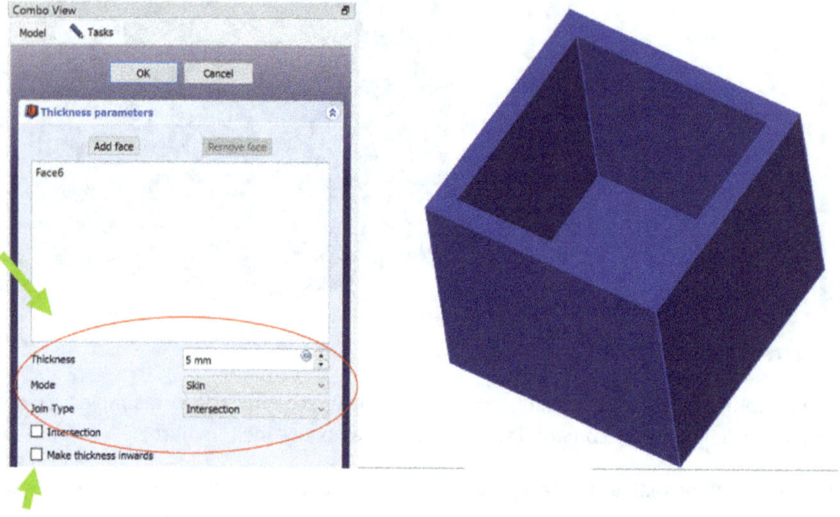


Por cierto: Si activas la opción "Make thickness inwards" -que se encuentra en la zona inferior- el muro no se añadirá hacia fuera sino hacia dentro. Pruébalo y verás la diferencia.

# 4 Proyectos de construcción

## 4.1 Primer proyecto: componente de fijación

El primer objeto de construcción es un simple elemento de fijación. Se puede fijar con la ayuda de dos tornillos y se utiliza, por ejemplo, para sujetar un eje. La siguiente ilustración muestra el modelo 3D final desde distintas perspectivas. Puedes ver la parte frontal de la pieza (arriba a la izquierda), la vista superior (abajo a la izquierda), la vista lateral (arriba a la derecha) y la vista isométrica (abajo a la derecha).

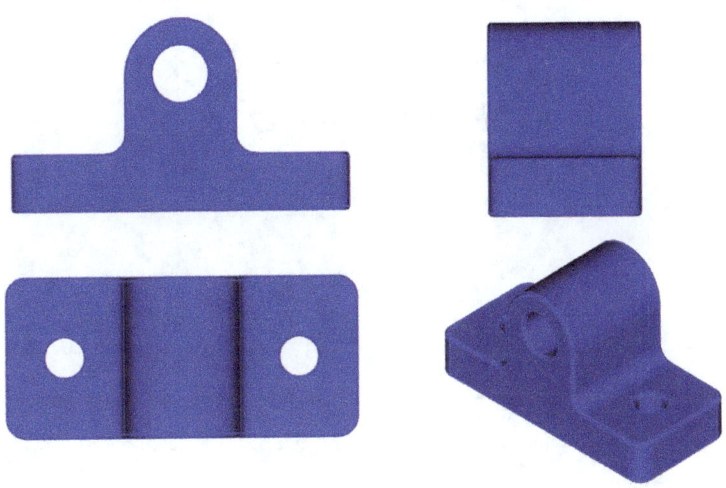

Para ello, iniciamos un nuevo documento y cambiamos al espacio de trabajo "Part Design", como hemos aprendido. Entonces -después de haber creado un cuerpo con "Body" - iniciamos un boceto en uno de los tres planos. Por ejemplo, elegimos el plano x-z. ¿Por qué el plano x-z? Porque en este plano dibujaremos la parte frontal del objeto como un croquis 2D, de modo que la vista "Front" del programa corresponda también a esta parte frontal.

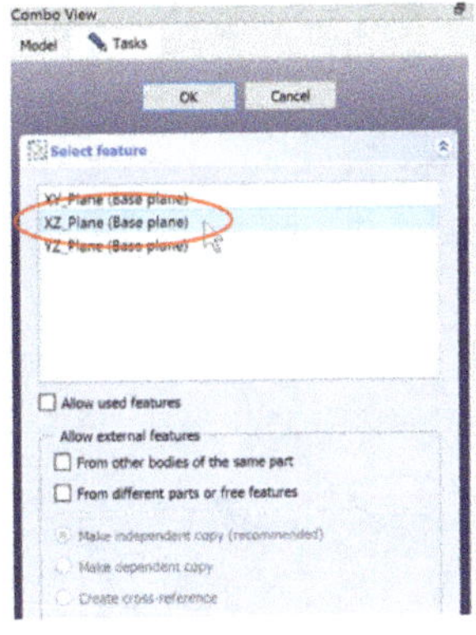



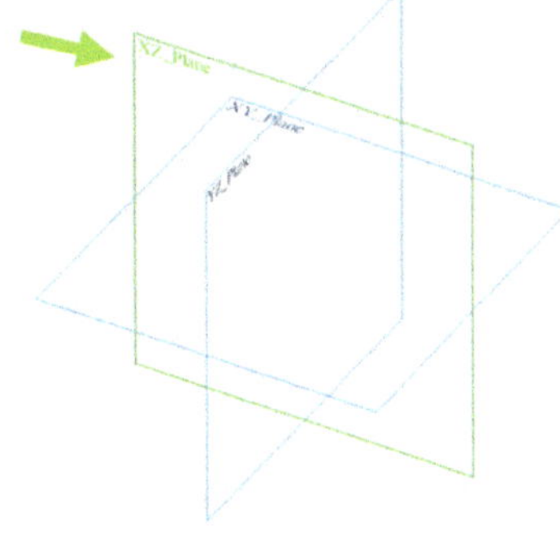

Ahora simplemente dibujamos como un croquis 2D la geometría que vemos cuando miramos el objeto de frente. Después podemos extruirlo en tres dimensiones. Podemos construir la geometría 2D bloque a bloque.

Primero dibujamos un rectángulo ("Centered Rectangle") con una anchura de 90 mm y una altura de 15 mm, cuyo centro debe estar en el origen de las coordenadas. También puedes añadir aquí las dimensiones ("Constrain vertical distance" y "Constrain horizontal distance"). A continuación, eliminamos la línea superior del rectángulo, ya que no la necesitamos. Como alternativa, podríamos haber trazado simplemente tres líneas individuales.

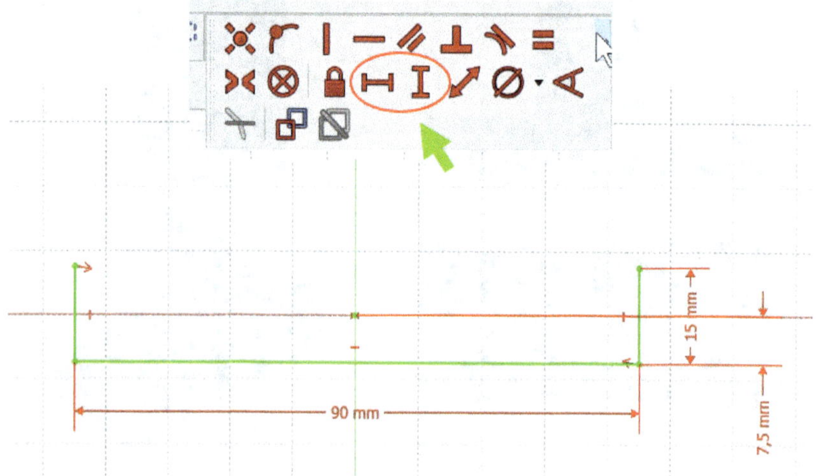


Después añadimos otras dos líneas horizontales y otras dos verticales. Acotamos las líneas horizontales con 30 mm y las verticales con 20 mm.

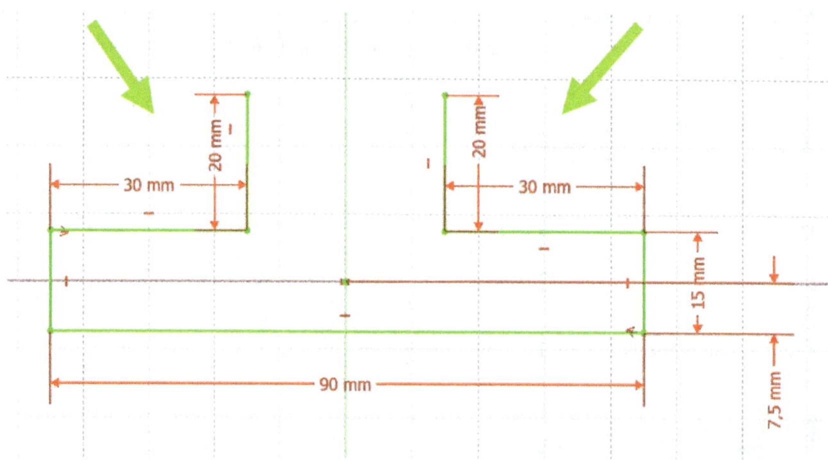

El último segmento de la base consiste en un semicírculo. Para ello seleccionamos un arco con el comando "End points and rim point". Seleccionamos uno tras otro los dos puntos de las esquinas de las líneas verticales y, por último, cualquier punto de la zona superior para que se cree el arco. A continuación, asignamos un diámetro de 30 mm al círculo con "Constrain arc or circle".

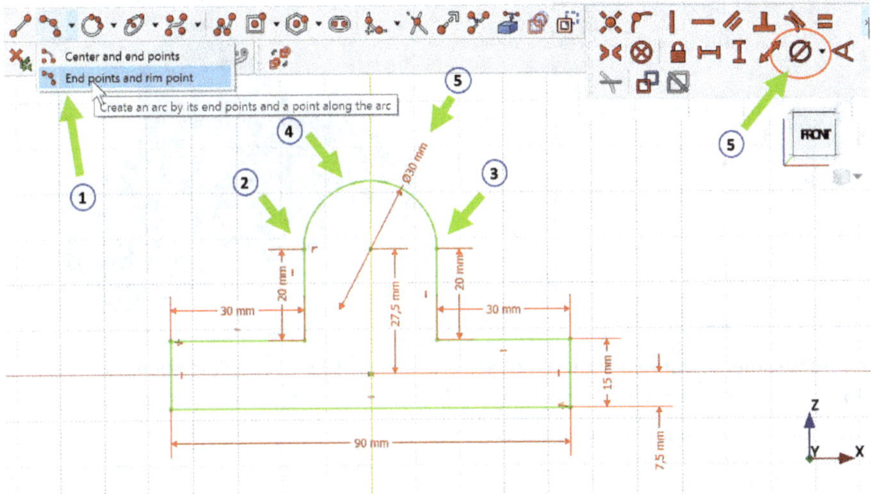


Para que el croquis esté completamente definido, también tenemos que acotar la distancia desde el centro del arco al origen de coordenadas. La distancia debe ser de 27,5 mm, que puedes calcular a partir de las dimensiones existentes.

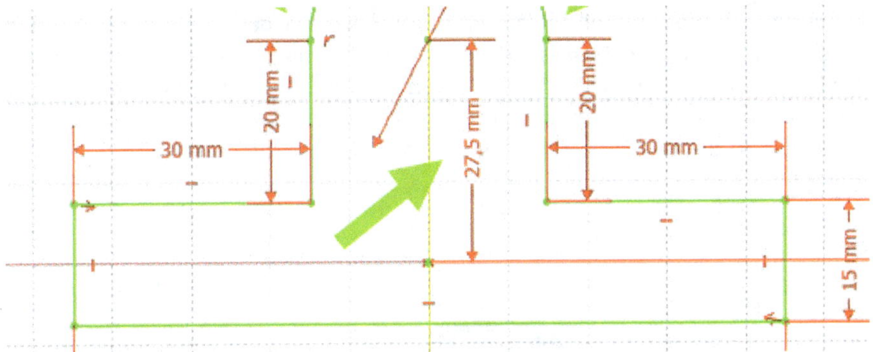


Nota: Para una extrusión tridimensional necesitas siempre una superficie única y continua como croquis 2D. Esto es lo que hemos creado aquí. También podríamos haber construido el esquema a partir de dos rectángulos y un semicírculo -piensa en los bloques de construcción-, pero entonces tendríamos dos líneas dividiendo la superficie en tres segmentos.

Ahora podemos cerrar el boceto y crear el componente 3D utilizando la función "Pad". Necesitamos una dimensión de, por ejemplo, 40 mm. Con el ajuste "Type" podemos dejar

"Dimension", entonces el componente se extruye hacia delante. El plano x-z se encuentra entonces en la parte posterior del componente.

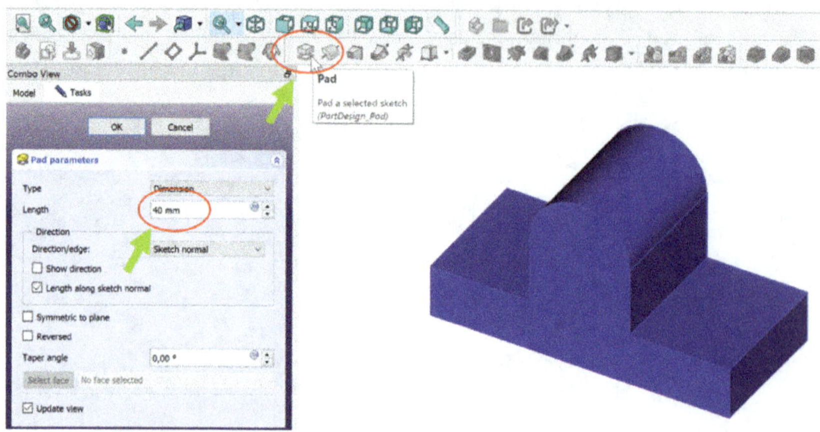

Alternativamente, también podríamos seleccionar la opción "Two dimensions" e introducir 20 mm por lado, entonces el plano x-z estaría exactamente en el centro del componente.

El siguiente paso es crear el agujero en la parte superior del componente. Para ello, debemos iniciar un nuevo croquis 2D en la parte delantera -o trasera- del componente. A continuación, crea un círculo de 15 mm de diámetro cuyo centro debe estar en el eje z (línea vertical). Para una definición completa necesitamos entonces una dimensión en la dirección z, por ejemplo 28 mm desde el centro del círculo al origen de coordenadas.

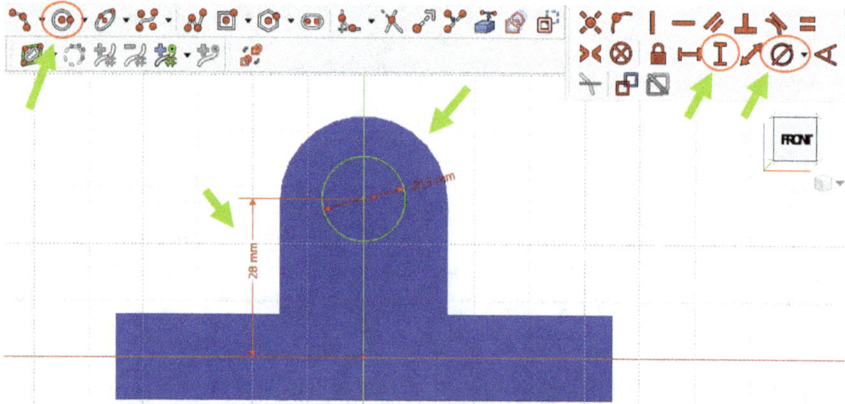

Ahora te darás cuenta de que podríamos haber integrado este paso directamente en el primer esquema 2D. Eso es correcto y nos habría ahorrado tiempo.

Una vez cerrado el boceto, podemos ejecutar el agujero con el comando "Pocket" o también con el comando "Hole". En este caso, ambas funciones tienen el mismo efecto. Si decidimos utilizar el comando "Hole", tenemos que introducir el diámetro de 15 mm en el ajuste "Diameter" y seleccionar la opción "Through all" en el ajuste "Depth".

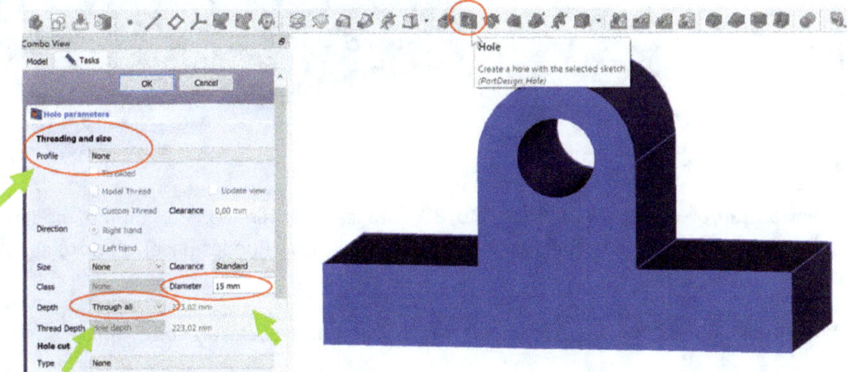

Para los dos agujeros de fijación, empezamos un boceto en la parte inferior del objeto. Aquí dibujamos dos círculos de 10 mm de diámetro cada uno, cuyos centros deben estar sobre el eje x (horizontal). También acotamos estos dos círculos con una distancia de 30 mm cada uno desde el origen de coordenadas.

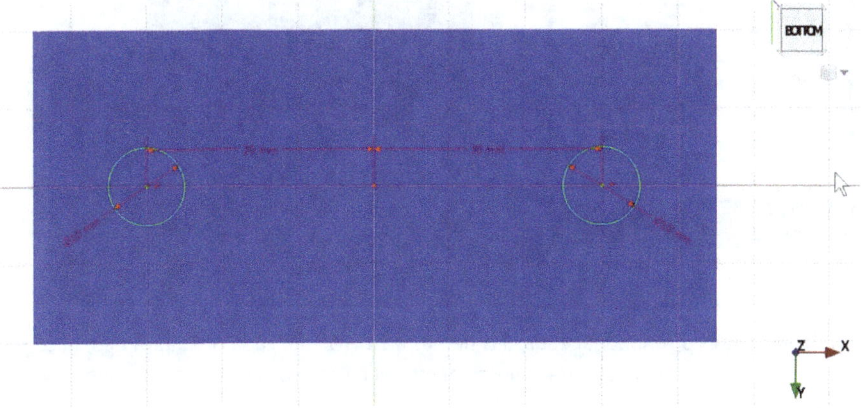

Después de cerrar el boceto, volvemos a utilizar el comando "Hole". Tenemos que seleccionar las opciones como se muestra.

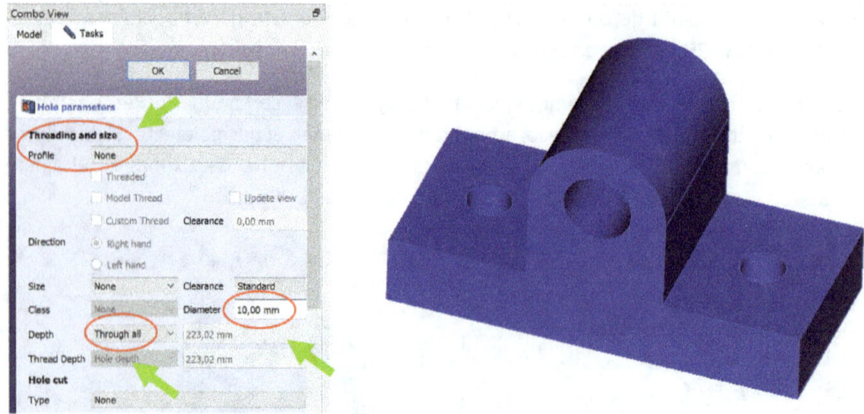

Mientras tanto, nuestro primer objeto 3D está casi terminado. Por último, podemos redondear algunos bordes con ayuda de la función "Fillet". Puedes hacerlo por tu cuenta, según tus deseos.

Por ejemplo, podríamos redondear cada una de las siguientes aristas con 5 mm.

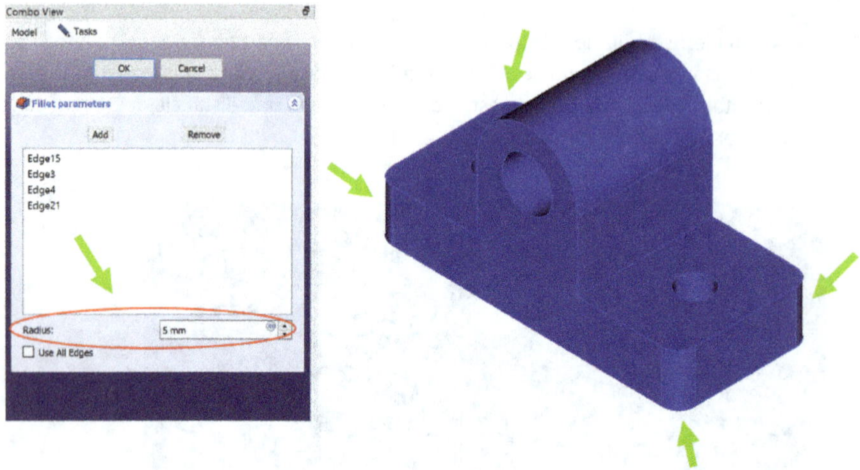

También podemos redondear todas las demás aristas 1 mm cada una. Para ello, hacemos clic en la cara frontal de la pieza, seleccionamos el comando "Fillet" y activamos la opción "Select all Edges".

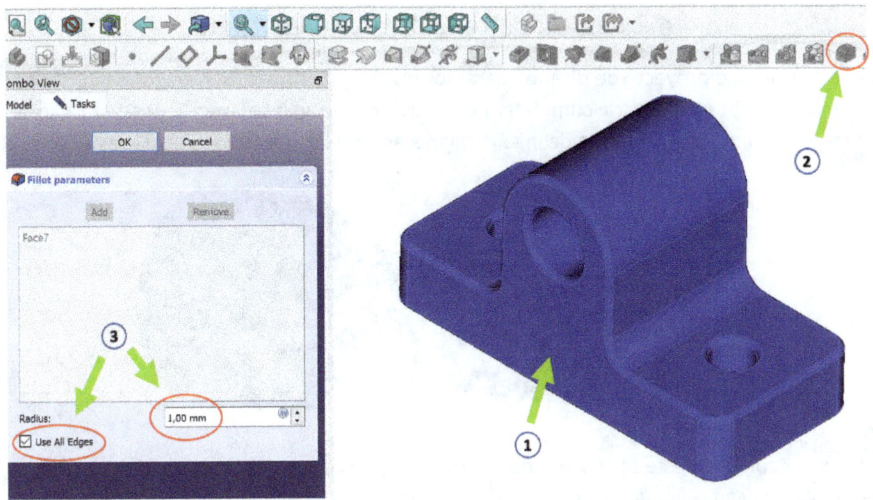

Si ahora echamos un último vistazo al árbol de estructura, encontraremos todos los esquemas y comandos que hemos necesitado o creado para este objeto. Con un clic derecho (o doble clic) sobre él y la selección de "Edit" podemos volver a editar cada elemento. Para tener una mejor visión de conjunto, también podemos cambiar las designaciones, lo que tiene sentido sobre todo para construcciones más complejas.

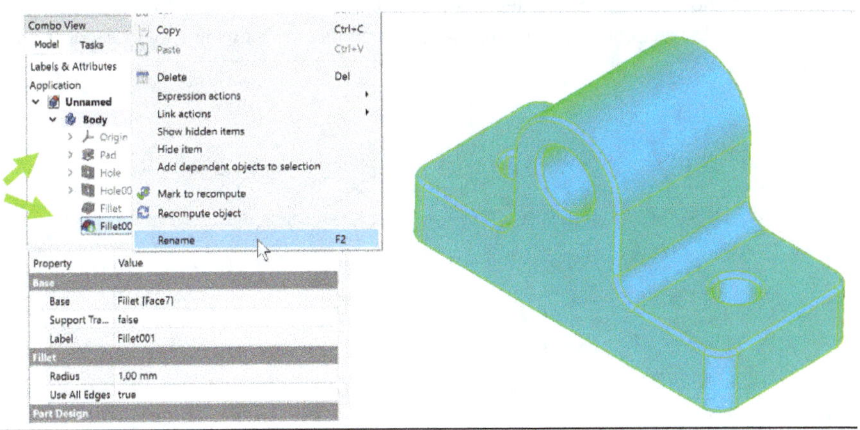

**Importante:** Asegúrate de guardar la pieza, ya que la volveremos a necesitar más adelante. Para ello, simplemente haz clic en "Save as ..." en la barra de menú en "File".

# 4.2 Segundo proyecto: Tornillo Allen

En este segundo proyecto de diseño queremos diseñar un tornillo de hexágono interior M8 x 30 con longitud de rosca completa. Podemos encontrar las dimensiones para ello en Internet o en un libro de tablas de ingeniería mecánica o en un catálogo de piezas estándar.

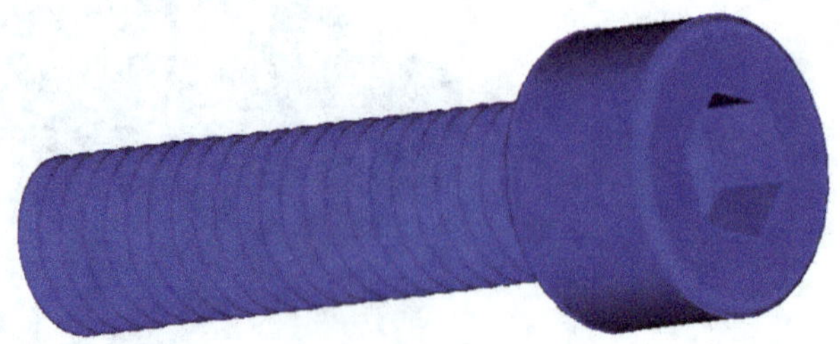

Podemos construir este tornillo de dos formas. En primer lugar, con ayuda de una o varias extrusiones, y en segundo lugar, como pieza torneada con ayuda de la función "Revolution". Utilizaremos este último método porque es más rápido. Para ello, primero necesitamos la mitad de la sección transversal del tornillo. Imagínate que cortas el tornillo por la mitad. Tenemos que dibujar una mitad del perfil, que luego se puede ver. Para ello, primero creamos un nuevo documento, creamos un cuerpo y después creamos un croquis en el plano x-z.

Sobre este plano trazamos una línea horizontal de 3,23 mm de longitud cuyo punto de partida debe estar en el origen de coordenadas. Le conectamos una línea vertical de 30 mm de longitud.

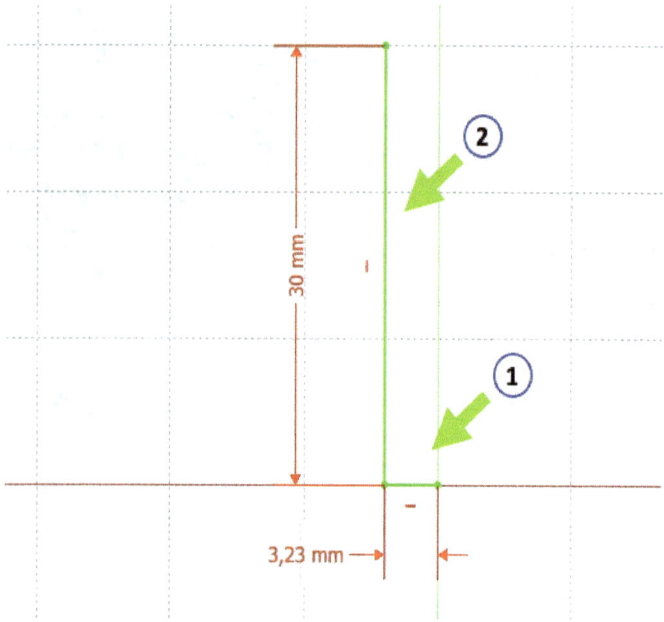

Para la cabeza necesitamos una línea horizontal de 3,267 mm, una línea vertical de 8 mm y otra línea horizontal de 6,5 mm. Por último, unimos el punto superior al inferior con una línea vertical para que el perfil quede completamente cerrado.

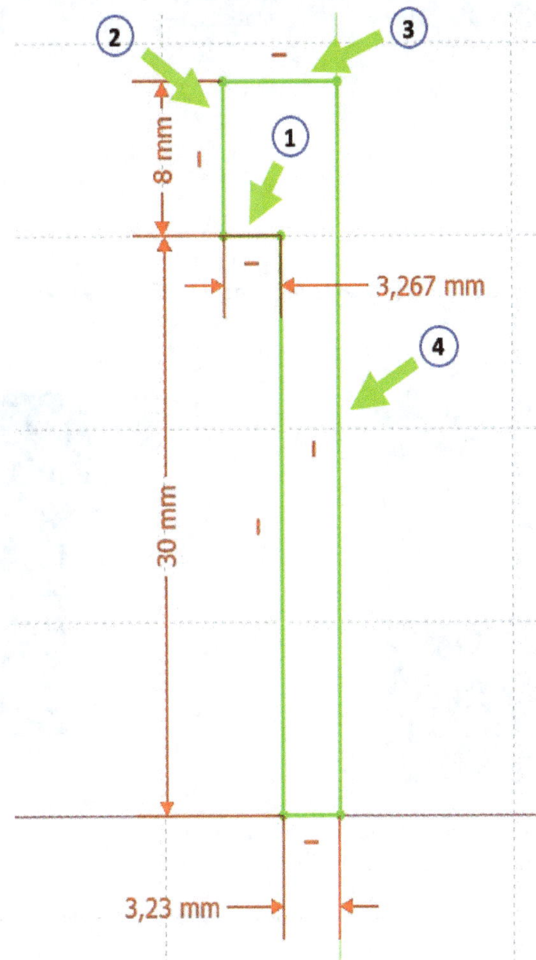


Como puedes ver por el color verde, el perfil también está totalmente definido. Por favor, presta siempre atención a esto. Este perfil es ahora la mitad de la sección transversal del tornillo. Una vez terminado el boceto, podemos girar el perfil alrededor de un eje en modo 3D y crear así el cuerpo básico.

Para ello, nos aseguramos de que el croquis está seleccionado en el árbol de estructuras y, a continuación, hacemos clic en la función "Revolution".

El programa selecciona automáticamente el eje de rotación y crea para nosotros una vista previa del objeto 3D.

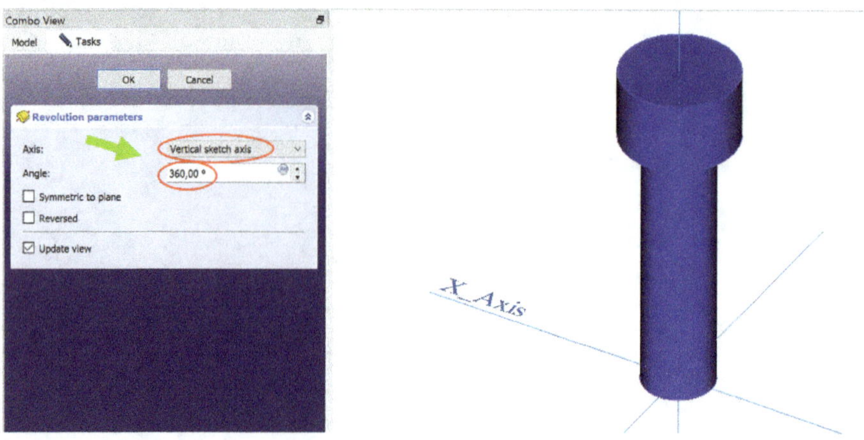


¡Tiene buena pinta! Podemos dejar "Vertical sketch axis" como eje de rotación. Alternativamente, también podríamos seleccionar el eje z.

Mientras tanto, se ha creado el cuerpo básico del tornillo. El hilo sigue desaparecido.

Antes de crear la rosca, primero añadimos filetes ("Fillet"). Redondeamos los bordes de la cabeza con 0,5 mm cada uno. Para ello, simplemente seleccionamos las superficies superior e inferior de la cabeza (mantén pulsada la tecla CTRL para una selección múltiple) y, a continuación, hacemos clic en la función "Fillet".

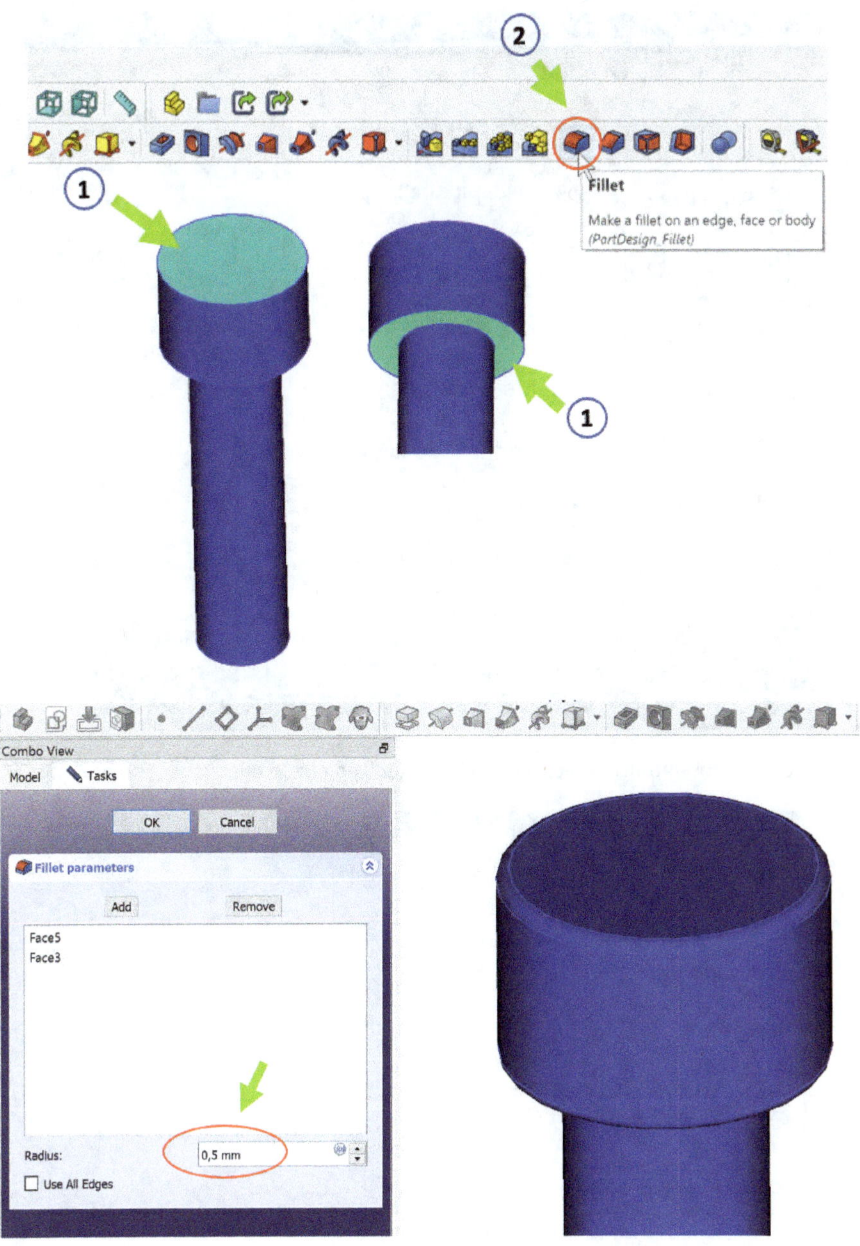


En el siguiente paso nos dedicamos al hilo. Para no tener que dibujar nosotros mismos el perfil del hilo, instalamos un complemento llamado "ThreadProfile". Para instalarlo, tenemos que hacer clic en "Addon Manager" en el menú "Tools". Podemos hacer clic para salir de la siguiente ventana con "OK".

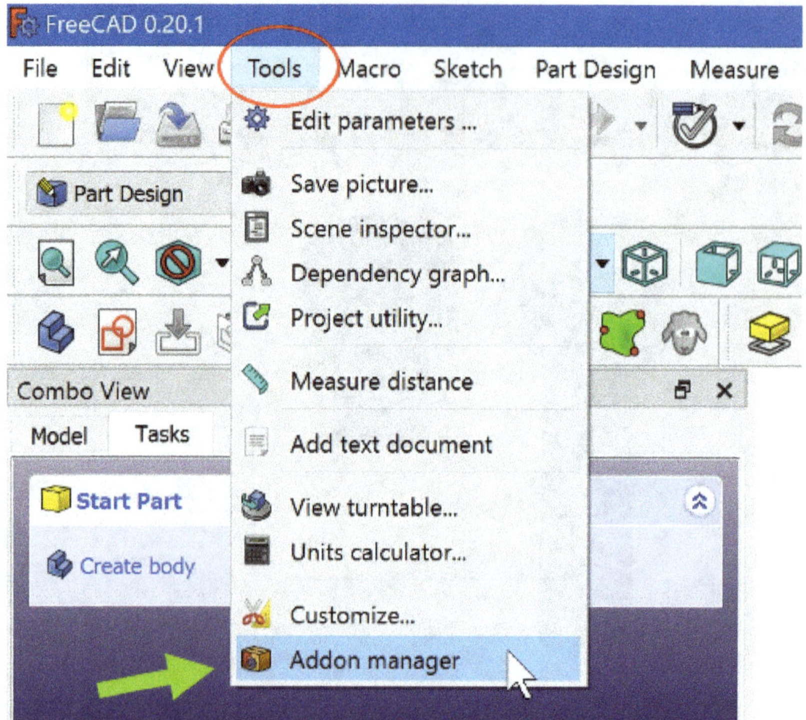

Nos encontramos entonces en el "Addon Manager", en el que buscamos "ThreadProfile".

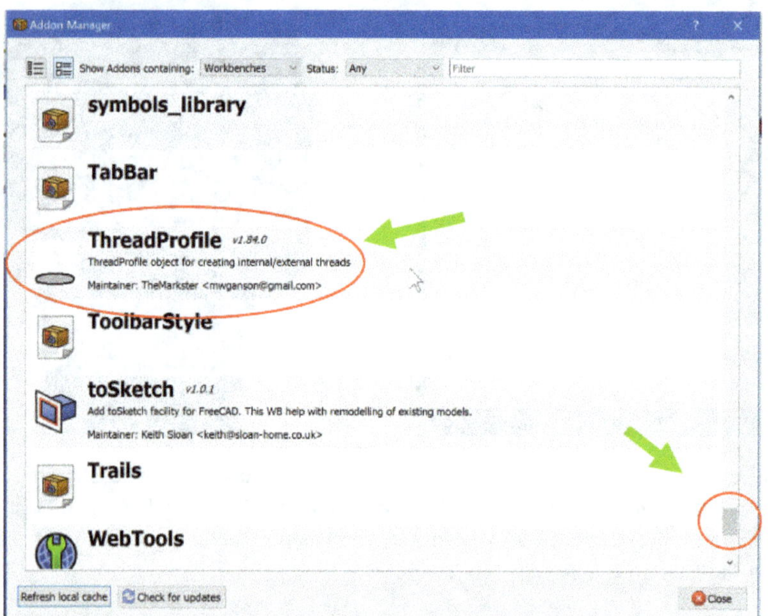

Después de hacer clic en el complemento, podemos instalarlo en la siguiente ventana haciendo clic en "Install".

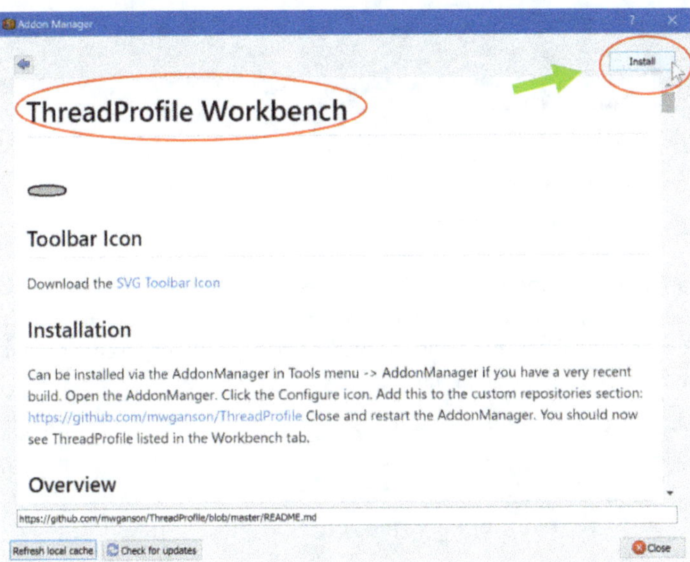

Después podemos volver a cerrar el "Addon Manager". Encontramos el complemento instalado en el menú desplegable de los espacios de trabajo. Seleccionamos "ThreadProfile".

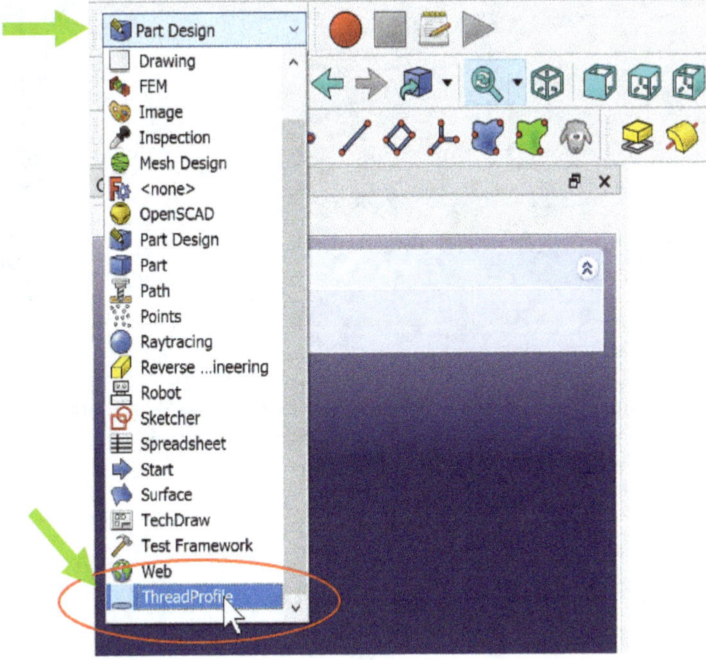

A continuación, las funciones del complemento aparecerán en la barra de herramientas. Para crear el hilo, primero seleccionamos el comando "Create V thread profile".

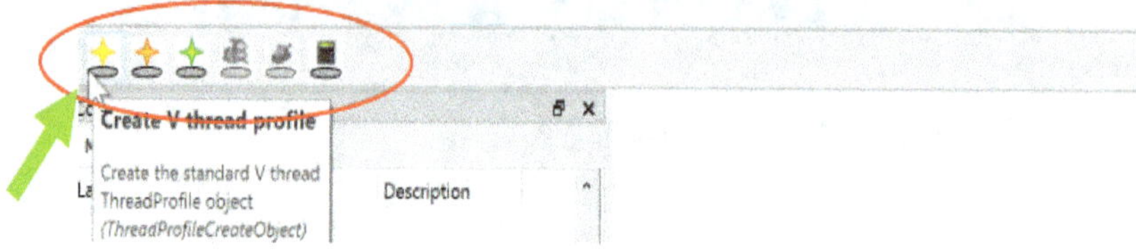

En la zona inferior de la vista combinada, aparecen las opciones de configuración. Aquí podemos seleccionar la rosca deseada, por ejemplo, una rosca M8 normal con un paso de 1,25 ("M8 coarse 1.25") en el ajuste "Presets". Asegúrate de <u>no</u> seleccionar un hilo fino (necesitamos "coarse" en lugar de "fine").

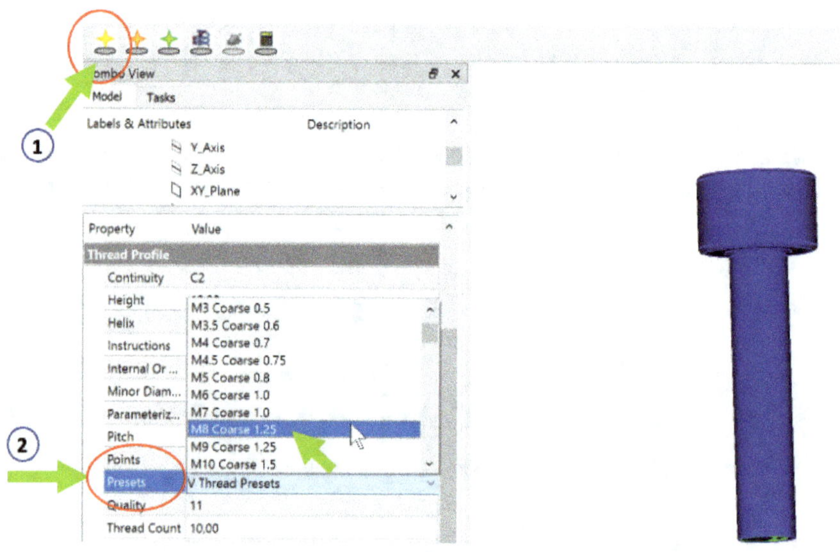

Este complemento ha añadido automáticamente todos los valores necesarios. El único valor que nos queda por cambiar es la longitud del hilo. Lo hacemos en el ajuste "Height". Necesitamos 30 mm.

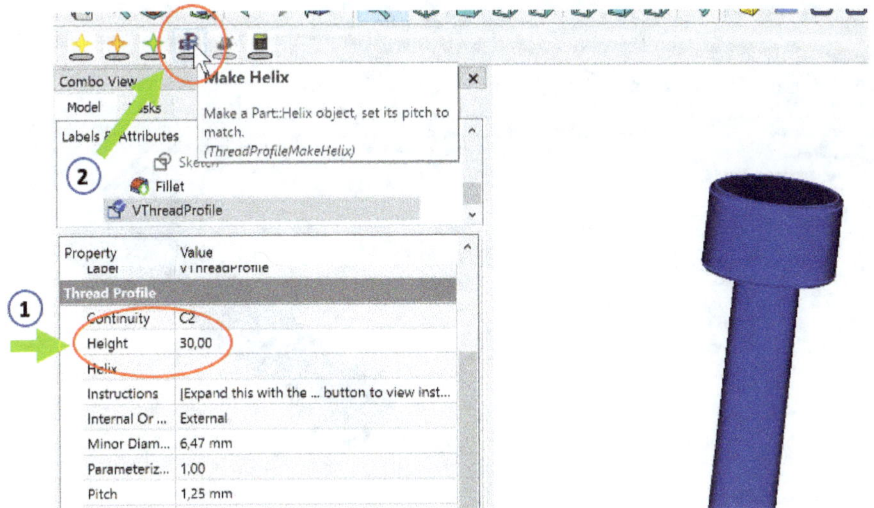

Ahora podemos crear el hilo haciendo clic en "Make Helix" para crear primero la trayectoria en espiral del hilo.

A continuación, seleccionamos el perfil "VThreadProfile" y la espiral "Helix" en el árbol de estructuras (tecla CTRL) y después hacemos clic en "Do Sweep".

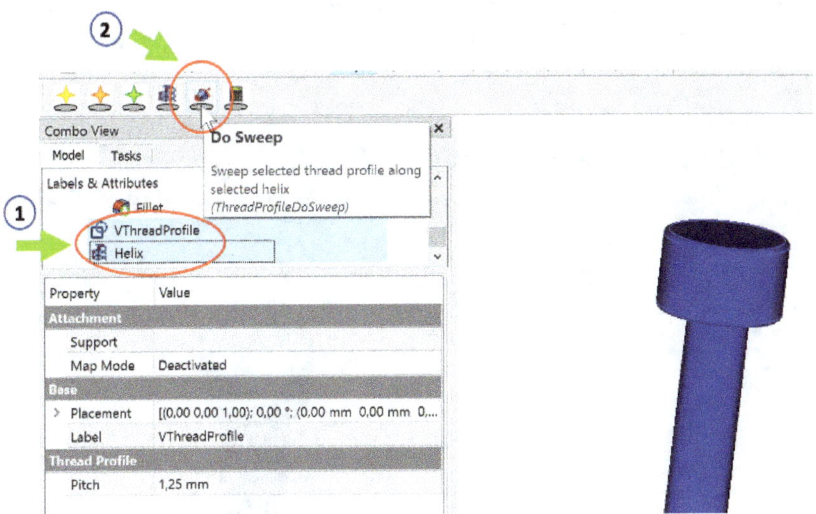

Luego pasa un rato y finalmente se crea el hilo. Perfecto.

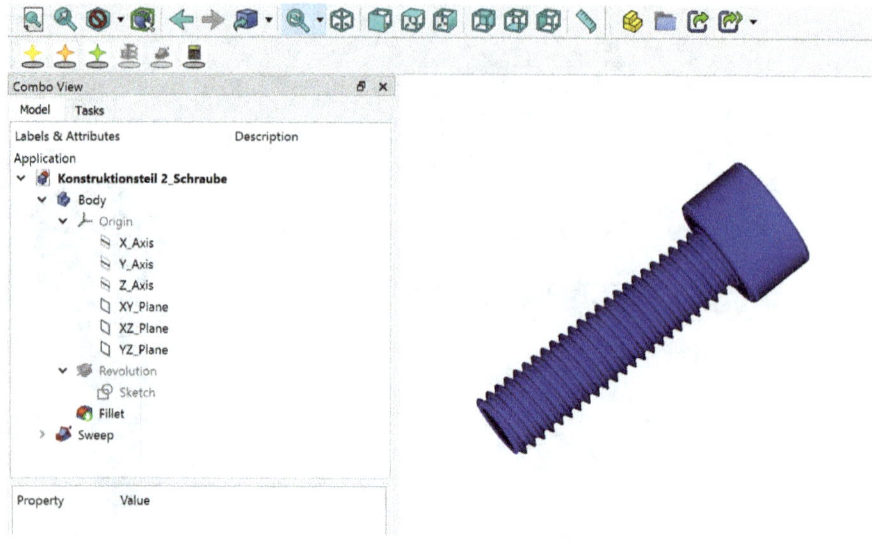

¡Ahora el tornillo está casi listo! Lo único que falta es el perfil hexagonal, que necesitamos para sujetar la herramienta. Para ello, primero tenemos que volver al espacio de trabajo "Part Design".

A continuación, creamos un agujero en la superficie superior de la cabeza del tornillo seleccionando la superficie superior y el comando "Hole". En este caso, no tenemos que hacer un croquis 2D porque el agujero debe estar exactamente en el centro. El programa puede hacerlo automáticamente.

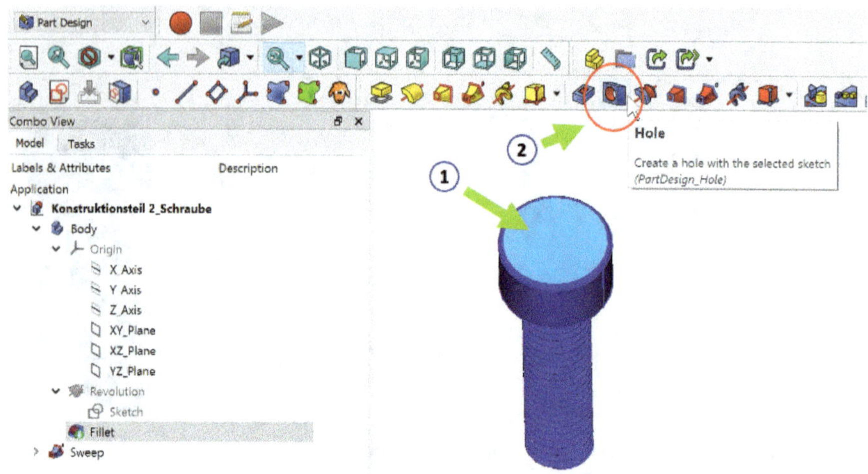


El agujero debe tener una profundidad de 4 mm y un diámetro de 6 mm. Una vez introducidos estos valores en los ajustes, confirmamos con "OK".

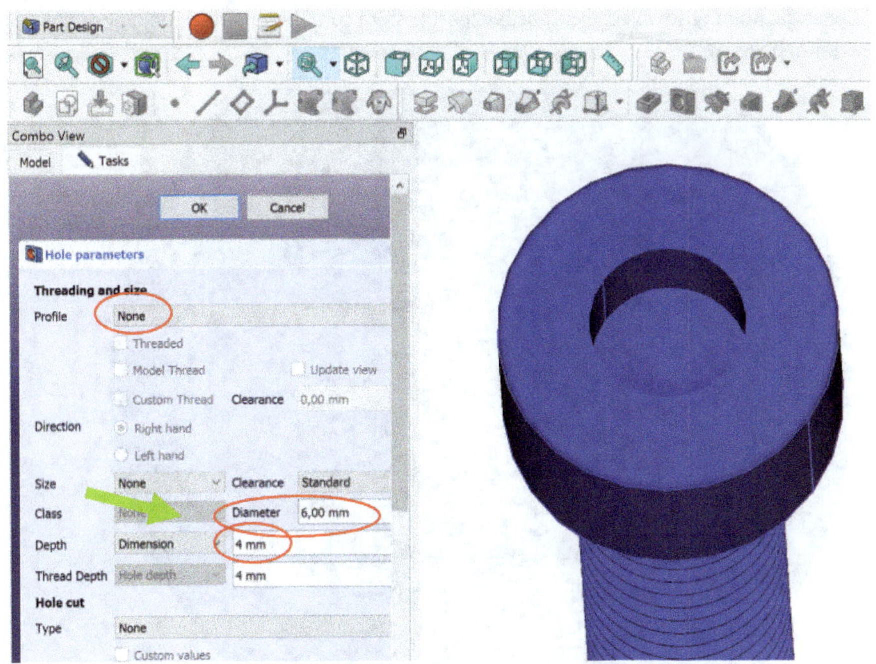

En el siguiente paso creamos el perfil de encaje hexagonal. Para ello, hacemos un croquis en la superficie superior de la cabeza del tornillo. Para el perfil dibujamos un polígono. Necesitamos seis lados porque queremos dibujar un hexágono.

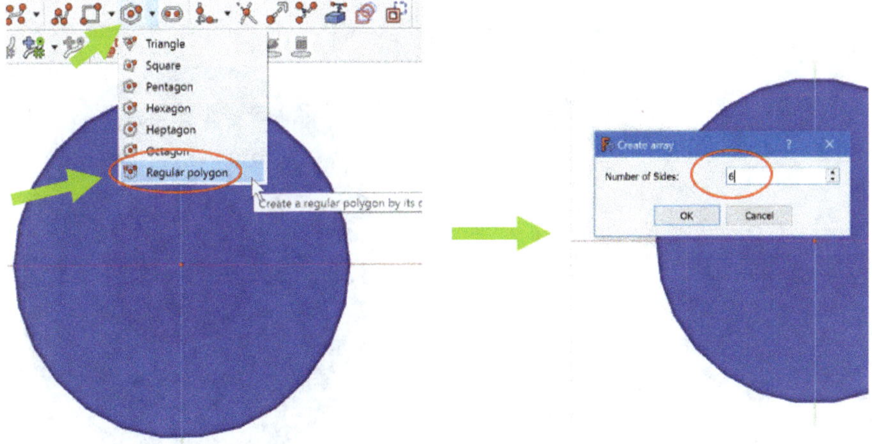

Fijamos el centro del polígono en el origen de coordenadas. Luego tenemos que hacer clic una vez más en el plano y se creará el polígono.

En el siguiente paso acotamos el círculo exterior del polígono con un diámetro de 6,93 mm y colocamos un punto de esquina del hexágono sobre el eje horizontal x con el comando

"Constrain point onto object". Entonces el perfil estará completamente definido y podremos cerrar el boceto.

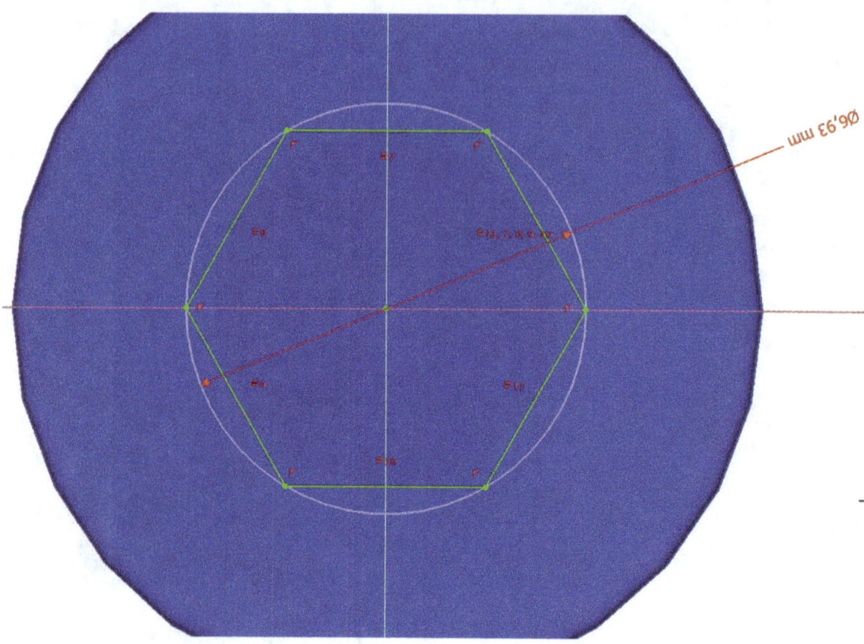


A continuación, seleccionamos la función "Pocket" del área de comandos sustractivos y creamos un recorte de 4 mm de longitud.

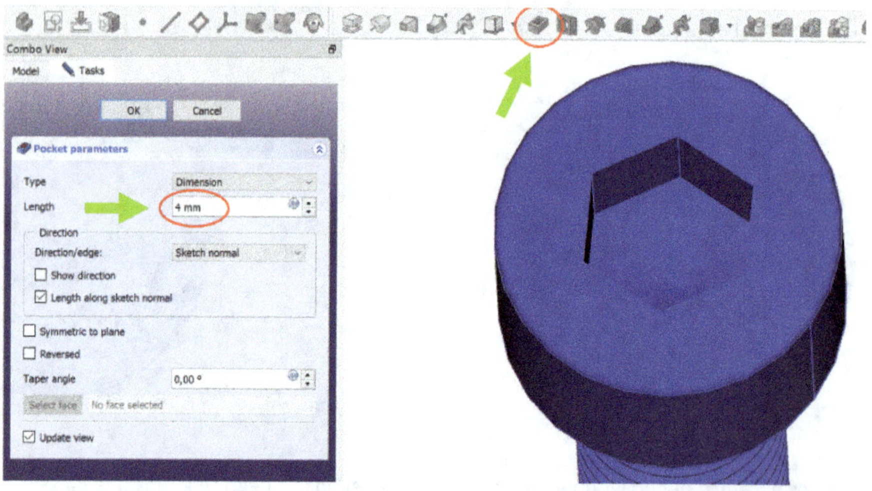


¡Perfectamente hecho! ¡Ahora el tornillo Allen está listo! **Por favor, asegúrate de guardarlo, ya que volveremos a necesitar la pieza más adelante.** Es estupendo que ya hayas llegado hasta aquí. Pasaremos directamente al siguiente proyecto.

# 4.3 Tercer proyecto: Taza con asa

En este capítulo queremos construir una taza que incluya el asa. Primero construiremos la forma básica, es decir, la taza sin el asa, y luego añadiremos el asa.

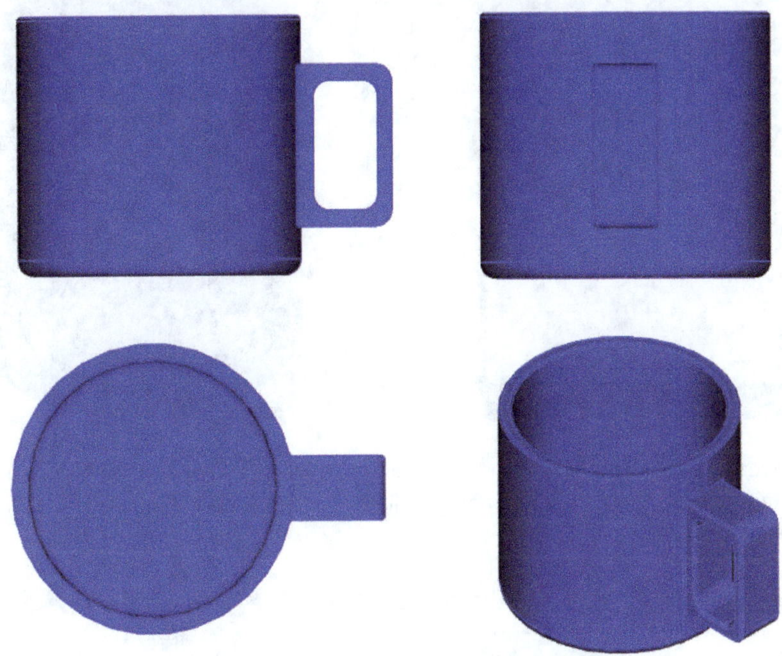

Primero iniciamos -en un documento nuevo- un croquis en el plano x-y y creamos un círculo. El diámetro del círculo puede ser, por ejemplo, de 90 mm, el centro debe estar en el origen del sistema de coordenadas para que el croquis quede totalmente definido.

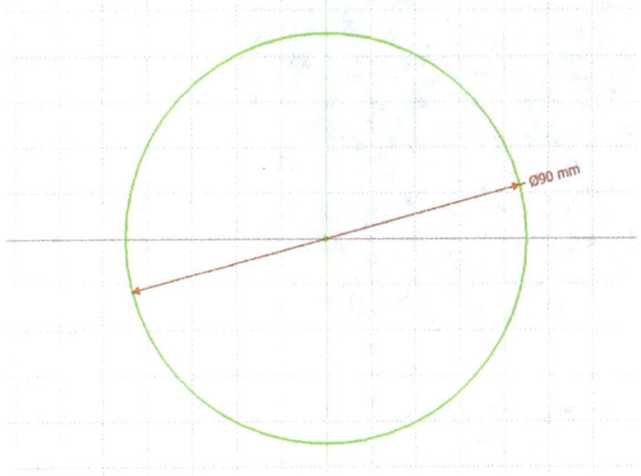

Después de cerrar el boceto, podemos crear un cilindro con una dimensión de 80 mm a partir del boceto utilizando la función "Pad".

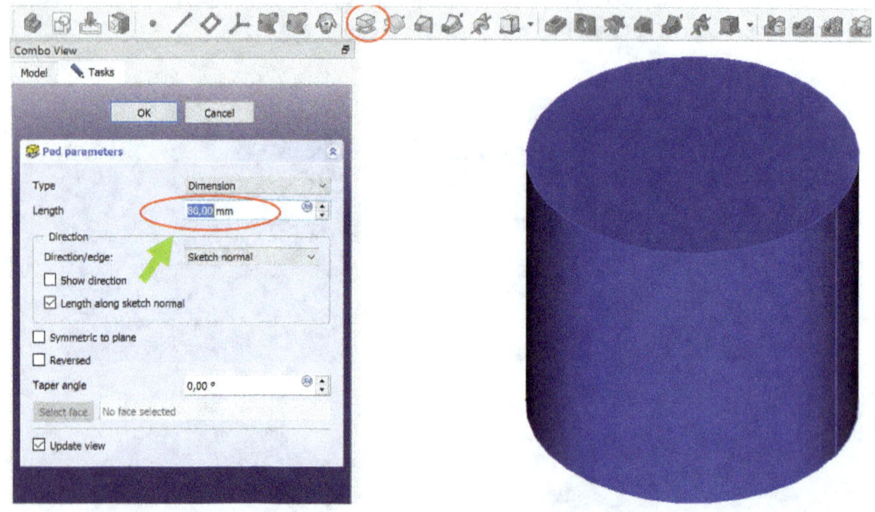

Para crear una copa a partir del cilindro, utilizamos la función "Thickness". Para ello, primero hacemos clic en la superficie superior del cilindro y después en la función de la barra de herramientas.

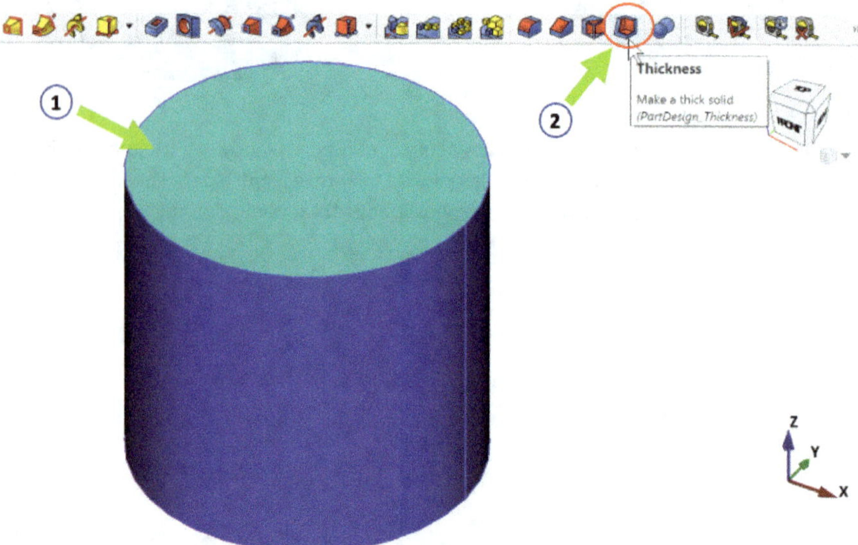


En los ajustes de la vista combinada determinamos el grosor de la pared, por ejemplo 5 mm. También cambiamos el ajuste "Join Type" por la opción "Intersection" y activamos la opción "Make thickness inwards" para que no se modifique el diámetro de nuestra copa. Si no activáramos esta opción, la pared se añadiría al exterior y la copa se haría más grande. Pero no queremos eso.

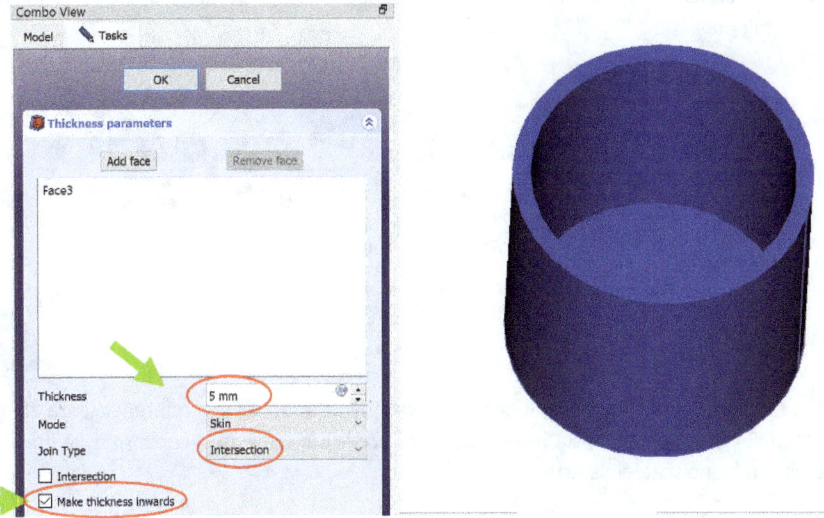

Por cierto, en el árbol de la estructura (vista combinada y pestaña "Model") podemos ver el progreso de la construcción con las características individuales. Como podemos ver aquí, hemos creado un boceto para el comando "Pad" y luego hemos aplicado el comando. Por tanto, el programa ha desplazado automáticamente el croquis al comando "Pad". A esto le sigue el comando "Thickness". Cuando seleccionamos una característica en el árbol de estructura, podemos editarla, renombrarla o eliminarla.

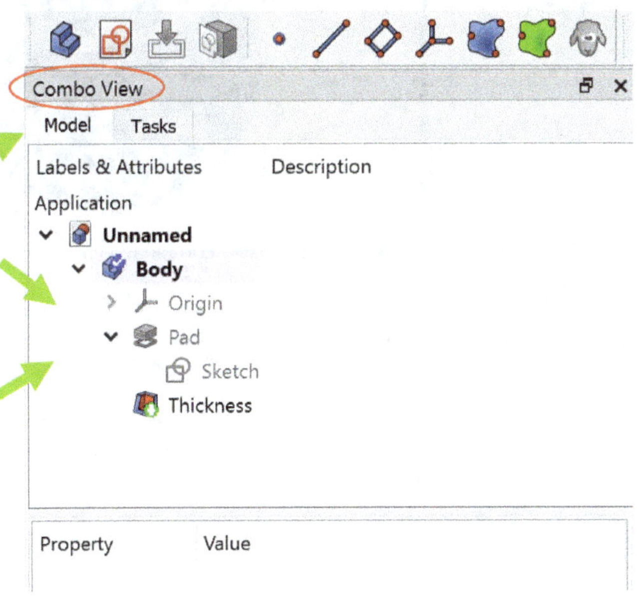

Ahora ya tenemos la forma básica de la taza. Para el asa necesitamos primero un plano paralelo al borde de la taza, de modo que el asa quede un poco más bajo que el borde de la taza. Creamos un nuevo plano con el comando "Create Datum Plane" de la barra de herramientas.

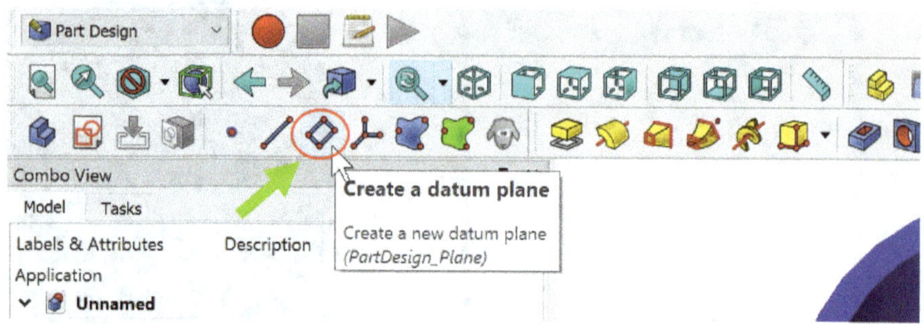

Hacemos clic en el comando y luego tenemos que seleccionar una referencia para el nuevo plano. En nuestro caso, esta referencia es el borde superior de la copa, porque queremos crear un plano paralelo a esta superficie.

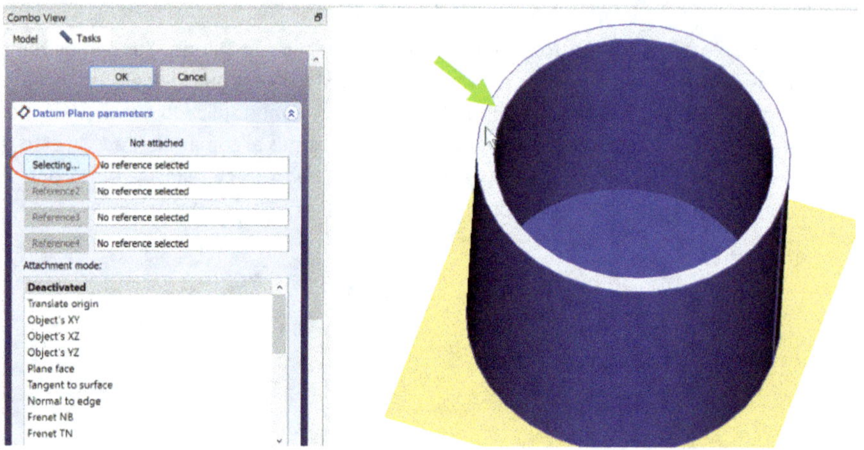

En la zona inferior de los ajustes de la vista combinada podemos introducir el desplazamiento deseado.

Necesitamos -15 mm en la dirección z porque queremos crear el plano 15 mm por debajo del borde del vaso.

Para ello tenemos que movernos en la dirección negativa del eje z, de ahí el signo menos. A continuación, confirmamos con "OK" y encontramos el plano paralelo en el árbol estructural.

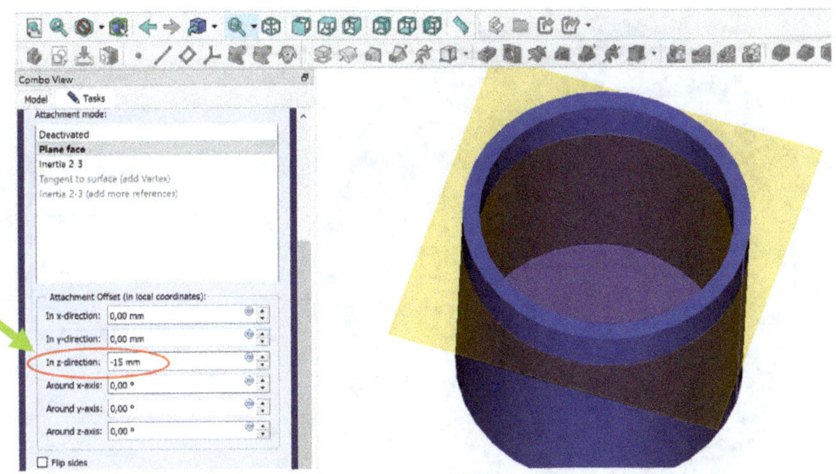

A continuación, crea un boceto en esta capa seleccionando la capa en el árbol de estructura y haciendo clic en el comando "Create Sketch" como de costumbre.

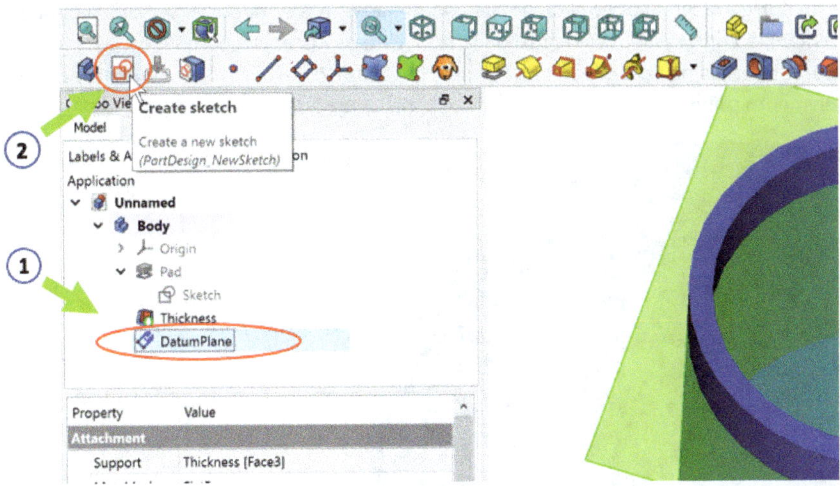

En esta capa dibujamos ahora el boceto de nuestro asa. Para ello necesitamos un rectángulo, que dibujamos a la derecha de la taza.

El rectángulo debe tener unas dimensiones de 20 mm x 30 mm y estar centrado en el eje x, por lo que acotamos una de las esquinas superior o inferior del rectángulo con 10 mm respecto al origen de coordenadas.

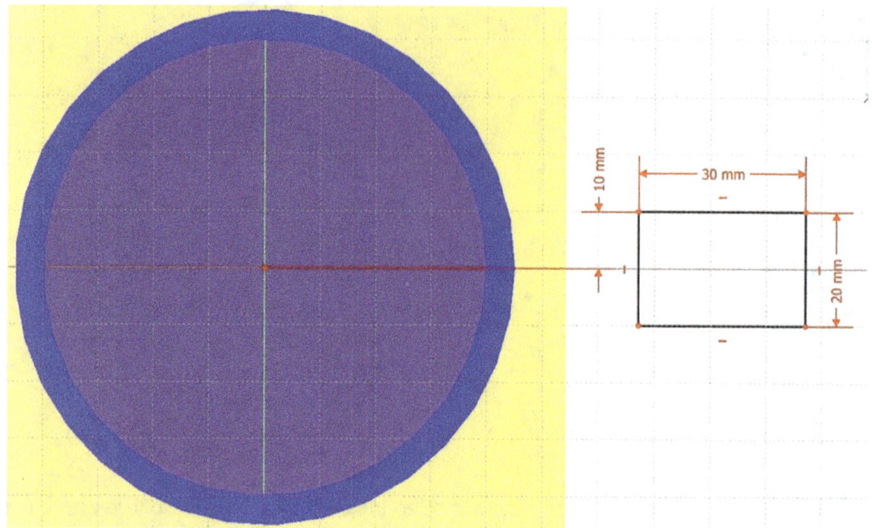

Para la correcta colocación del asa en la dirección x, añadimos finalmente una cota de 43,5 mm entre el rectángulo y el origen de coordenadas. Necesitamos esta medida para que el rectángulo quede un poco dentro de la taza. Esto es necesario porque, de lo contrario, los bordes del asa no se fundirán con el borde de la taza. En este caso, el elemento se añade al elemento cilíndrico básico, es decir, la copa, de forma aditiva.

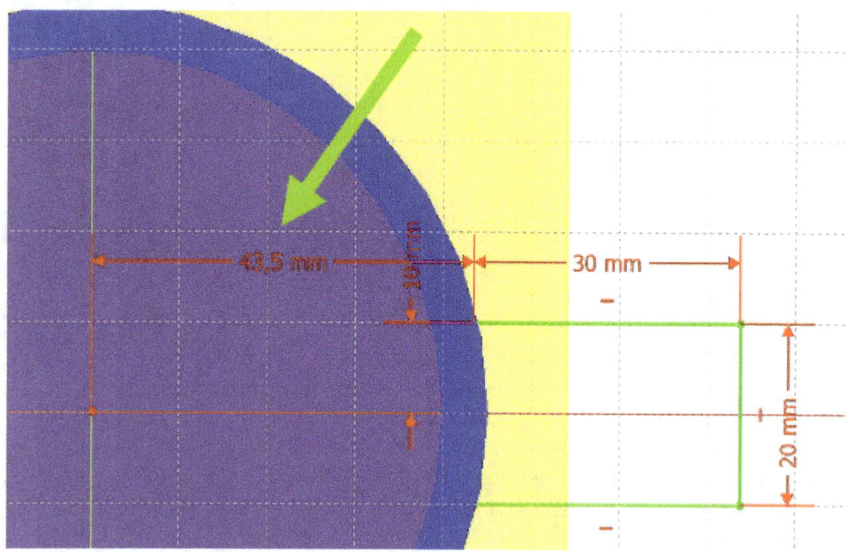

Ahora podemos cerrar el boceto y luego extruir el asa utilizando la función "Pad". Es importante que activemos la opción "Reversed" en los ajustes para que el asa se extruya hacia abajo (dirección negativa del eje z). La dimensión puede ser, por ejemplo, 50 mm.

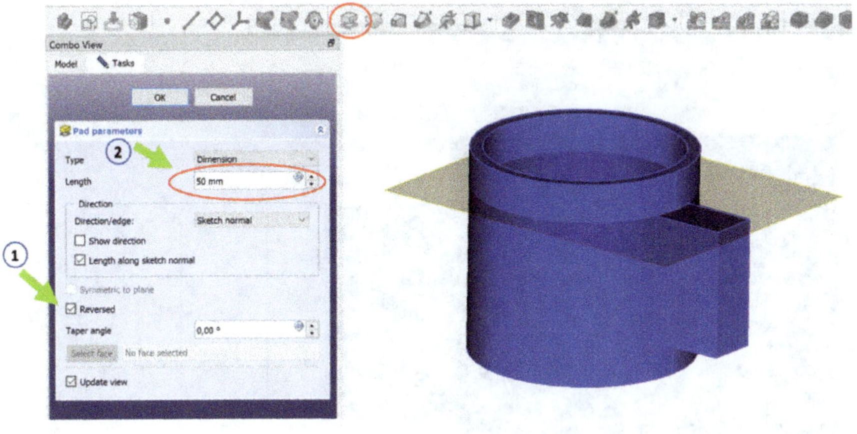

Ahora necesitamos otro agujero para el asa. Para ello, iniciamos un nuevo croquis en la superficie frontal del asa. Haz clic en la superficie y selecciona el comando "Create sketch".

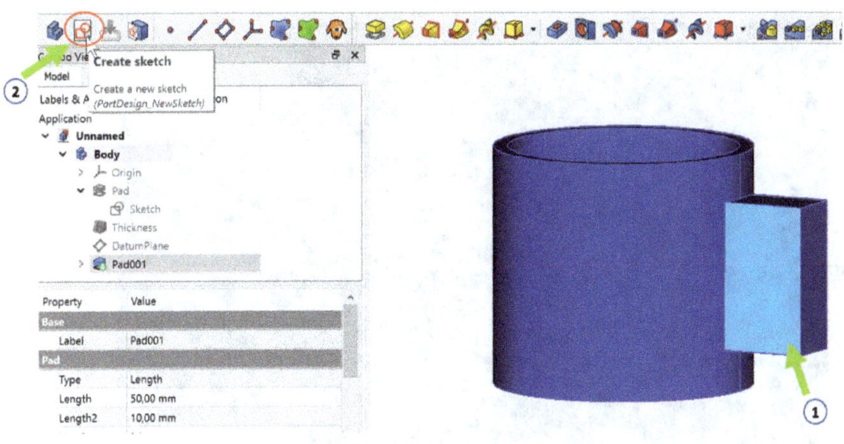

Dibuja un rectángulo de 20 mm de ancho y 40 mm de alto desde un punto central aquí a la derecha del asa ("Centered Rectangle") y añade una cota de 40 mm desde el centro del rectángulo al origen de coordenadas para definir la posición vertical del rectángulo.

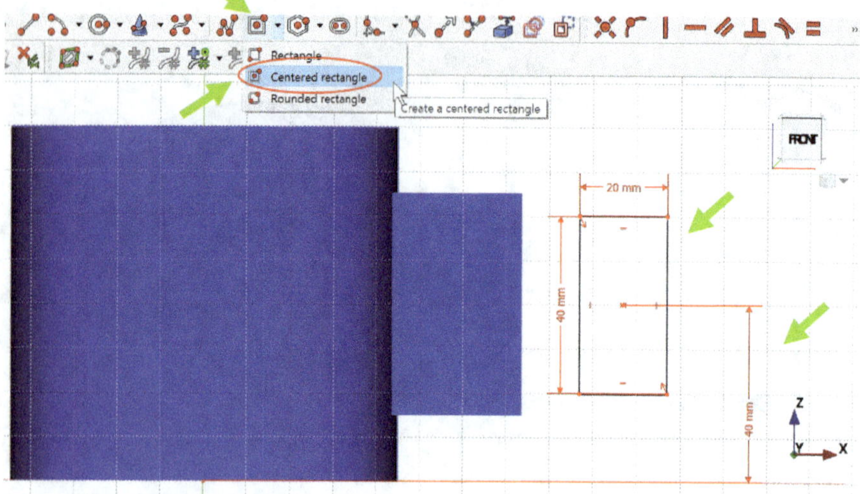

A continuación, añadimos una cota de 59 mm en dirección horizontal para obtener la posición correcta del rectángulo en dirección x.

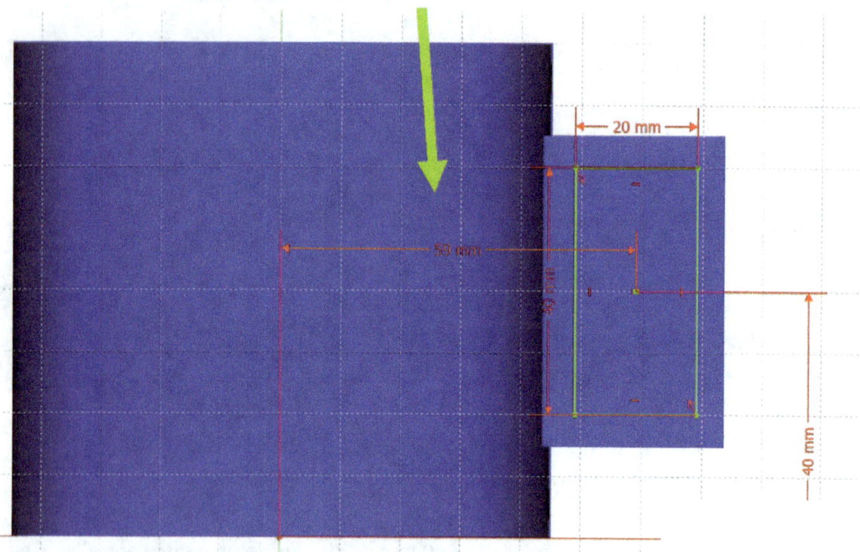

Por cierto: si alguna vez no sabes por qué un esbozo aún no está completamente definido (color verde), también puedes simplemente tirar una vez de la geometría esbozada para ver en qué dirección son aún posibles los movimientos.

A continuación, podemos cerrar el boceto. Luego podemos hacer una sección en modo 3D utilizando la función "Pocket". Para una sección que atraviese completamente el material, seleccionamos la opción "Through all" en la vista de combinación en el ajuste "Type".

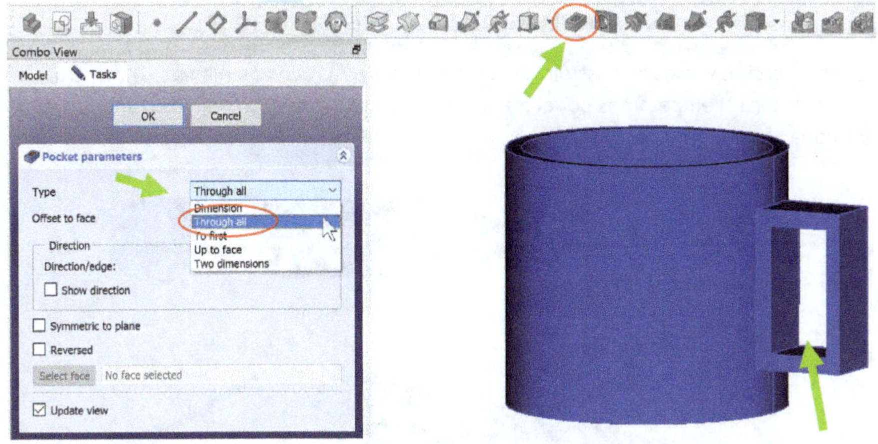

Por último, redondeamos algunos bordes del asa y de la taza. Puedes intentarlo según tus propias ideas. Básicamente, sólo sirve para el diseño y es cuestión de gustos. También puedes seleccionar una superficie en lugar de aristas individuales, el programa tendrá en cuenta todas las aristas de esta superficie.

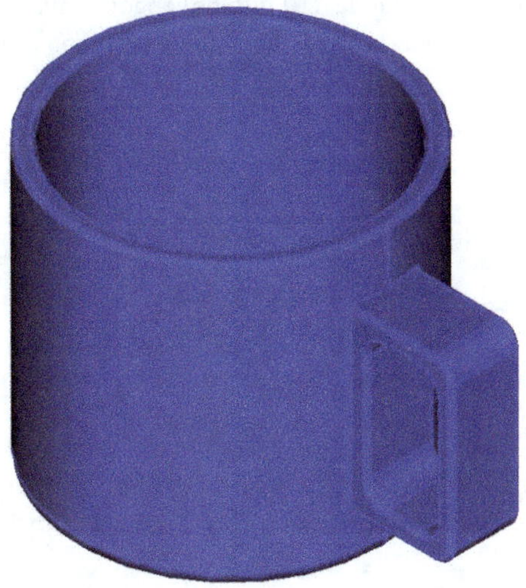

Como proyecto final de diseño, construiremos un destornillador. A continuación, trataremos otras áreas de trabajo y funciones del software "FreeCAD". Entre otras cosas, aprenderemos a ensamblar virtualmente modelos 3D individuales en un conjunto y a crear dibujos técnicos. Sigue con ello y, por favor, continúa, ¡merecerá la pena!

# 4.4 Cuarto proyecto: Destornillador

En esta sección vamos a construir un destornillador ranurado con mango. La construcción será más fácil si empezamos por el mango del destornillador y lo creamos como una pieza giratoria.

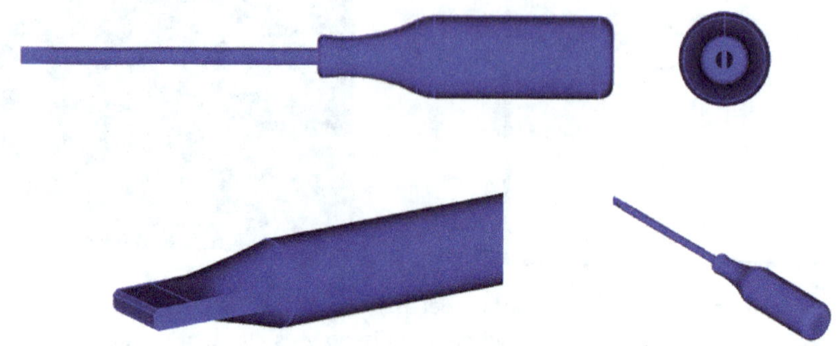

Como con cualquier modelo 3D, primero creamos de nuevo un boceto 2D, por ejemplo en el plano x-z y dibujamos la mitad de la sección transversal del asa. Para ello necesitamos, por ejemplo, una línea horizontal de 110 mm de longitud, que acotamos con 55 mm de distancia entre un punto final de la línea y el origen de coordenadas.

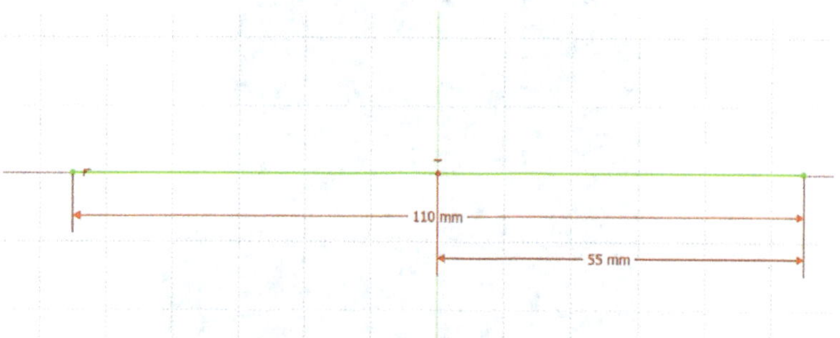

También trazamos una línea vertical de 15 mm de longitud y una línea horizontal de 70 mm de longitud. Estas líneas representan la primera parte del mango del destornillador.

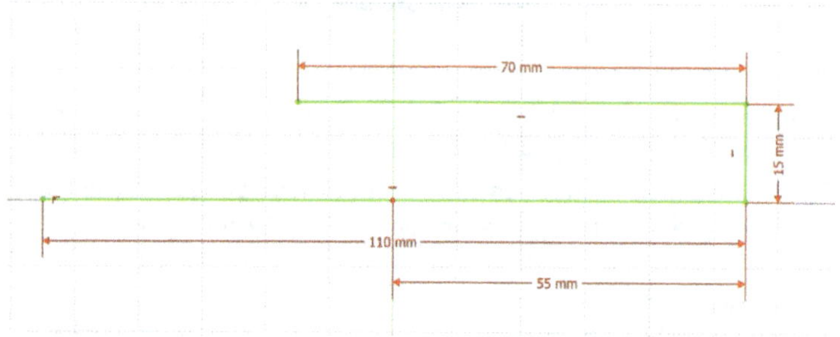

Para la segunda parte del asa necesitamos una línea vertical de 8 mm de longitud y un arco de 3 puntos que conecte el perfil anterior. Para el arco, lo mejor es seleccionar el comando "End points and rim point". A continuación, haz clic primero en el punto final de la línea vertical, luego en el punto final de la línea horizontal y, por último, de nuevo en el área de dibujo intermedia. Después añade el diámetro. El arco debe tener un diámetro de, por ejemplo, 120 mm.

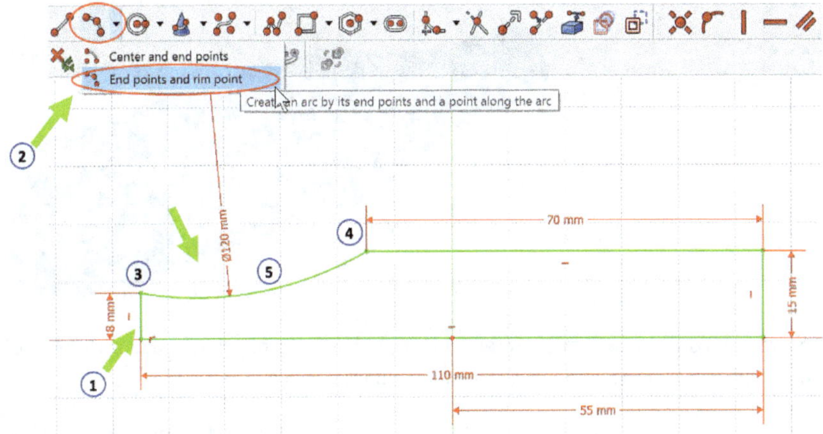

Ahora el perfil para la rotación está listo. El perfil representa la mitad de la sección transversal del mango. No dibujaremos la cuchilla ni la punta de la cuchilla o broca en este esquema 2D. Si lo deseas, también puedes añadir la punta de la cuchilla (la mitad de la sección transversal) a este boceto, pero la añadiremos enseguida como una extrusión. Por tanto, podemos cerrar el boceto.

Utilizando la función "Revolute" podemos crear el perfil con una rotación de 360 grados alrededor del eje x.

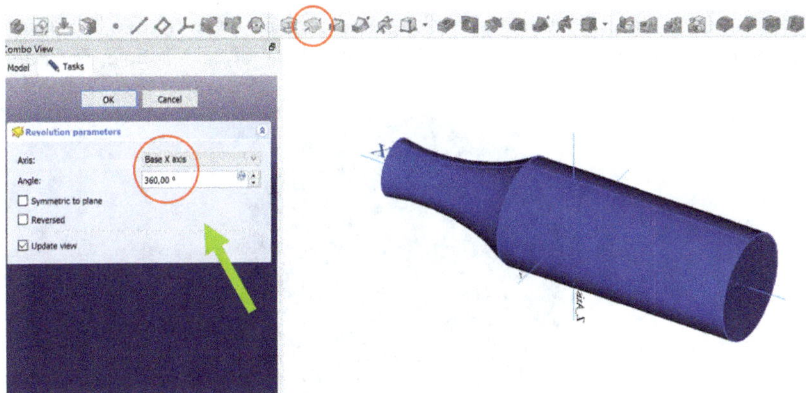

Si aparece un error, debes seleccionar la opción "Base X axis" en la vista combinada en el ajuste "Axis".

Para afinar aún más el modelo del asa, podemos hacer filetes utilizando el comando "Fillet". Por ejemplo, podríamos elegir un radio de 5 mm para el borde exterior trasero del mango del destornillador y de 15 mm o 2 mm para las transiciones en la zona delantera. Utiliza el comando aquí para cada arista, es decir, tres veces en total.

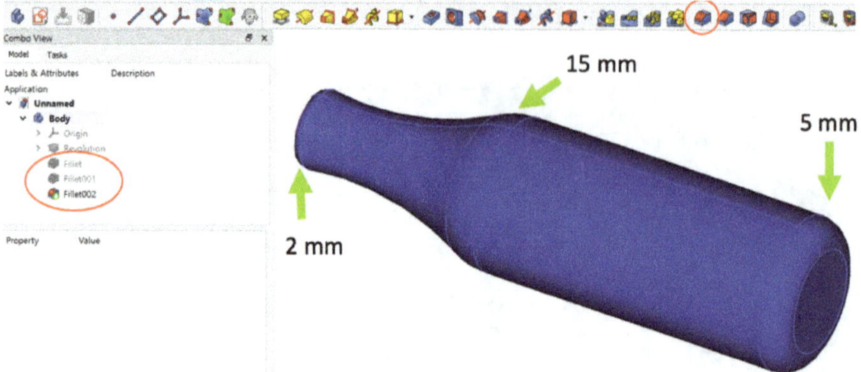


Como ya hemos dicho, ahora añadiremos la hoja del destornillador, la esbozaremos sobre la superficie frontal del mango. Haremos un esquema para ello.

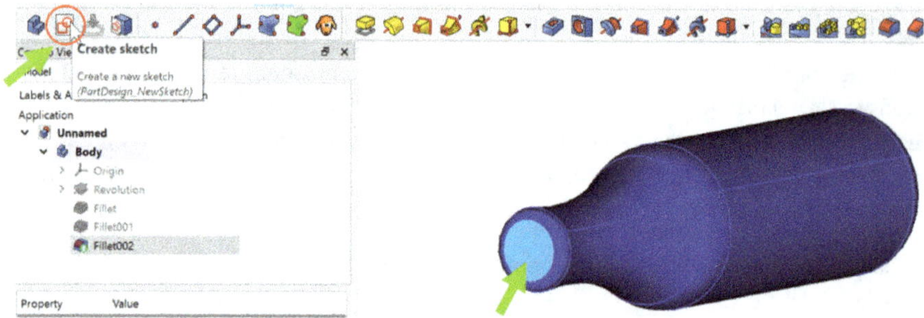


Para la extrusión lineal posterior ahora sólo necesitamos un círculo cuyo centro sea congruente con el origen de coordenadas. El diámetro debe ser, por ejemplo, de 6 mm.

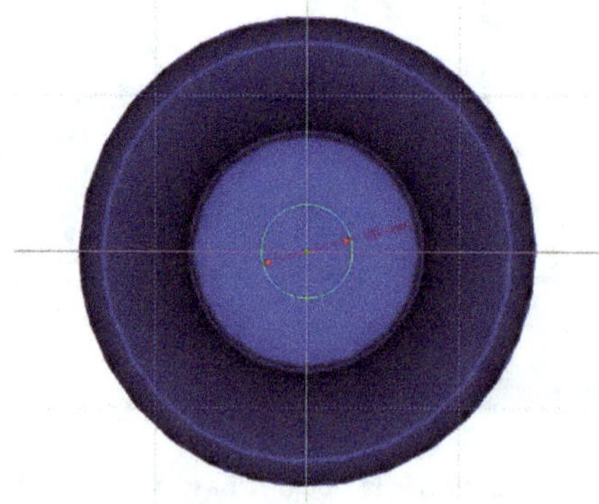

Luego extruimos el perfil 100 mm (comando "Pad") y obtenemos así la hoja del destornillador.

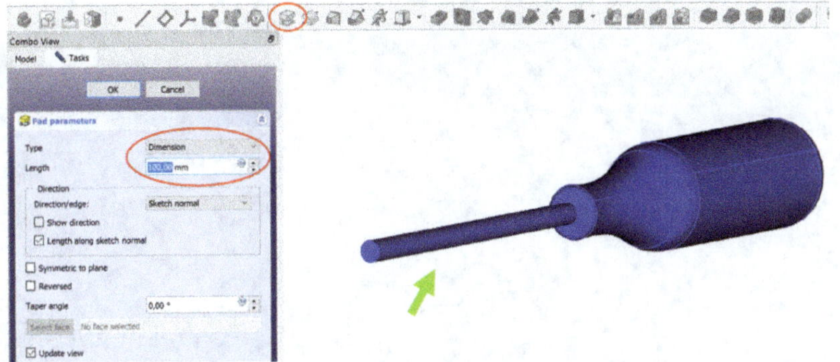

Ahora sigue faltando la broca o la punta de la cuchilla en la zona delantera. Queremos construir un destornillador ranurado, así que utilizaremos el comando "Additive Loft" para crear la broca. ¿Qué necesitamos para ello? Exacto, un plano paralelo y un croquis. Primero creamos el plano que ha de ser paralelo a la cara de la broca utilizando el comando "Create a datum plane".

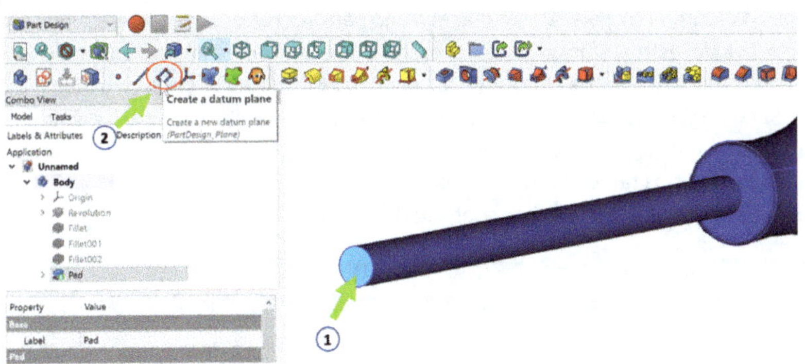

Necesitamos una distancia de 8 mm en la dirección z.

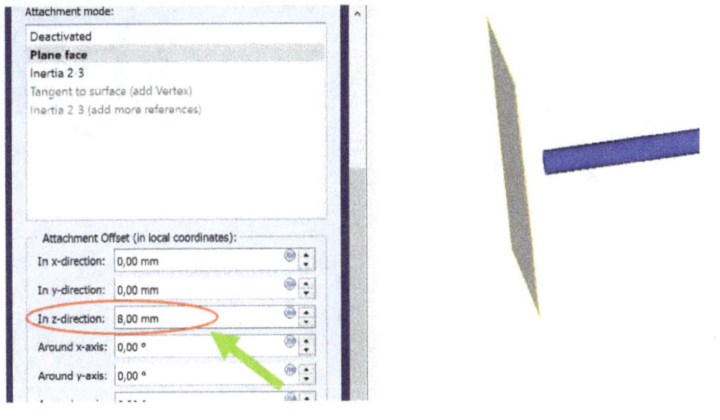

Sobre este plano podemos dibujar ahora el perfil rectangular de la broca. Para ello utilizamos un rectángulo cuyo centro se encuentra en el origen de coordenadas. También dimensionamos el rectángulo con una longitud de 5,8 mm y una anchura de 1,5 mm.

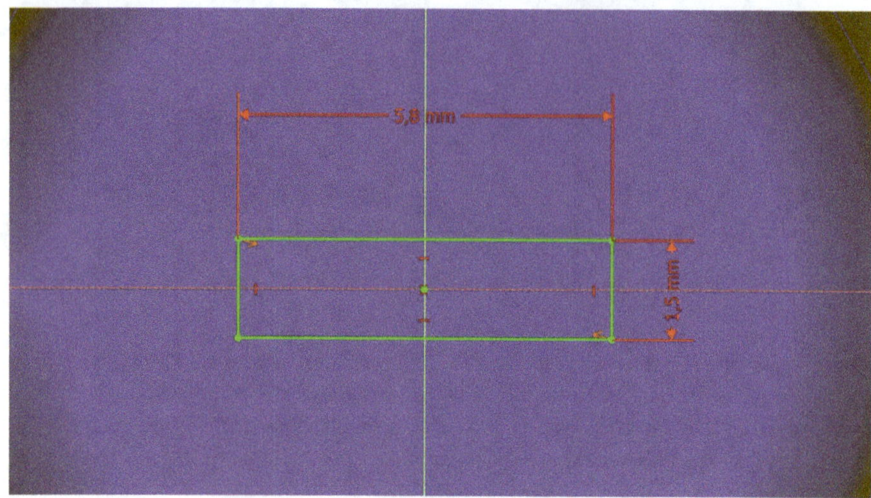


Después de cerrar el croquis 2D y ocultar el plano para ver mejor el perfil (selecciona el plano en el árbol de estructuras y pulsa la barra espaciadora), podemos conectar el perfil croquizado con la geometría circular de la hoja del destornillador con el comando "Additive Loft". Para ello, seleccionamos el esquema en el árbol de estructura y, a continuación, hacemos clic en la superficie de la hoja del destornillador mientras mantenemos pulsada la tecla CTRL. Mientras tanto, podemos seleccionar el comando "Additive Loft" y el programa genera la vista previa 3D. Podemos confirmarlo con "OK".

Esto nos proporciona una transición agradable entre la cuchilla y la broca.

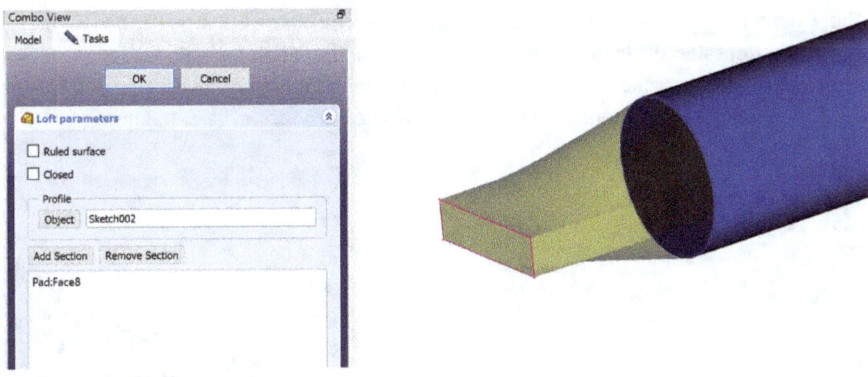

Como la forma rectangular de la broca es ahora un poco demasiado pequeña por delante para poder atornillarla, ahora tenemos que alargarla un poco. Ni siquiera tenemos que crear un boceto para ello, sino que basta con hacer clic en la superficie y el comando "Pad". Entonces el programa sabe automáticamente que queremos utilizar la geometría del boceto de esta superficie para la extrusión. Sólo cambiamos la longitud de la extrusión a 3 mm.

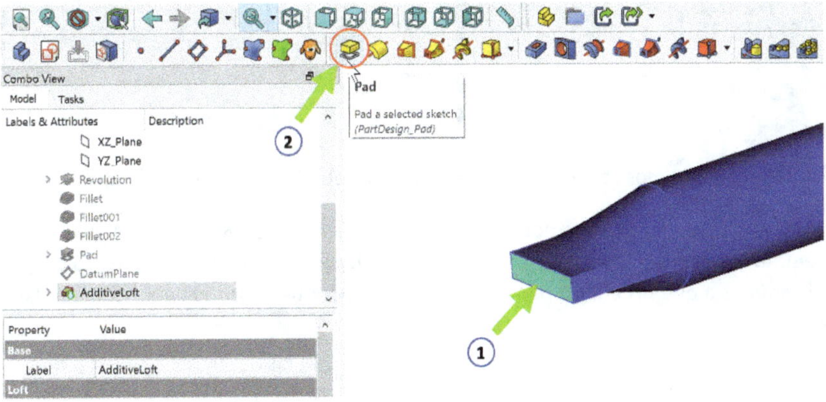

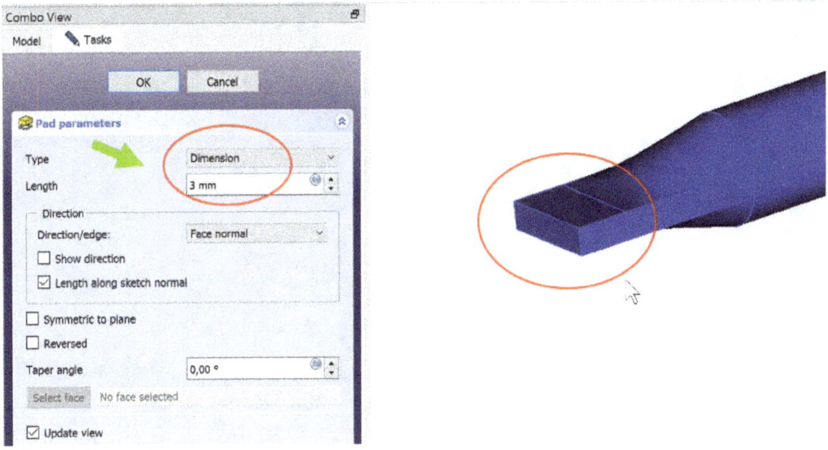

Ahora tiene mejor aspecto. Por último, añadimos un chaflán de 0,3 mm a cada una de las aristas horizontales de la broca mediante el comando "Chamfer". Puede aparecer un mensaje de error porque el chaflán de 1 mm preseleccionado no sería posible. Puedes simplemente eliminar el mensaje de error después de introducir el valor 0,3 mm.

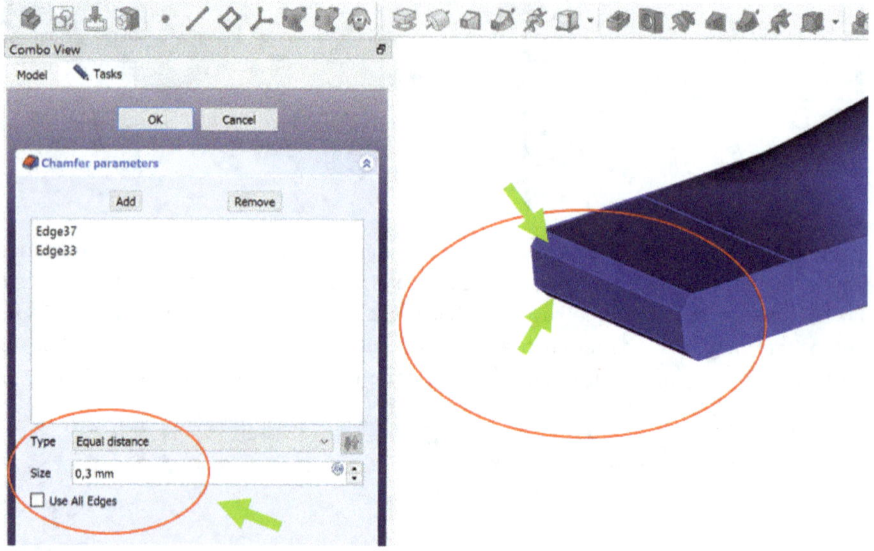


Perfecto. Ahora hemos construido unos estupendos objetos 3D. No era tan difícil, ¿verdad?

En los capítulos siguientes nos ocuparemos del montaje de piezas individuales en "FreeCAD", así como de la creación de dibujos técnicos. ¡Pronto lo habremos conseguido! Te invitamos a que pruebes a hacer algunas construcciones por tu cuenta con antelación, para practicar.

# 5 Espacios de trabajo adicionales en "FreeCAD"

## 5.1 El espacio de trabajo "Assembly (A2 Plus)"

La mayoría de los programas de CAD tienen un espacio de trabajo en el que puedes ensamblar piezas individuales en un conjunto. Lo mismo ocurre en "FreeCAD". Imagina, por ejemplo, que vas a comprar un mueble. Consta de muchas piezas individuales, como tablas de madera y tornillos, y normalmente hay que montarlo cuando te lo entregan. También diseñarías las tablas de madera individuales y los tornillos en CAD como piezas separadas y luego las ensamblarías, virtualmente, por así decirlo. Esto funciona de forma esquemáticamente similar al mundo real. Veremos el procedimiento en este capítulo.

¿Por qué tomarse tantas molestias? El montaje virtual desempeña un papel importante en el diseño de piezas. Ayuda a comprobar si las piezas individuales diseñadas pueden ensamblarse en un conjunto sin problemas ni colisiones.

**Instalación:**

El espacio de trabajo "Assembly2Plus (A2plus)" no se instala por defecto al instalar el programa. Por lo tanto, tenemos que añadir este espacio de trabajo en "FreeCAD" primero en "Addon Manager" (pestaña "Tools"). Ya lo habíamos utilizado antes. Busca "A2plus", haz clic en él y después en el botón "Install". Después tenemos que asegurarnos de reiniciar "FreeCAD".

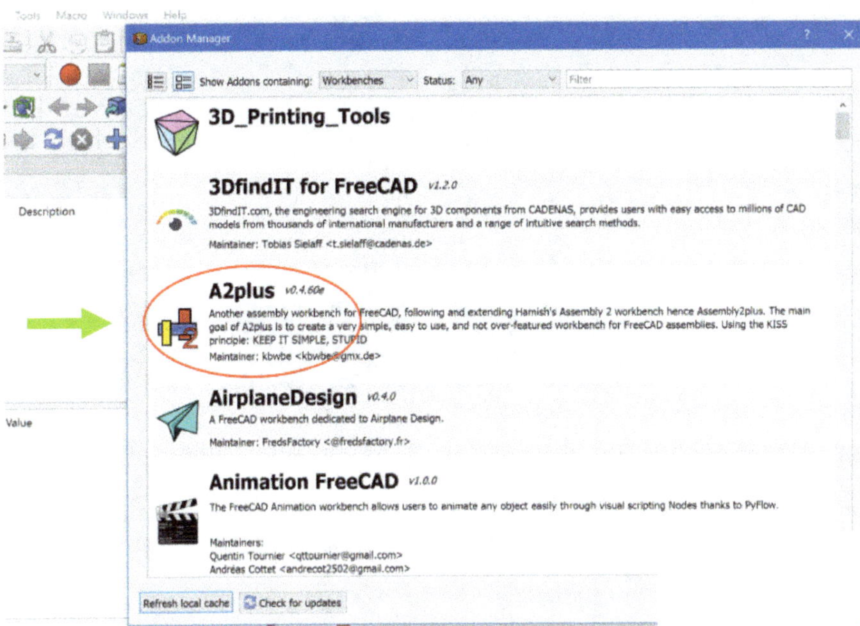

A continuación, encontramos el "A2plus Workbench" en el menú desplegable de los espacios de trabajo.

Para aprender a montar componentes individuales, nos gustaría utilizar nuestro primer proyecto de construcción (componente de fijación) y nuestro segundo proyecto (tornillo). También crearemos una placa base sobre la que montaremos los componentes y un eje que queremos insertar entre dos componentes de montaje. Este es el aspecto que tendrá al final.

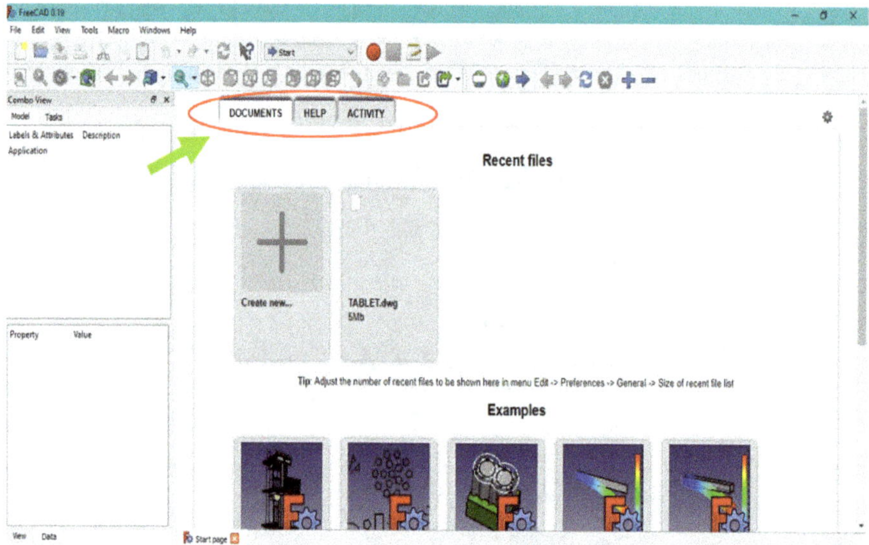


Para ello, primero tenemos que construir dos nuevas piezas. Construye por tu cuenta una placa de montaje rectangular compuesta por un boceto rectangular (longitud: 200 mm y anchura: 120 mm), filetes en los bordes (por ejemplo, 10 mm en los cuatro bordes verticales y 2 mm en los demás bordes) y 4 orificios. Para los agujeros, puedes hacer primero el siguiente esquema.

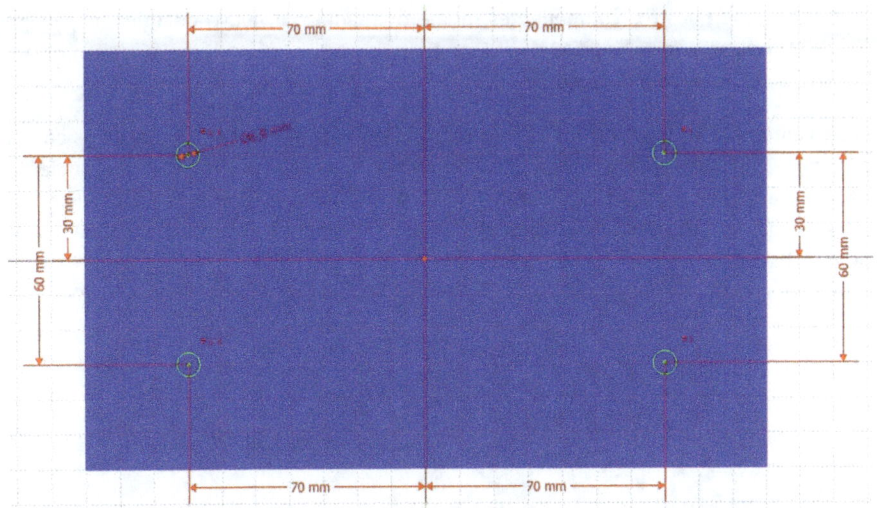

A continuación, utiliza el comando "Hole" y selecciona un taladro roscado M8 de 20 mm de profundidad. Importante: <u>No</u> activamos aquí la opción "Model Thread" porque si no tendríamos problemas durante el montaje.

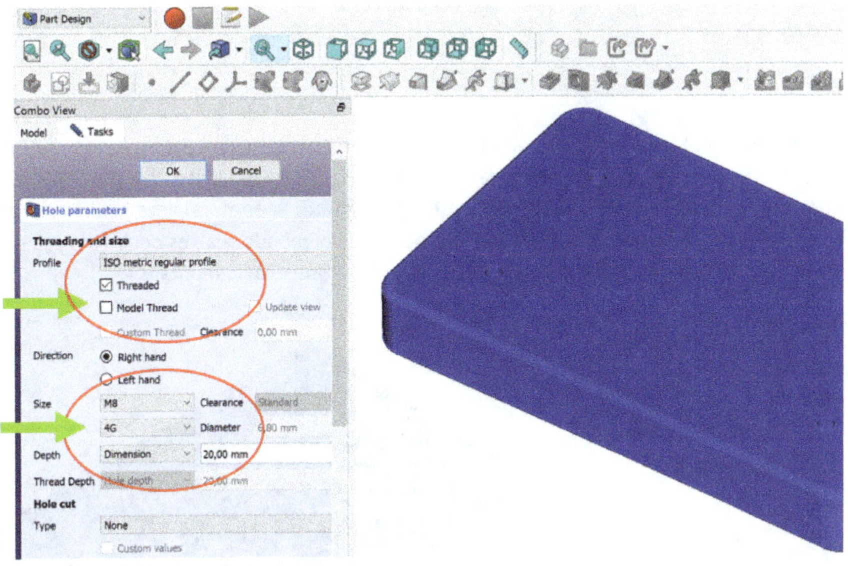

También necesitamos un eje, que no es más que un elemento cilíndrico de 14,5 mm de diámetro y 180 mm de longitud. Seguro que ya puedes construirlo de forma independiente. Después de haber guardado ambas piezas, podemos empezar con el espacio de trabajo "A2plus" y el montaje.

Para ensamblar nuestros componentes, primero creamos un nuevo documento y luego pasamos al espacio de trabajo "A2plus". Este documento se convierte en nuestra asamblea. Primero guardamos este documento.

El siguiente paso es importar nuestras piezas individuales al montaje. Lo hacemos con el comando "Add a part from an external file", que encontramos en la parte superior izquierda de la barra de menú. Hacemos clic en ella, navegamos hasta el directorio en el que están almacenadas nuestras piezas individuales y seleccionamos la placa de montaje como primera pieza.

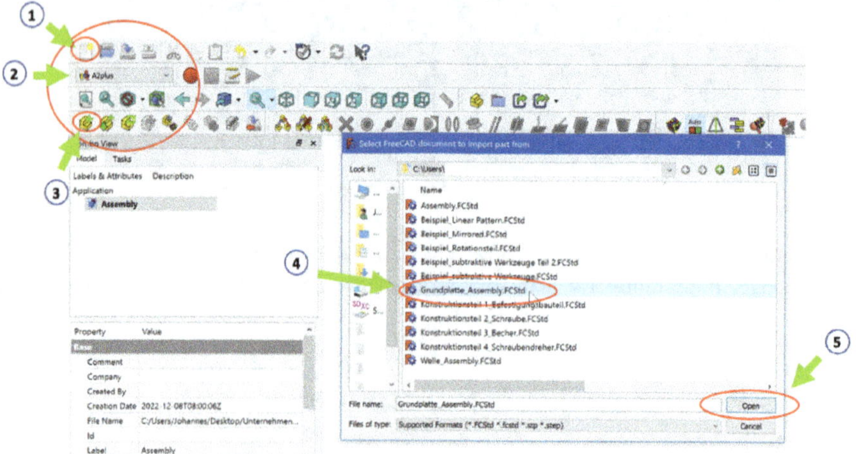

La primera pieza que se inserta en un montaje siempre es fijada automáticamente en el espacio tridimensional por el programa; todas las piezas siguientes se pueden mover libremente y deben montarse virtualmente. Por lo tanto, la primera pieza seleccionada es siempre la pieza que también sería la pieza básica en el mundo real, es decir, la pieza en la que se basa todo el montaje o con la que comienza el proceso de montaje.

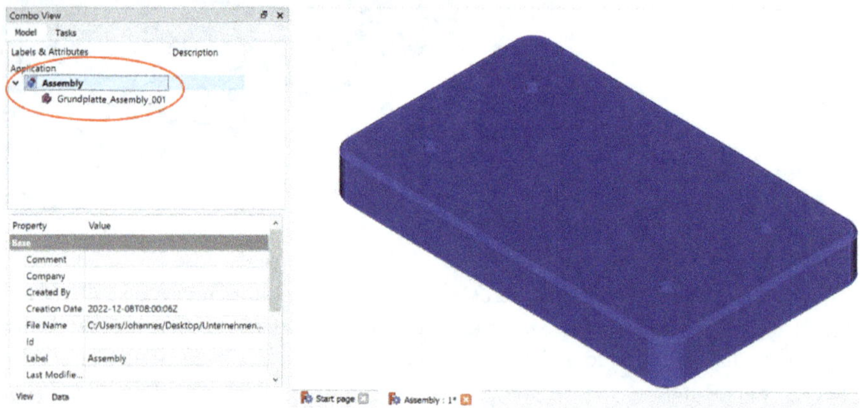

A continuación, añadimos el componente de montaje siguiendo el mismo procedimiento. Una vez seleccionada la pieza, podemos colocarla en el espacio de trabajo con un solo clic. De momento, no importa dónde coloquemos la pieza.

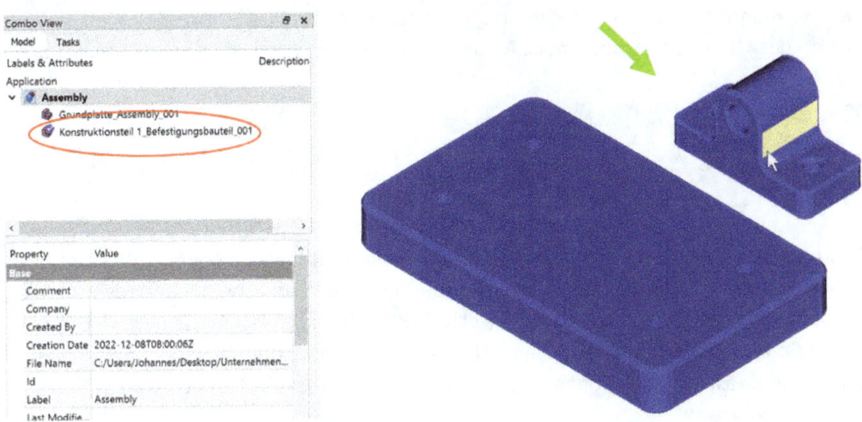

Utilizando el comando "Move the selected part under constraints" podemos mover la pieza libremente en el espacio 3D. Con el comando "Move" podemos mover la pieza a lo largo de los ejes de coordenadas y girarla alrededor de dichos ejes.

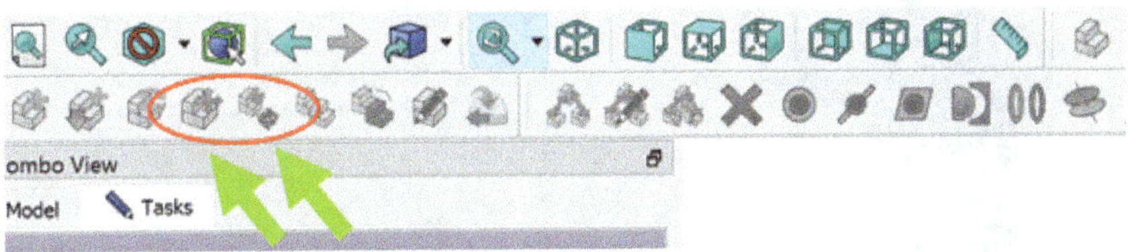

De hecho, la pieza aún no tiene ninguna restricción ("Constraints") y, por tanto, puede moverse con total libertad.

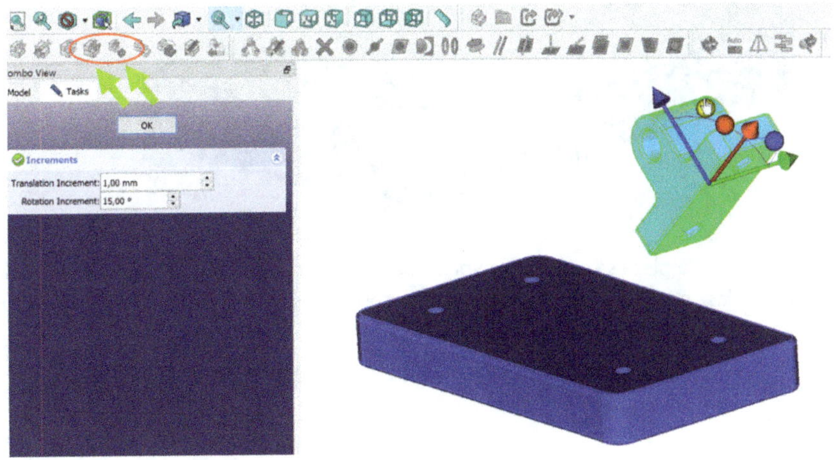

Lo cambiaremos durante el proceso de montaje. Nuestra tarea consiste en fijar la pieza en su posición final utilizando restricciones ("Constraints"). En sentido amplio, este proceso es comparable al uso de las "Constraints" en un croquis 2D.

Para el montaje, tenemos muchas restricciones ("Constraints") disponibles en la zona central de la barra de herramientas. Actualmente están en gris y no se pueden seleccionar.

El primer paso de nuestro montaje consiste ahora en colocar el componente de montaje en la placa base. Para ello, seleccionamos la superficie inferior del componente de montaje y la superficie superior de la placa base (tecla CTRL pulsada). Después, se hacen visibles las restricciones que tienen sentido en este caso. Queremos que las dos superficies sean congruentes, así que seleccionamos el comando "Add planeCoincident constraint".

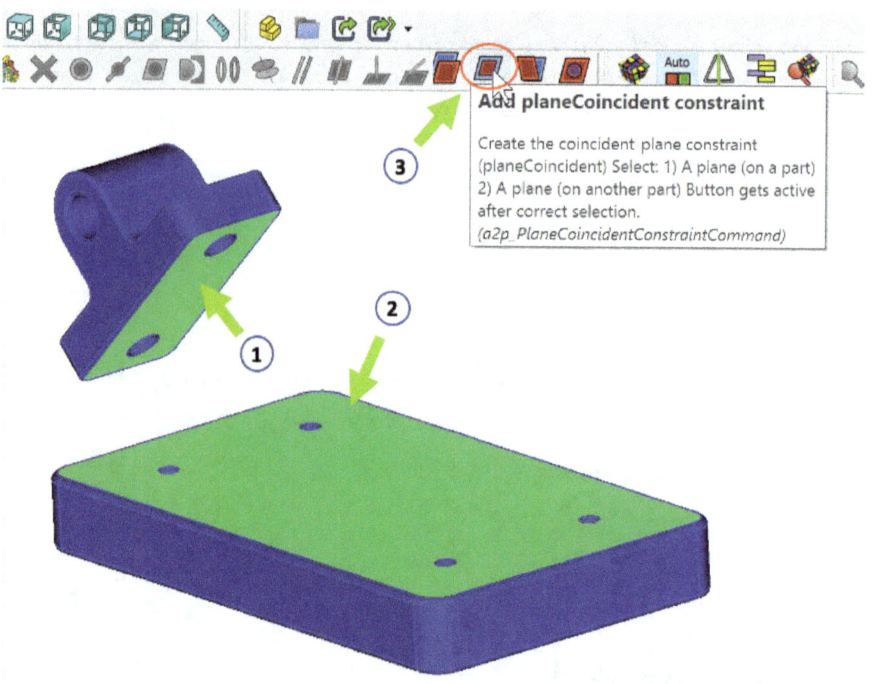


A continuación, la pieza se coloca en la placa base y aparece una ventana en la que puedes establecer las propiedades del enlace. Cuando estés satisfecho con la alineación, simplemente haz clic en el botón "Accept".

También puedes cambiar aquí la orientación pulsando el botón "Flip direction".

Ahora las superficies siguen siendo congruentes, pero simplemente se ha dado la vuelta a la pieza. También puedes introducir un desplazamiento si la pieza debe montarse a cierta distancia de la placa base. Pero aquí no lo necesitamos.

Después de hacer clic en el botón "Accept" podemos intentar mover la pieza con el comando "Move the selected parts under constraints". Observamos que podemos mover la pieza, pero siempre permanece en la superficie donde acabamos de fijarla. Así que hemos creado la primera restricción ("Constraint"). Esto también se muestra en el árbol de estructura junto a los dos componentes y se puede cambiar o eliminar aquí.

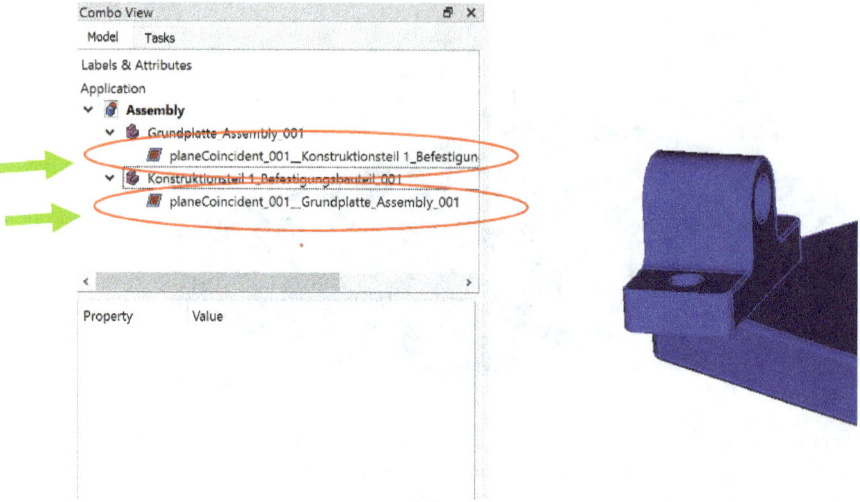

Ahora queremos alinear nuestro componente de fijación utilizando los orificios para poder fijarlo con dos tornillos. Para ello, seleccionamos un orificio del componente de montaje y el orificio correctamente colocado de la placa base (tecla CTRL pulsada).

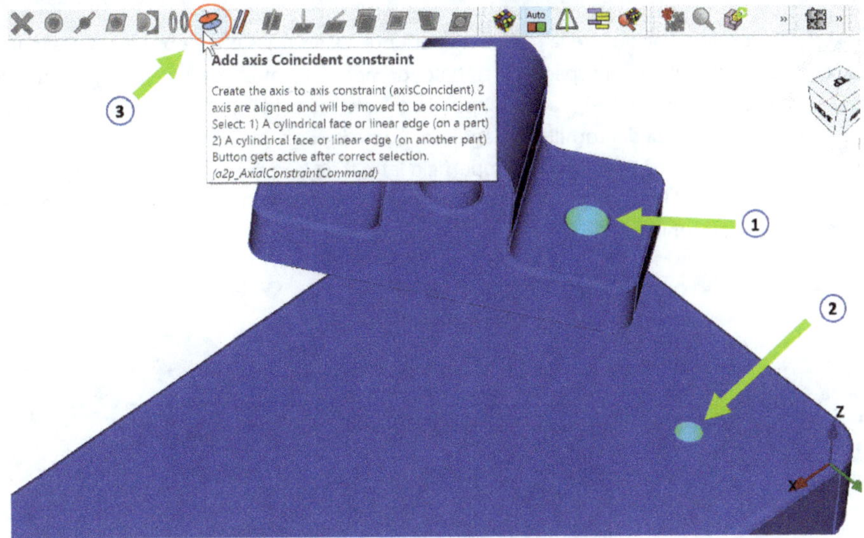


Sólo son posibles dos restricciones para esta combinación. Queremos que los ejes de los agujeros sean congruentes, por lo que seleccionamos el comando "Add axis Coincident constraint".

Los orificios se alinean entre sí desplazando la pieza de montaje hasta el orificio de la placa base. Además, vuelve a aparecer la ventana con los ajustes de la restricción. Si todo encaja, podemos hacer clic en el botón "Accept".

Ahora ya no podemos mover la pieza, sólo podemos girarla. Para conseguir la posición correcta, hacemos también congruentes los otros dos agujeros. Esto funciona de la misma manera.

Si las dimensiones son correctas, no aparecerá ningún error, si los agujeros tienen distancias diferentes, aparecerá un mensaje de error y así podremos ver que hemos construido incorrectamente. La primera pieza de fijación ya está colocada correctamente. Ahora tenemos que añadir dos tornillos más.

Insertar el tornillo funciona de la misma manera que insertar las otras dos piezas. Después de colocar un tornillo en el espacio de trabajo, primero hacemos que los ejes del tornillo y del agujero sean congruentes. Para ello, podemos seleccionar el eje del tornillo y el interior del agujero o la cabeza del tornillo y el agujero. Como la rosca puede causar problemas con la selección, decidimos seleccionar la superficie lateral de la cabeza del tornillo y el interior del agujero (tecla CTRL pulsada). No importa si elegimos la cabeza o la rosca, porque sólo se trata del eje del tornillo.

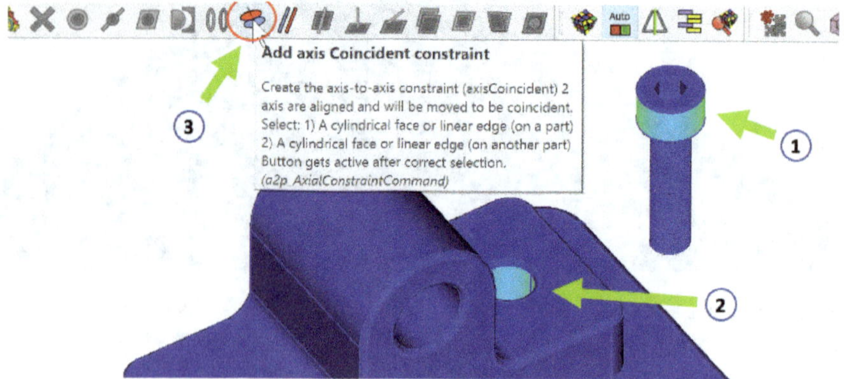



Tras hacer clic en "Accept" el tornillo se sitúa sobre el agujero. Ahora tenemos que montar la parte inferior de la cabeza del tornillo en la superficie de la pieza de fijación. Para ello, seleccionamos la restricción "Add planeCoincident constraint".

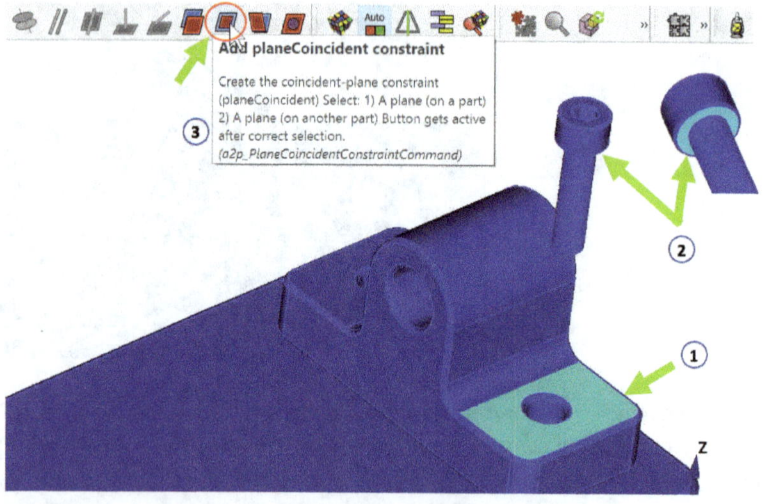

Por cierto, podríamos haber unido primero la cabeza del tornillo y luego los ejes. Pero entonces nos habría costado mucho elegir los dos ejes. Te invito a que lo pruebes. Así que tiene sentido pensar de antemano en la forma más fácil de vincularlos.

Ahora el tornillo está completamente colocado. Ya no necesitamos unirla a la placa de montaje porque la pieza de fijación ya está firmemente unida a ella. Por tanto, los eslabones se apoyan unos en otros y son interdependientes.

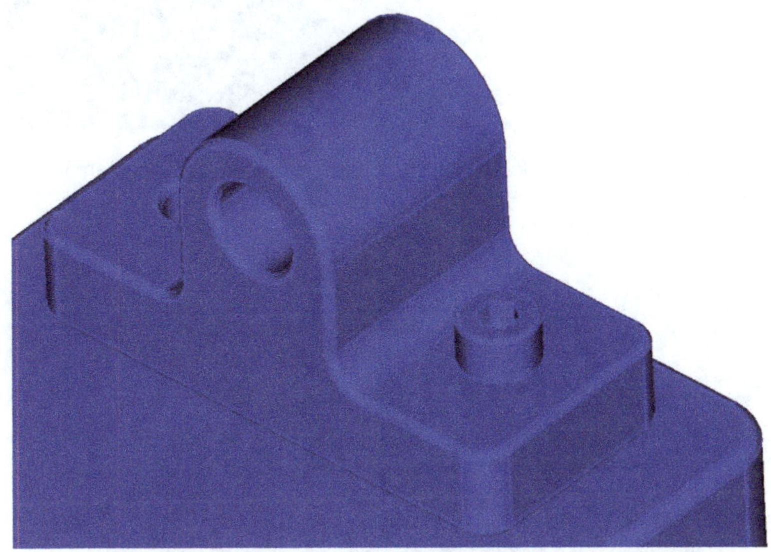

Necesitamos otro tornillo, que uniremos al agujero opuesto de forma idéntica. Como ya hay un tornillo en nuestro montaje, podemos simplemente duplicarlo como alternativa a insertarlo de nuevo. Para ello, selecciona la pieza única deseada en el árbol de la estructura y haz clic en el comando "Create duplicate of a part". Tarda unos segundos y obtendremos otro tornillo que podremos colocar.

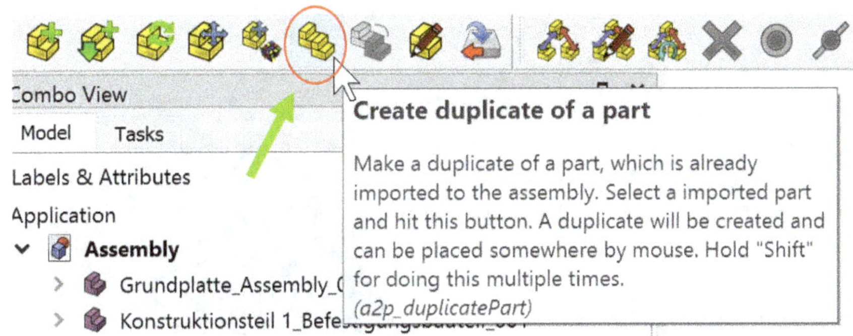

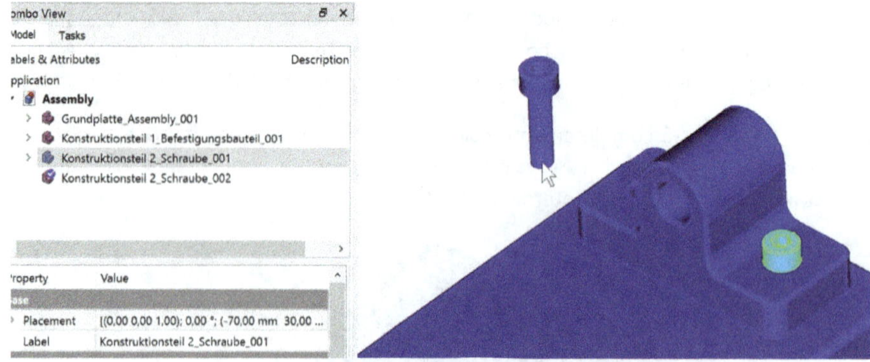

Enlazamos el segundo tornillo de la misma forma que el primero y así obtenemos la fijación terminada.

En el otro lado de la placa de montaje tenemos que volver a hacer este procedimiento. Primero duplicamos y enlazamos la parte de montaje.

Luego duplicamos y unimos otros dos tornillos.

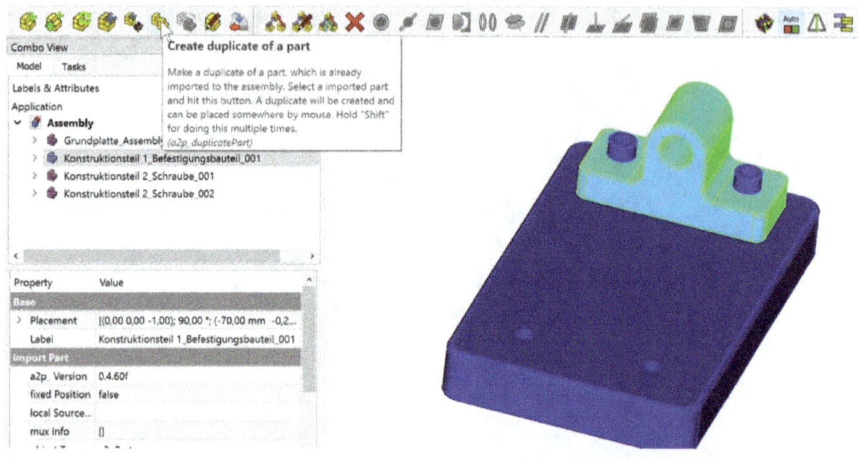

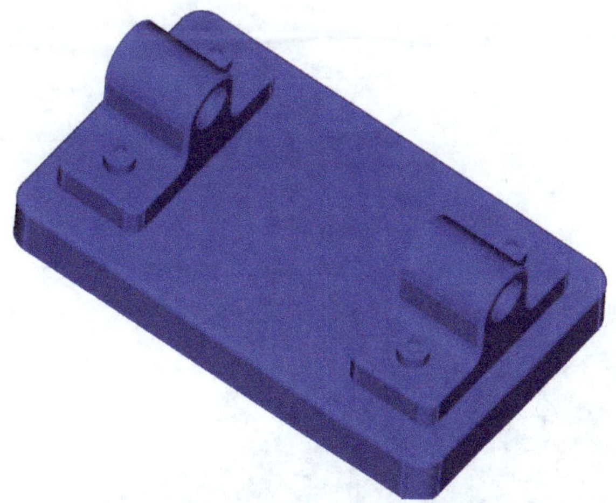

Perfecto, ahora sólo falta nuestro eje, que nos gustaría montar entre las dos piezas de sujeción. Puedes probarlo primero por tu cuenta. La solución para esto sigue ahora.

Primero importamos el eje y lo colocamos en cualquier lugar del espacio de trabajo con un clic. A continuación, seleccionamos la superficie lateral cilíndrica del eje y la superficie interior del agujero del eje de una de las dos piezas de montaje. Luego hacemos clic en "Add axis Coincident constraint".

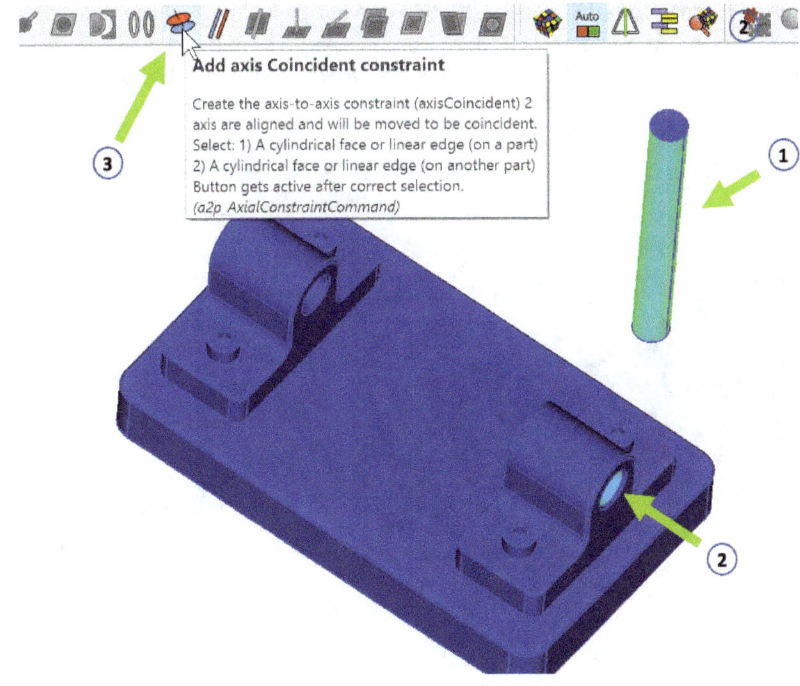

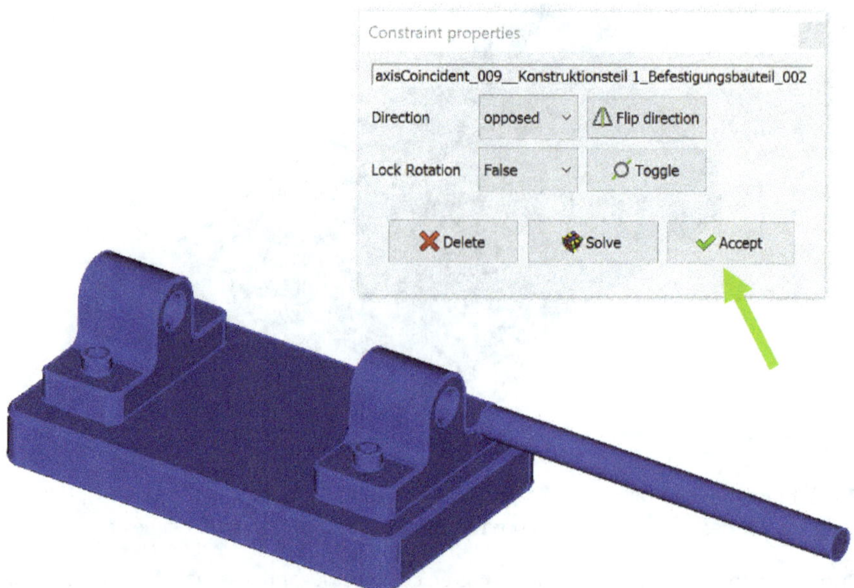


Por cierto, en este caso sólo tenemos que unir el eje con una de las dos piezas de sujeción, porque los ejes de las dos piezas de sujeción son congruentes.

Sin embargo, todavía nos falta una restricción que nos dé la posición horizontal correcta. Para ello, ahora simplemente seleccionamos la superficie frontal circular del eje y la superficie lateral de la pieza de fijación y hacemos clic en el comando "Add planeCoincident constraint".

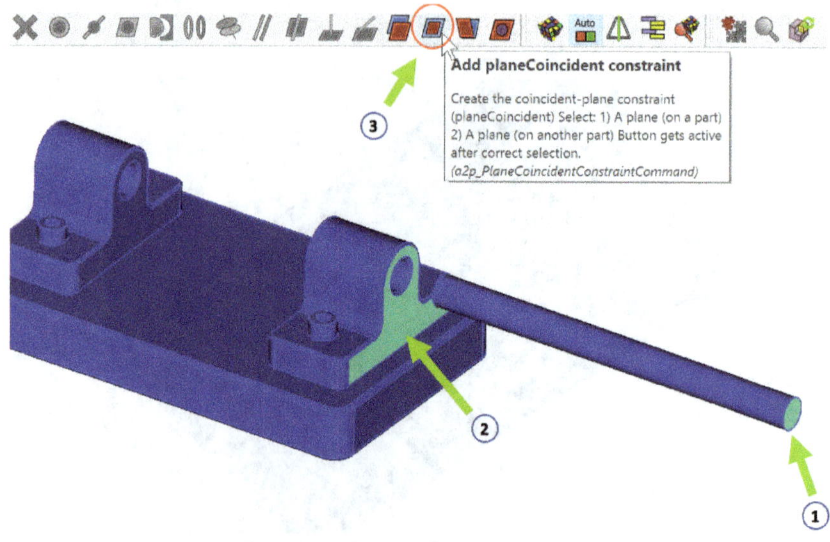

Ahora el eje está correctamente colocado y nuestro montaje está listo. Genial, ¡lo hemos hecho bien!

Las dos restricciones que hemos utilizado en este montaje son probablemente los dos tipos de vinculación más importantes. Sin embargo, hay algunas limitaciones más. Son relativamente autoexplicativas, pero aun así vamos a echarles un vistazo.

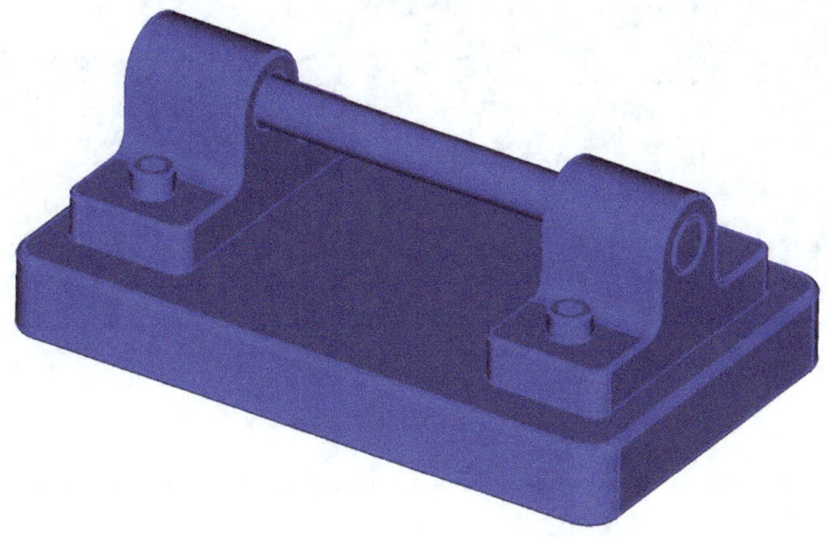

## 5.1.1 La restricción "centerOfMass"

Esta restricción se utiliza para unir el centro de las caras de dos piezas. Para ello, selecciona la primera cara y luego la segunda (tecla CTRL pulsada). A continuación, selecciona el comando "Add centerOfMass constraint".

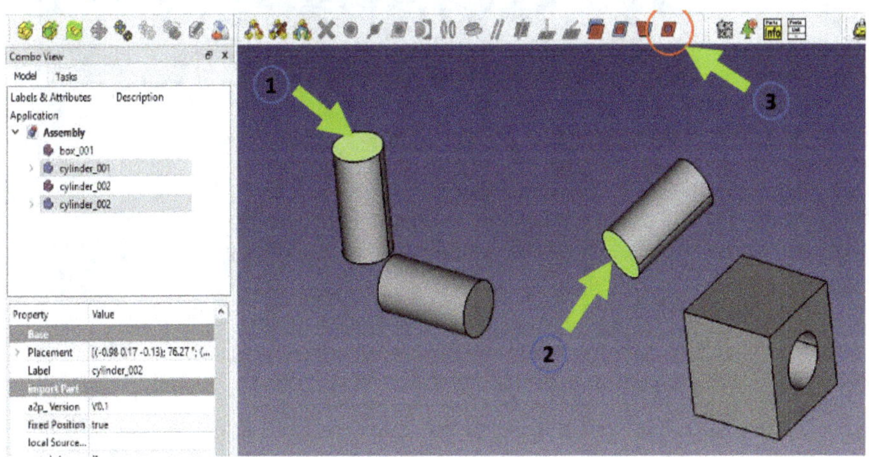

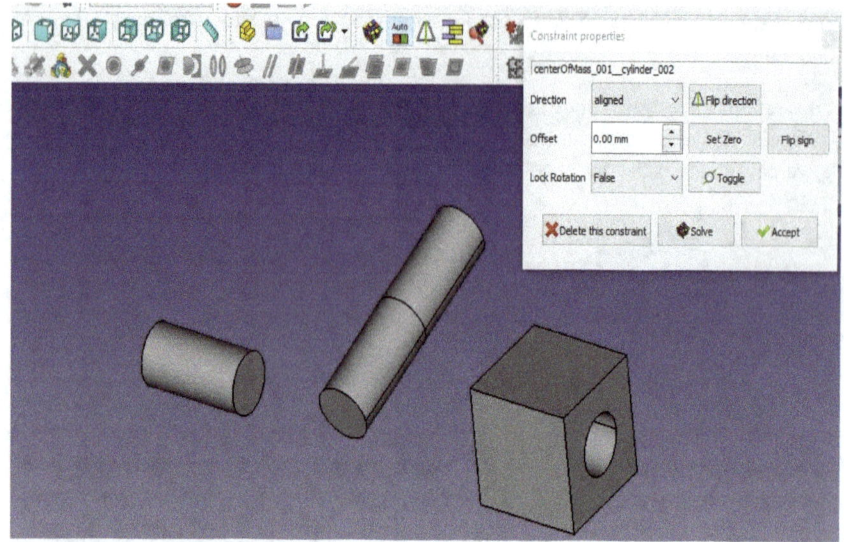

En los ajustes, puedes establecer una distancia en la opción "Offset".

## 5.1.2 La restricción "pointIdentity"

Esta restricción se utiliza, por ejemplo, para unir congruentemente los centros de dos geometrías.

Selecciona una geometría de la primera pieza y luego una geometría de la segunda pieza (tecla CTRL pulsada) y luego el comando "Add pointIdentity constraint".

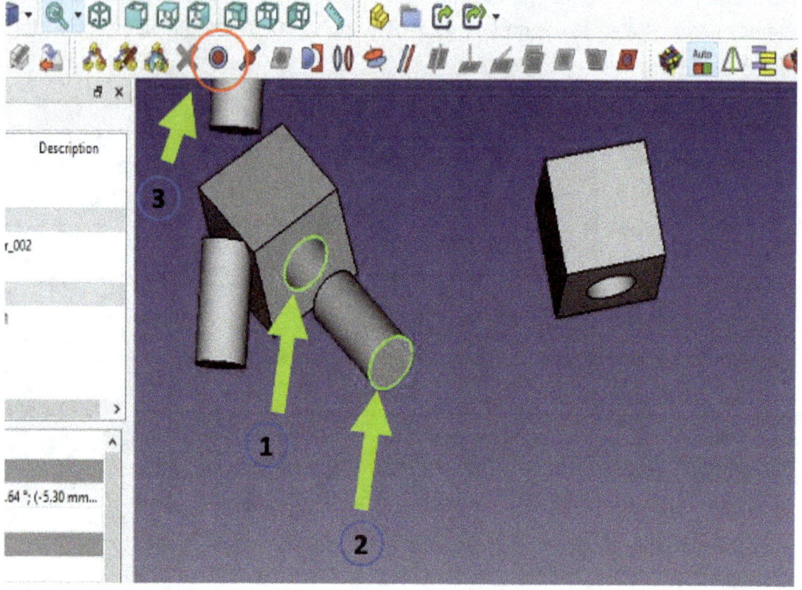

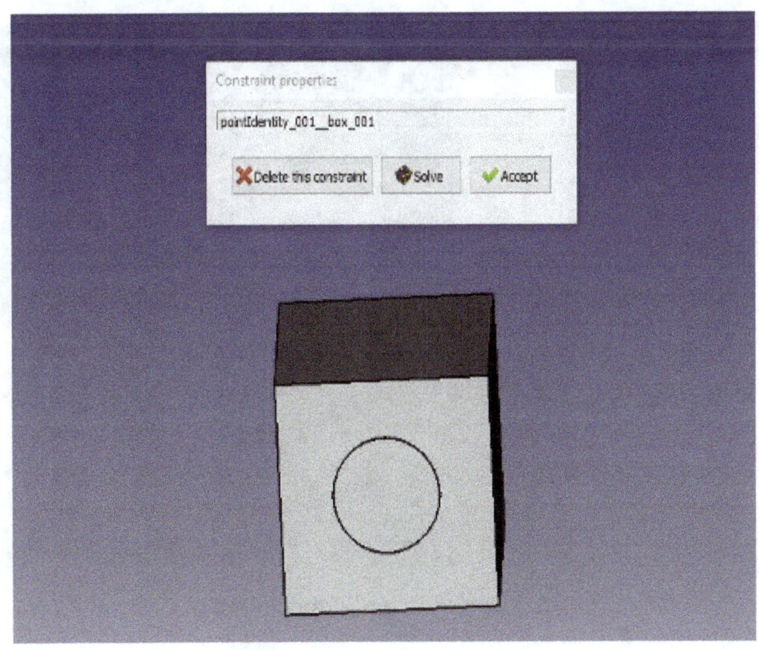


### 5.1.3 La restricción "circularEdge"

Como alternativa a la restricción anterior, también se puede utilizar el comando "Add circularEdge constraint" para un enlace similar.

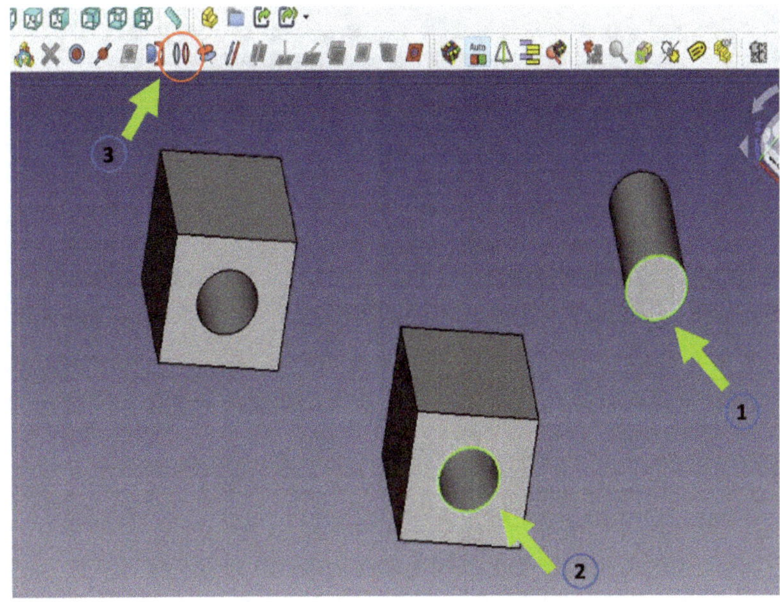

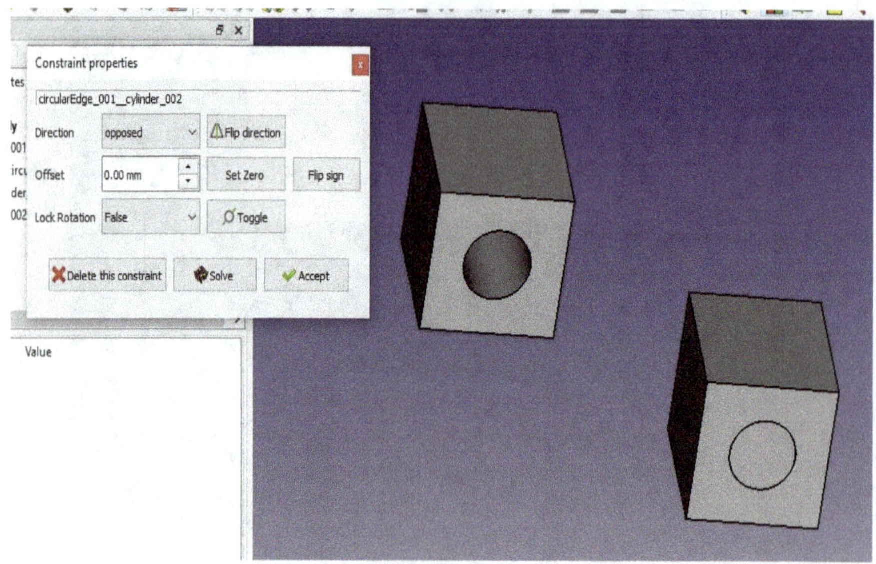

## 5.1.4 La restricción "pointOnLine"

Esta restricción se utiliza para conectar un punto (por ejemplo : esquina) de un componente con una arista (línea) de otro componente.

Para ello, selecciona la esquina de un componente y luego la arista de otro componente (tecla CTRL pulsada) y luego el comando "Add pointOnLine constraint".

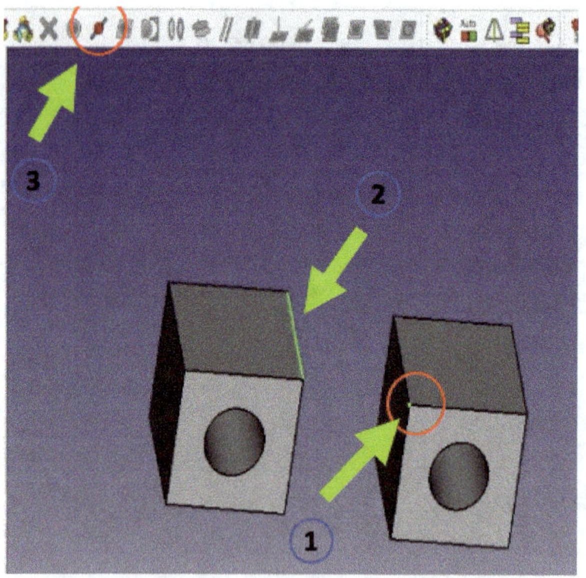

## 5.1.5 La restricción "angledPlanes"

Esta restricción se utiliza para establecer una superficie o un plano de un cuerpo girado (con un ángulo) respecto a una superficie o plano de otro cuerpo.

Selecciona la primera superficie parcial (superficie de referencia) y después la segunda superficie (girada) manteniendo pulsada la tecla CTRL. A continuación, selecciona el comando "Add angledPlanes constraint" y define el ángulo de rotación deseado en los ajustes.

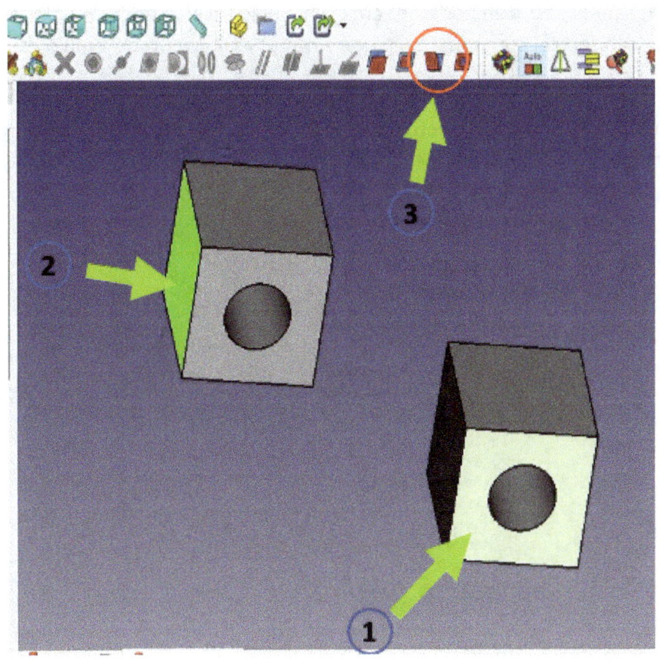

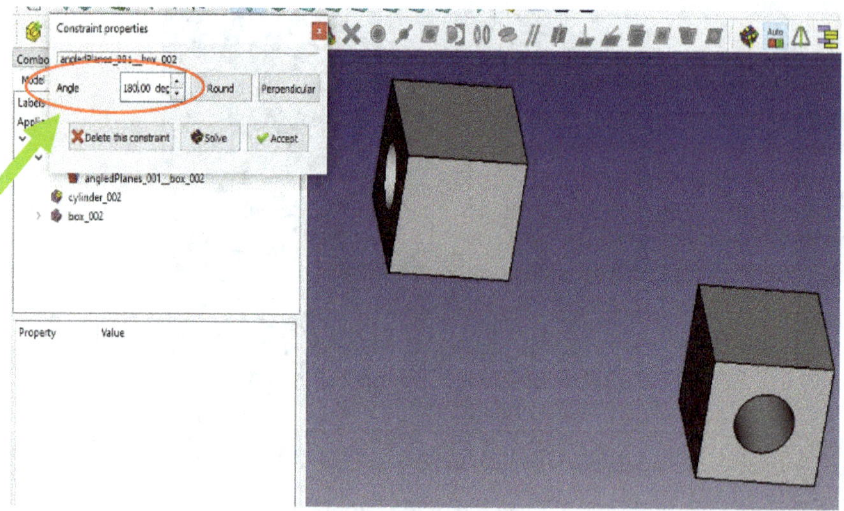

Perfecto. Éstas eran las limitaciones más importantes en el espacio de trabajo "A2plus". Siéntete libre de explorar las demás limitaciones o enlazar más componentes. Llegamos al último capítulo del curso para principiantes. A continuación nos ocuparemos del espacio de trabajo "TechDraw", que necesitamos para crear dibujos técnicos.

## 5.2 El espacio de trabajo "TechDraw"

¡Bienvenido al último capítulo de este curso! Como ya se ha mencionado en uno de los capítulos anteriores, también podemos crear un dibujo técnico en "FreeCAD" para que una empresa nos fabrique el componente. Lo veremos utilizando como ejemplo el componente de fijación.

Para crear un dibujo técnico, primero abrimos el componente de montaje y luego pasamos al espacio de trabajo "Techdraw".

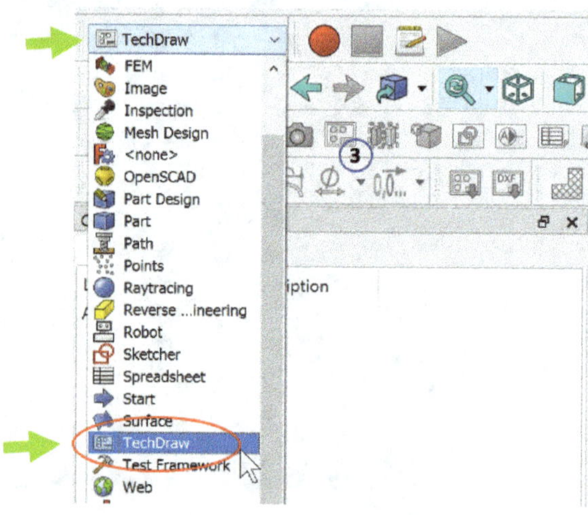

Ahora tenemos que crear una hoja de dibujo en la que luego representaremos y acotaremos nuestro componente en un dibujo 2D desde distintas perspectivas. Para ello, hacemos clic en el comando "Insert Default Page" para insertar una página de dibujo por defecto. Alternativamente, podríamos seleccionar una plantilla con el comando "Insert Page using Template".

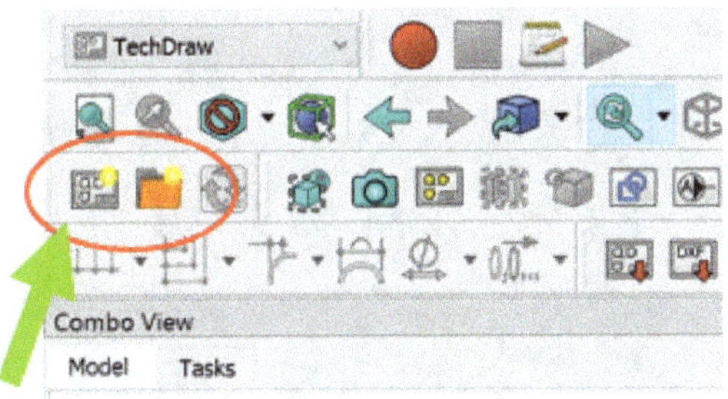

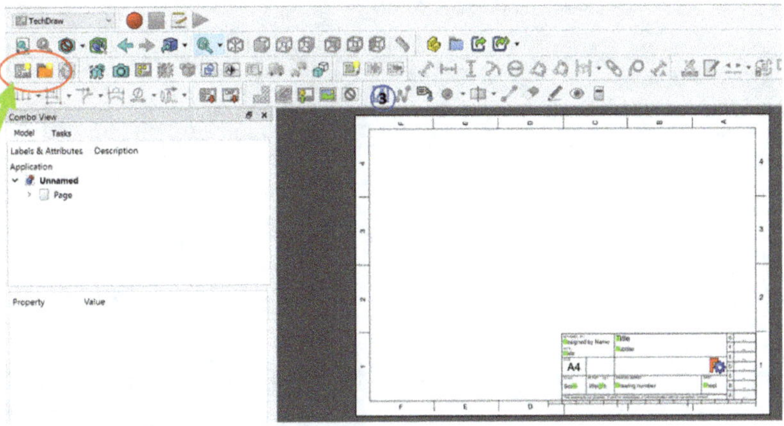

Entonces obtenemos una hoja de dibujo con un bloque de título (zona de abajo a la derecha). Aquí podemos añadir el título del dibujo, el número de dibujo, el diseñador y otra información. Podemos editar los campos haciendo clic en el marcador verde.

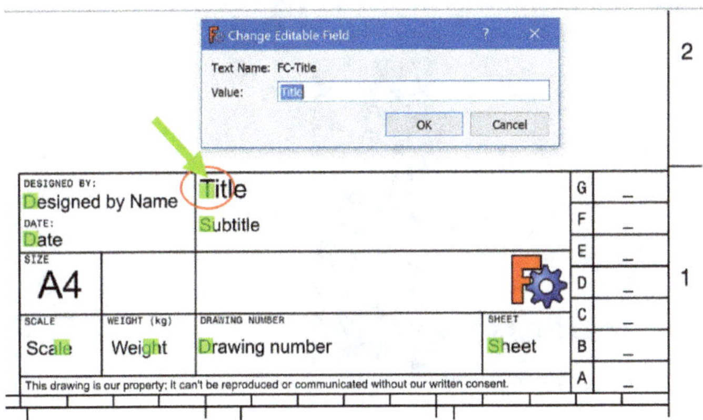

A continuación tenemos que colocar una vista de nuestro componente en la hoja de dibujo. Para ello, primero colocamos el componente tal y como queremos que aparezca en la hoja de dibujo. Por ejemplo, queremos obtener la vista frontal. Después seleccionamos el componente en el árbol de estructura e insertamos la vista haciendo clic en el comando "Insert View".

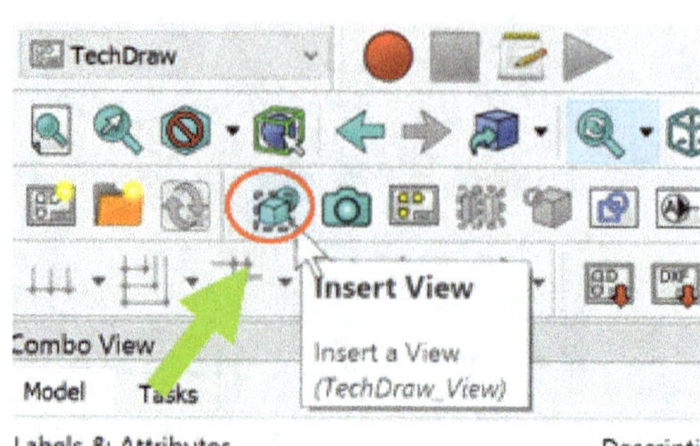

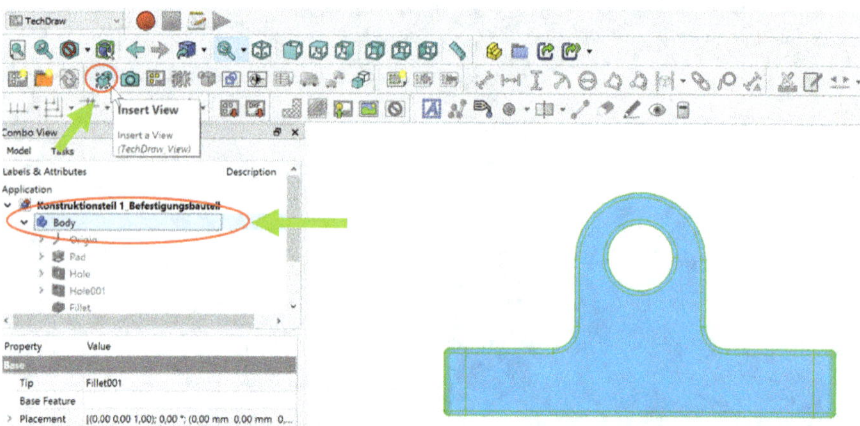

Tras el clic tenemos que seleccionar de nuevo la hoja de dibujo en el árbol de estructura y veremos la vista insertada del componente. Ahora podemos colocarlo y dimensionarlo como deseemos.

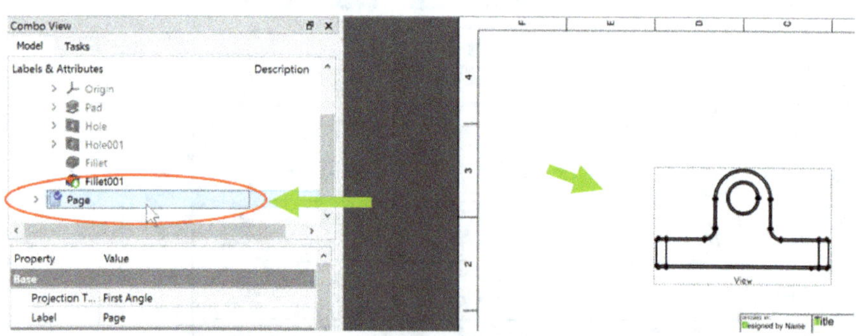

Antes de empezar con la acotación, añadimos más vistas. Por ejemplo, tiene sentido añadir una vista superior y una vista isométrica. Lo hacemos de forma idéntica.

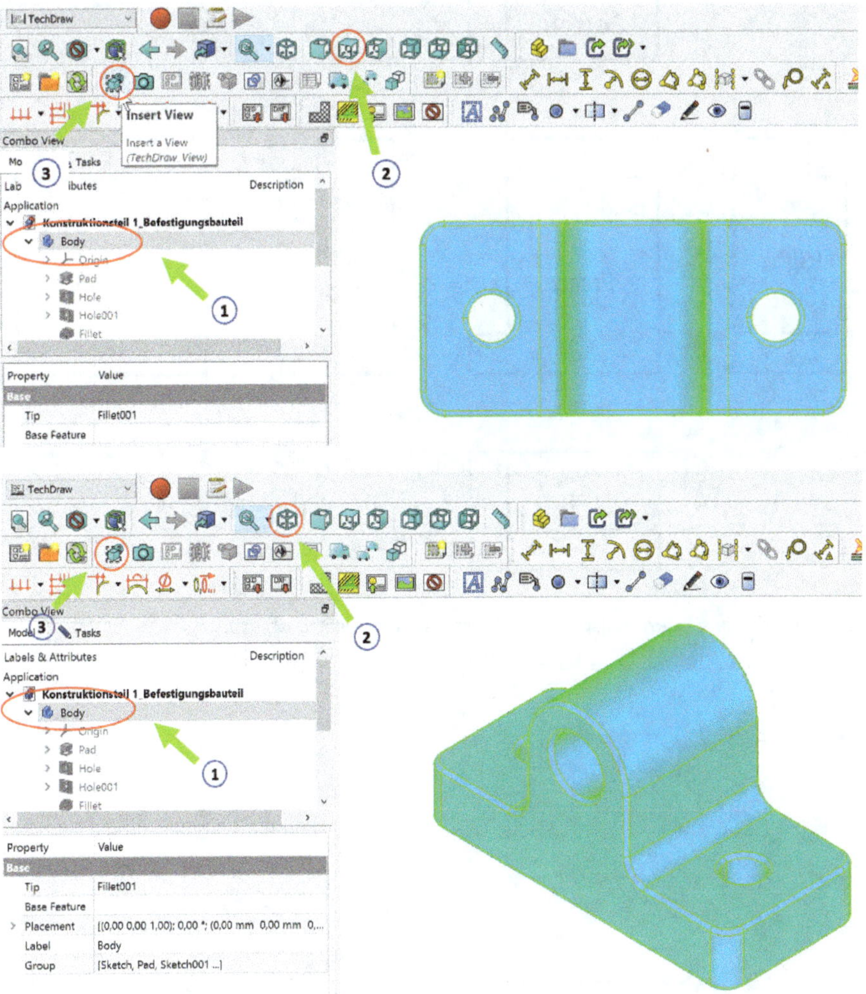

La vista isométrica se utiliza para tener una mejor idea espacial, no está acotada y suele colocarse en la parte inferior derecha, encima del bloque del título.

Las demás vistas se colocan según el tipo de proyección. En Europa, las vistas suelen colocarse de la siguiente manera.

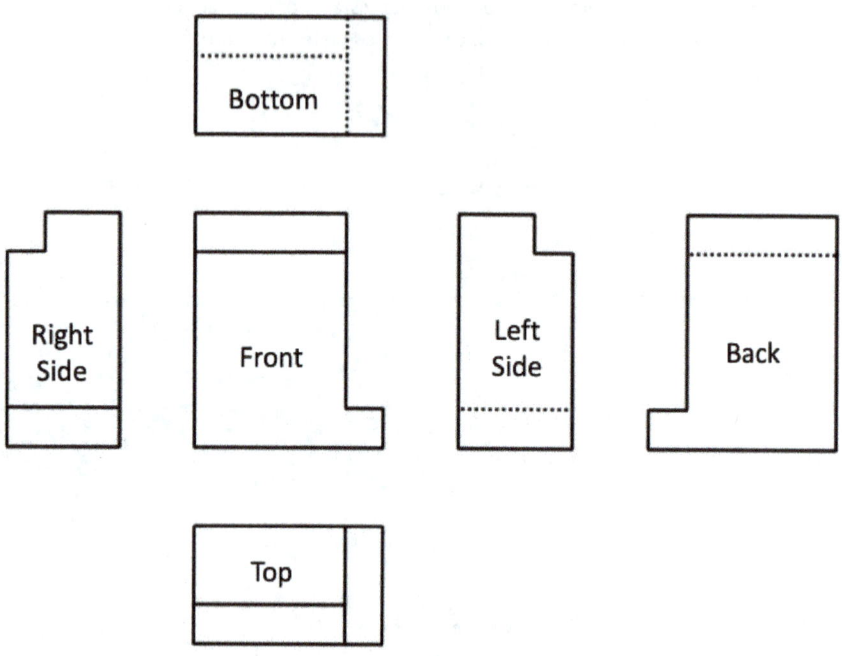


Esto significa la siguiente disposición de vistas para nuestro objeto.

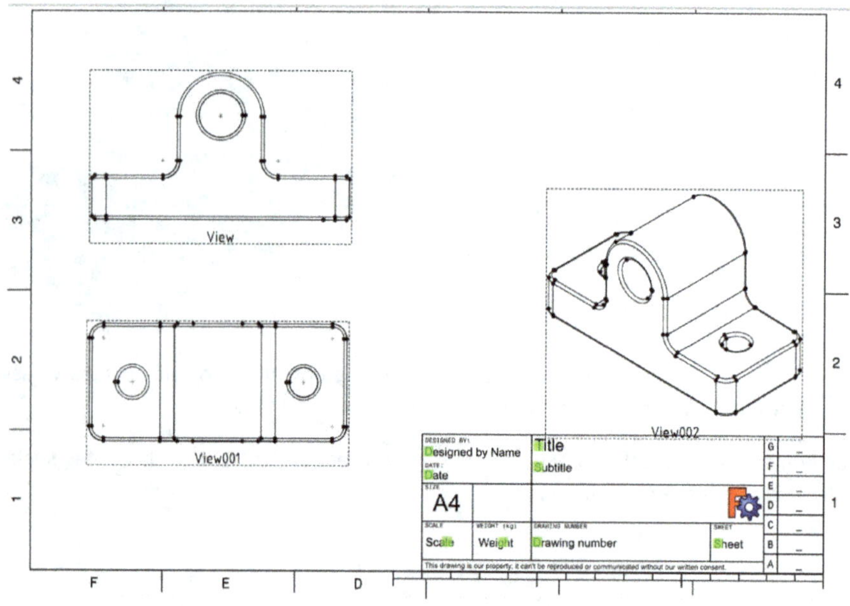


Con un clic en el comando "Turn view frames On/Off" podemos desactivar la visualización de los marcos de vista.

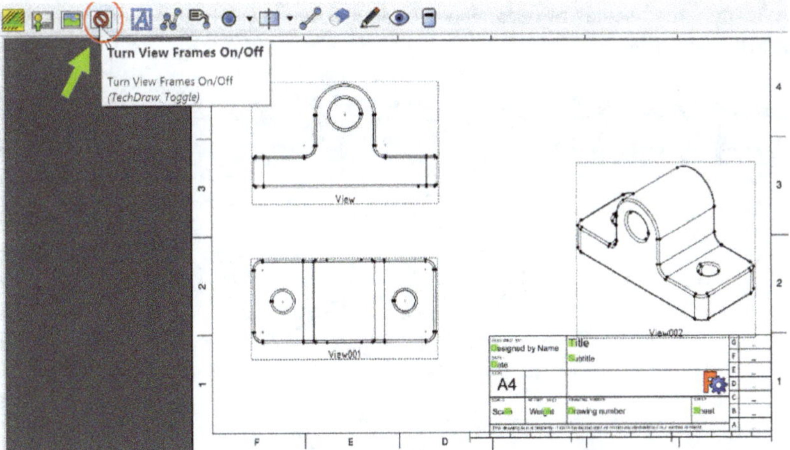

Ahora tenemos que acotar las vistas de nuestro componente de forma que todas las cotas e información relevantes para la fabricación del componente se dibujen exactamente una vez en la hoja de dibujo. Esto significa que <u>no </u>tenemos que acotar todas las vistas por completo, sino que podemos decidir qué cota acotar para cada vista, de modo que toda la información sea visible al mirar la hoja de dibujo. Para ello, podemos utilizar las herramientas de acotación de la zona superior central de la barra de herramientas. Funciona de forma similar a un boceto 2D.

Comenzamos con la vista frontal de nuestro componente. Aquí podemos, por ejemplo, crear todas las especificaciones de altura del componente. Para ello, haz clic primero en dos líneas cuya distancia queremos acotar (mantén pulsada la tecla CTRL) y luego selecciona el comando "Insert Vertical Dimension".

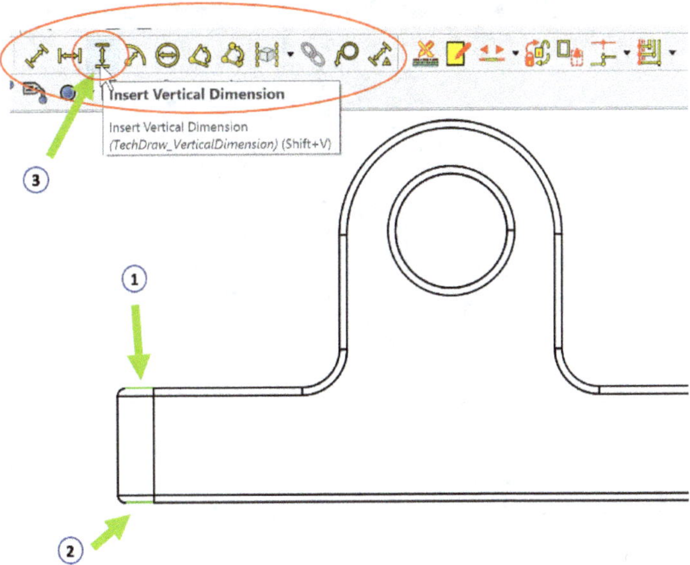

Además, podemos acotar el redondeo y el agujero en esta vista utilizando el comando "Insert Diameter Dimension".

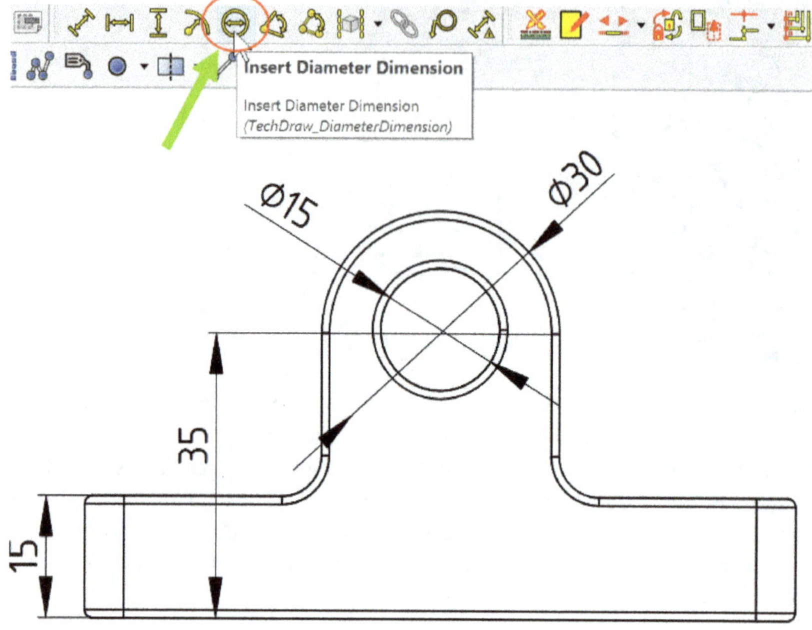


Con el comando "Insert Radius Dimension" podemos acotar adicionalmente los dos filetes de la zona de transición.

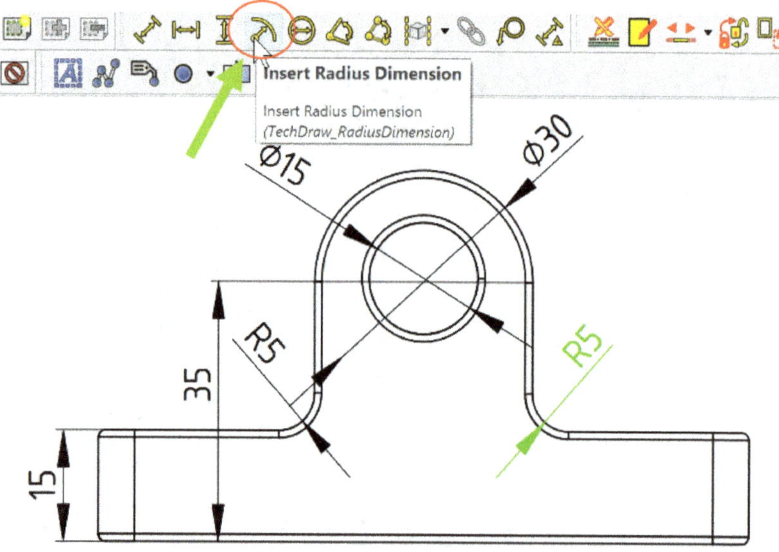

Acotamos la longitud y la anchura del componente, así como los diámetros de los orificios y su distancia entre sí en la vista superior, ya que aquí lo vemos mejor.

Para poder acotar correctamente la distancia entre los agujeros, tenemos que añadir líneas centrales que parezcan retículas. Para ello, seleccionamos ambos taladros y elegimos el comando "Add centerlines" en la barra de herramientas.

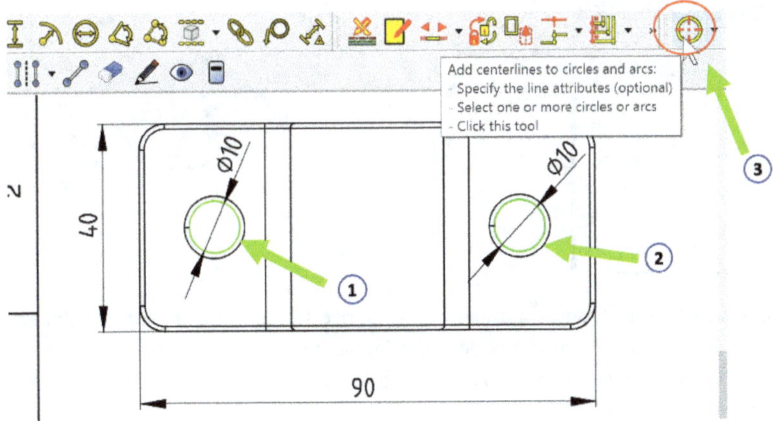


También podemos añadir líneas de simetría a esta pieza y ahorrarnos algo de acotación, ya que sólo necesitamos acotar un lado de una pieza simétrica. Para ello, selecciona los dos bordes verticales exteriores de una vista y haz clic en el comando "Add Centerline between 2 Lines".

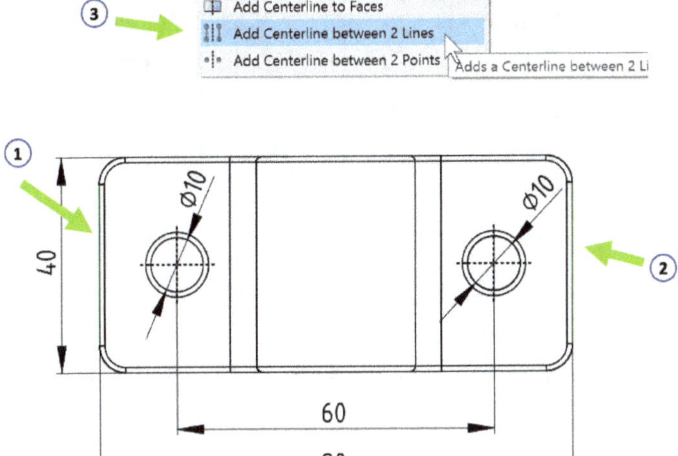

En los ajustes de la vista combinada, podemos determinar la longitud de esta línea y el estilo que debe tener.

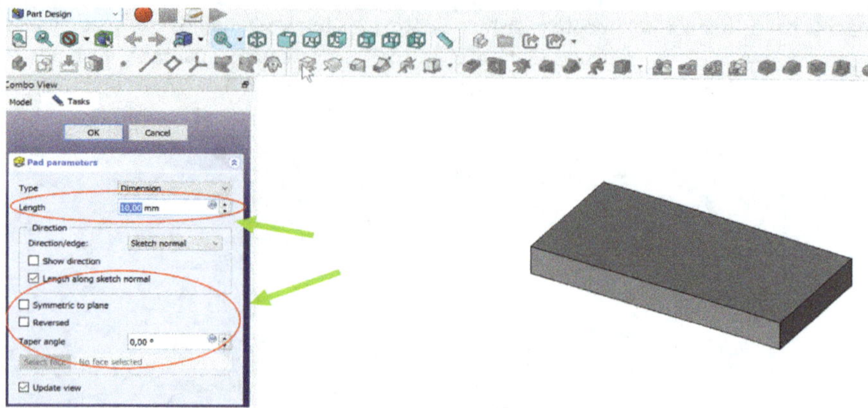

Añadimos dicha línea central también en la horizontal, porque la pieza es simétrica por ambos lados en esta vista. Así podemos eliminar uno de los dos diámetros del círculo. Después de haber añadido un radio para el redondeo de las aristas exteriores, esta vista está completamente acotada.

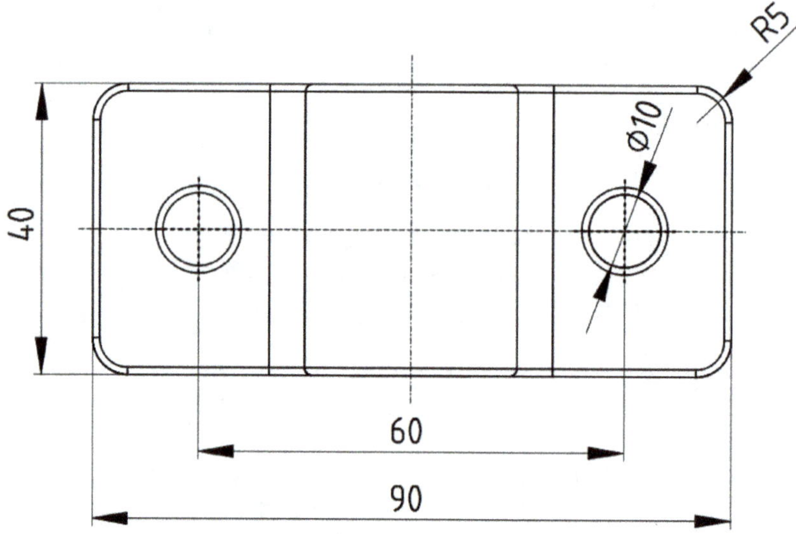

Cambiamos de nuevo a la vista frontal y añadimos aquí también una línea de simetría (vertical) y un punto central de círculo.

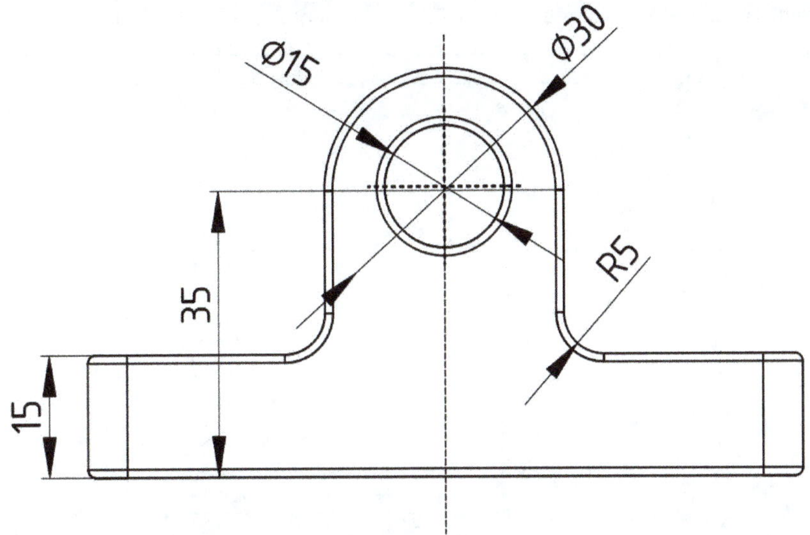



Por último, añadimos una anotación global que se aplica a toda la pieza. Colocamos esta anotación en la zona del bloque del título. Creamos la anotación con el comando "Insert Annotation" y, tras activar el comando "Turn View Frames On/Off", podemos editar el texto con un solo clic e indicar, por ejemplo, que todas las aristas no acotadas se redondeen con un radio de 1 mm.

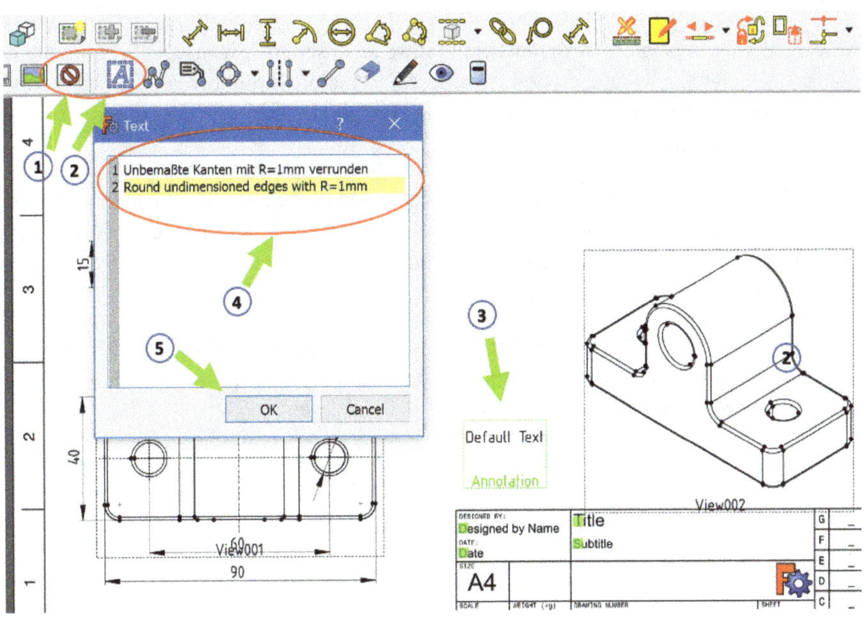

Ahora todas las cotas relevantes se incluyen en el dibujo o pueden calcularse utilizando los elementos geométricos y cotas existentes. Esto es suficiente para fabricar la pieza.

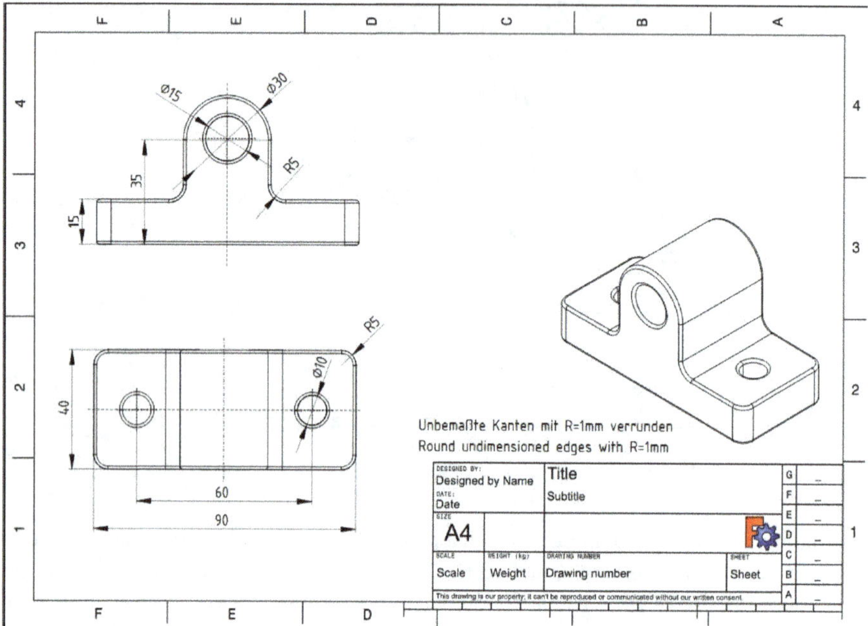


También puedes guardar el dibujo como archivo ".pdf". Esto se puede seleccionar en la pestaña "File".

Muy bien, esa era la información más importante de la sección "TechDraw" y sobre dibujo técnico. Si quieres más información al respecto, lo mejor es que compres un libro sobre dibujo técnico, ya que este tema es lo suficientemente complejo como para un libro completo e independiente.

En los tiempos de la impresión 3D y la producción con máquinas CNC, los dibujos técnicos son cada vez menos importantes y sólo sirven como documentación y referencia. Para la fabricación con impresión 3D o CNC, los modelos 3D se utilizan sobre todo directamente para la planificación de la producción.

Necesitas un archivo con el formato ".stl" o ".step". Puedes guardar tu modelo en "FreeCAD" en estos formatos haciendo clic en la opción "Export" de la pestaña "File" cuando el componente esté abierto y seleccionado.

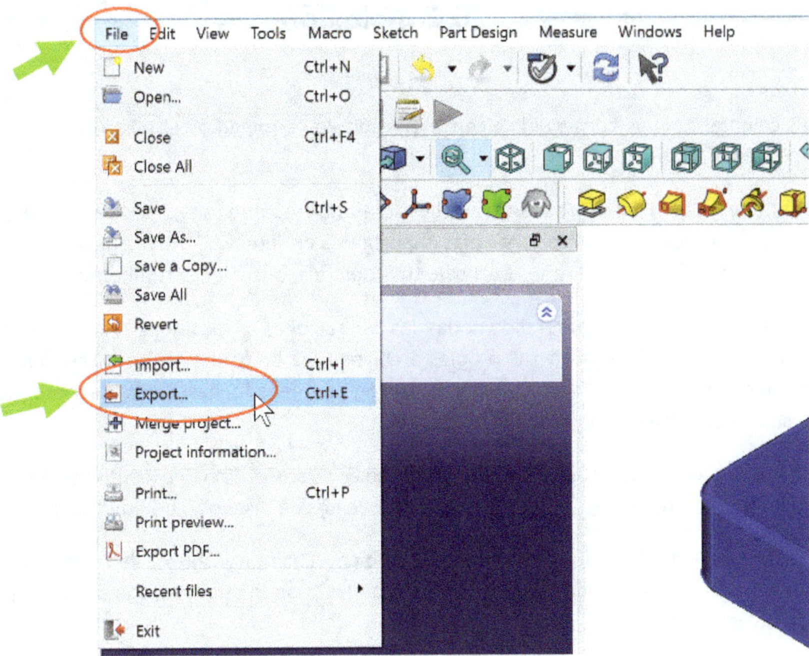

A continuación, puedes seleccionar el formato deseado de una larga lista en el menú desplegable.

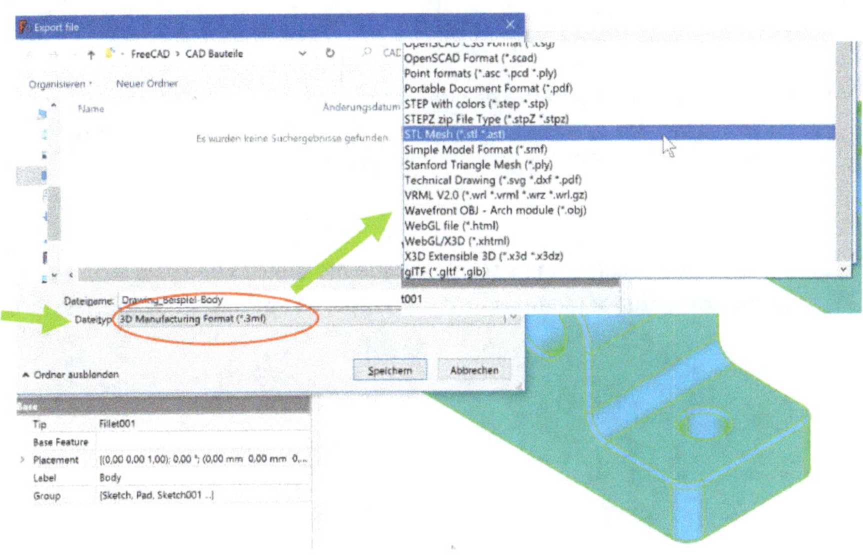

# 6 Conclusión

¡Excelente! Lo has conseguido, ¡con este capítulo terminamos el curso de iniciación al software CAD "FreeCAD"!

Ahora te toca a ti profundizar en lo que has aprendido y, sobre todo, aplicarlo. A estas alturas ya deberías dominar las funciones más importantes de "FreeCAD" y ¡ya puedes aventurarte en nuevos proyectos y diseños CAD bajo tu propia responsabilidad! ¡Enhorabuena!

En este curso habrás aprendido todas las operaciones y funciones relevantes. Esto te permite diseñar y producir tus propios archivos CAD de forma rápida y sencilla. ¡Juntos hemos conseguido mucho en este curso! Si has llegado hasta esta lección, siéntete justificadamente orgulloso de ti mismo.

Si quieres construir más objetos bajo mi guía, busca el libro de continuación, que se publicará en breve y se titulará "FreeCAD - Proyectos de diseño" o un título similar.

Y como se menciona al final del curso, también echas un vistazo a la impresión 3D. Es tremendamente divertido y tiene grandes ventajas cuando puedes materializar tus propias construcciones.

De este modo, puedes crear tus propias piezas de forma independiente y tener a mano una solución para todo tipo de piezas de recambio u otras piezas que ya no están disponibles pero que se necesitan con urgencia. La mejor forma de hacerlo es utilizar mi libro ya disponible: "Impresión 3D - instrucciones paso a paso". ¡Echa un vistazo al libro en línea y consigue tu ejemplar!

Si también te interesa otro software de diseño, como "Fusion 360" de Autodesk, también encontrarás un libro mío sobre ello. En las páginas siguientes encontrarás un resumen de todos mis libros. ¡Echa un vistazo y consigue tus copias!

**Si te ha gustado el curso, me encantaría que me dejaras una valoración y un breve comentario, ¡además de recomendar el libro! Muchas gracias.**

# Libros sobre temas que tamb012én podrían gustarle

Todos los libros están disponibles en línea en las plataformas de venta habituales. Sólo tiene que buscar el título o visitar mi página de autor. Es posible que algunos de los libros aún no se hayan publicado y estén disponibles en breve. Eche un vistazo a los libros de su elección y lléveselos a casa como libros electrónicos o de bolsillo.

## Impresión en 3D:

## CAD, FEM, CAM (creación de objetos 3D, diseño, simulación):

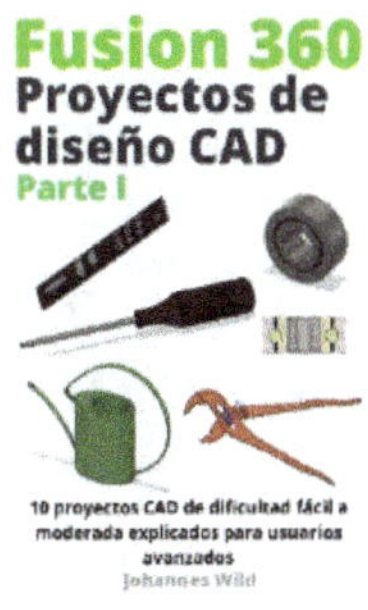

## Ingeniería eléctrica:

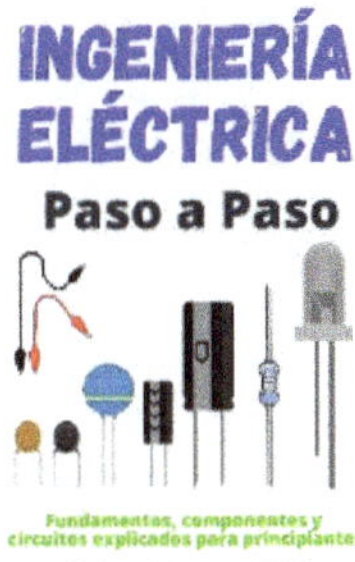

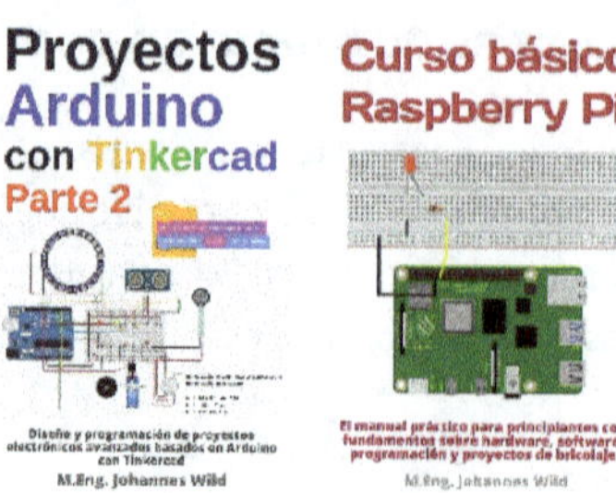



## Programación y otros programas:

# Información sobre el autor / editor

© 2022

**Johannes Wild**
**c/o RA Matutis**
**Berliner Straße 57**
**14467 Potsdam**
**Germany**

E-Mail: 3dtech@gmx.de

## Esta obra está protegida por los derechos de autor

www.ingramcontent.com/pod-product-compliance
Lightning Source LLC
LaVergne TN
LVHW010454200726
843506LV00002B/114